中国煤炭工业壮丽七十年

煤炭生态文明建设（煤炭清洁利用）篇

（1949—2019）

中国煤炭工业协会　编

应急管理出版社

·北　京·

内 容 提 要

本书是《中国煤炭工业壮丽七十年》系列丛书之“煤炭生态文明建设（煤炭清洁利用）篇”。全书围绕煤炭生态文明建设、煤炭清洁高效利用主线，全面系统地介绍了新中国成立七十年来煤炭洗选加工、资源综合利用、煤炭循环经济、煤矿节能、矿区环境保护、绿色低碳发展、煤炭矿区生态文明建设等专业领域的发展历程、重大事件、技术发展、取得的成就和经验教训。

全书共七章，主要内容有煤炭洗选加工、资源综合利用、煤炭循环经济、煤矿节能、绿色矿山与生态文明建设、国际交流合作等。本书可供煤炭系统各级领导干部，广大能源、环保管理者，相关专业、研究人员借鉴、参考，也可供从事煤炭洗选加工、节能环保、综合利用等相关领域工作人员参阅。

前　言

伴随着共和国前进的步伐，我国煤炭工业走过了壮丽而豪迈的七十年。七十年来，煤炭作为我国的主要能源和重要原料，为国民经济发展做出了重大贡献。随着科学技术的不断进步，煤炭利用的领域不断拓宽，煤炭加工更加精细、产品更加丰富，清洁利用、高效利用的水平不断提高，努力满足国民经济发展和人民生活水平不断提高的需求。

七十年来，特别是党的十一届三中全会以来，我国经济不断克服前进道路上的各种困难，砥砺前行，已经进入了新的历史发展时期。煤炭行业坚持改革开放，努力探索走出一条煤炭工业科学发展的新路子，行业整体面貌发生了巨大变化。在煤炭加工利用和生态环保领域，认真贯彻落实生态文明建设战略部署坚持节约、开发并重，节约优先的方针，煤矿洗选加工、节能环保、综合利用得到长足发展，煤炭清洁高效利用、绿色生态矿山建设等实现了历史性跨越，促进了煤炭由燃料向燃料与原料并重的转变，传统的煤矿节能减排、环境保护升华为绿色发展、低碳发展、循环发展，不仅成为煤炭行业科学发展的重要标志，也为生态文明建设，延伸煤炭产业链，提高煤炭清洁高效利用水平，推动煤炭由传统能源向清洁能源转变，实现煤炭工业健康可持续发展做出了突出贡献。

当前，我国煤炭工业已经进入全面高质量发展的新阶段。新形势下，煤炭清洁高效利用、煤矿生态文明建设面临着新的任务、新的挑战、新的发展机遇，必将迎来新的更加美好的发展前景。中华人民共和国成立七十周年之际，我们组织编写了《煤炭工业壮丽七十年（1949—2019）系列丛书：煤炭生态文明建设（煤炭清洁利用）篇》，以实事求是的态度，全面系统地回顾了七十年来煤炭清洁高效利用、生态文明建设走过的辉煌历程，总结经验，展望未来，对于面向新时代、开启新征程的煤炭清洁高效利用和生态文明矿山建设事业，无疑具有非常重要的借鉴意义。谨以此书奉献给多年来从事、支持、关心煤炭加工利用事业的各级领导和广大干部职工。

面向新时代，我们要认真学习贯彻党的十九大精神和习近平新时代中国特色社会主义思想，全面贯彻落实推动能源革命、加快结构调整和转型升级的总体要求，用新的发展理念引领现代煤炭经济体系建设，推动我国煤炭生态文明建设、煤炭清洁高效利用事业全面高质量发展。

本书内容涉及专业领域较宽，时间跨度较长，早期历史资料缺失较多，编写人员在时间紧、任务重的情况下，克服困难，以饱满的热情按时完成了编写任务。

在本书编纂过程中，虽然努力做到尊重历史、客观公正、数据准确，但有些内容囿于历史久远、统计口径等问题，难免有疏漏和不当之处，敬请提出宝贵意见。

编　者

2019 年 12 月

目　次

第一章　煤炭洗选加工

煤炭洗选加工主要包括煤炭洗选、配煤、水煤浆和型煤等。近年来，随着环境形势日益严峻，煤炭用户对煤的质量要求越来越高。在煤炭利用之前对煤炭进行洗选加工，既可为煤炭清洁利用打下基础，也可为用户商品煤的质量提供了保障。

我国煤炭资源有以下特点：一是品种齐全，储量大，煤炭类别从泥炭、褐煤到烟煤、无烟煤，各种煤类齐全；二是人均煤炭资源量少，仅为世界人均占有量的 50%，节约煤炭资源意义重大；三是煤炭资源分布极不均衡，与经济发达地区呈逆向分布，北煤南运、西煤东运的格局给运输造成极大压力；四是煤炭资源丰富地区生态环境脆弱，水资源缺乏，严重制约煤炭就地深加工；五是煤炭赋存的地质条件相对较差，煤炭埋藏深，地质条件复杂，开采难度大，原煤灰分高，矸石含量多，必须经过洗选加工，才能满足用户的要求。这些特点使得煤炭洗选加工成为煤炭清洁利用过程中不可缺少的环节，对提高煤炭利用效能、减少铁路无效运输具有重大意义，更是实现煤炭高效洁净利用、节能减排的基础和前提。

第一节　煤　炭　洗　选

近代中国煤炭洗选始于清朝中晚期。据有关资料记载，我国煤炭加工始于清朝嘉庆十五年（1810 年），四川江北龙王洞煤矿用人工筛分选拣矸石，分出块煤和末煤供人们使用。洗煤则始于清朝同治年间（1862—1874 年），四川灌县、大邑一带的煤矿用地槽引溪水淘洗末煤，精煤随水漂入煤池，矸石沉于槽底。清朝光绪二十九年（1903年），萍乡煤矿实现机械洗煤，洗精煤运至汉阳铁厂用来炼焦。清朝宣统三年（1911年），中日合办的辽宁本溪湖煤矿公司建成本溪湖选煤厂，洗煤能力85 t/h，采用跳汰选煤方法，生产炼焦精煤，供给本溪钢铁厂。民国时期，相继在抚顺、阜新、北票、鸡西、开滦、淄博、天府等矿区建设了选煤厂，规模都很小。新中国成立时，仅存留了十座选煤厂，原煤入选能力只有1365万t，选煤方法仅有跳汰选和溜槽选，工艺简单落后，产品质量差，入选煤量少，一年仅生产精煤67.5万t。

新中国成立以来，经过几代煤炭人几十年的不懈努力，我国选煤业发生了巨大变化。我国已从一个落后的选煤国家发展成为世界选煤大国，无论是选煤厂的数量还是入选原煤能力及入选原煤量都是世界第一。

一、1949—1965年期间

1949年10月1日新中国成立后，于当年11月燃料工业部召开了全国第一次煤矿工作会议，确定了在两三年内，以全面恢复为主，部分新建为辅，以东北为重点的工作方针。在资料不全、图纸残缺和缺少专业技术力量的条件下，依靠过去洗煤厂的工人、技术人员开始修复遭到破坏的设备。1952年底，东北地区绝大多数老选煤厂陆续恢复生产。这一年，煤炭系统炼焦精煤产量达到248万t。

1953年开始第一个五年计划的大规模经济建设，煤炭工业认真执行中共中央提出的“把基本建设放在首要地位”，利用老矿区原有的运输能力和辅助设施，“大规模进行新矿井和选煤厂的建设，继续进行原有矿井的改造和扩建，充分发挥原有生产矿井的潜力”的方针。这一时期，对选煤的要求是保证钢铁工业对炼焦洗精煤的需要。北票冠山（90万t/a）、台吉（105万t/a）、阜新的新邱（45万t/a）等选煤厂洗煤能力富余，通过改造增设了外来煤炭授煤系统，调进开滦、峰峰和双鸭山的焦原煤入洗。鹤岗南山选煤厂恢复生产后，除入洗本矿的气煤外，也调入双鸭山的肥焦煤入洗，缓解了当时炼焦洗精煤严重不足的局面。

这一时期，根据中国同苏联签订的《中苏友好同盟互助条约》，苏联分期分批帮助设计、提供成套设备和主要物资，建设了一批重大项目。当时确定援建我国的156个大型项目中，煤炭工业25项，包括选煤厂6项。后由于种种原因，选煤厂实际只建成了4座，分别是峰峰中央选煤厂（200万t/a）、鹤岗兴安台选煤厂（150万t/a）、双鸭山选煤厂（150万t/a）以及淮南谢家集中央选煤厂（100万t/a）。"一五"期末，煤炭工业系统洗精煤产量达到817万t，比1949年增长了11倍，为"二五"时期的发展奠定了基础。

1958年1月，煤炭部决定在挖掘选煤厂潜力和加快新选煤厂建设的同时，在全国各地炼焦煤矿区开工新建217座简易选煤厂。当时的选煤设计院突击设计出了60－Ⅰ、60－Ⅱ、30－0（甲）、30－1（乙）和30－Ⅱ等通用简易选煤厂设计厂型，设计年原煤处理能力7350万t，其中列入统配煤矿130处，年原煤处理能力4500万t。由于缺乏认真的调查研究，出现了选点不当、煤质不符合炼焦用煤要求、无电源、水源等问题，开工建设不久大都相继停建。也有相当大一部分由于设计标准过低，施工质量不高等原因，不能正常生产。最终建成63处，年原煤处理能力2430万t。

1958年，鸡西滴道洗煤厂在唐山煤科院协助下，试制了国内第一代重介质选煤机，同时将原煤分级筛孔由50 mm改为12～25 mm，缩小了入洗下限，使更多的原煤进入重介质分选机。1959年，煤炭科学研究总院唐山分院在通化铁厂选煤厂建立了用斜轮分选机处理槽洗中煤和6～100 mm块煤的中国第一座重介选煤车间。当时开工建设的还有波兰援建的湖南株洲选煤厂（1960年，200万t/a）、山西太原选煤厂（1960年，200万t/a）。株洲选煤厂是当时全国唯一不依附煤炭生产矿区的中心选煤厂。同时我国煤矿设计机构开始在苏联专家的帮助下进行选煤厂设计，改进了传统的选煤工艺和装备。1959年，我国第一个自行设计、采用国内设备的选煤厂——峰峰邯郸选煤厂投产，设计入选原煤能力 150 万 t/a，采用跳汰—浮选联合工艺流程，标志着我国选煤设备和选煤厂设计的重大进步。

1961 年，根据中共中央确定的国家基本建设“调整、巩固、充实、提高”的八字方针，为扭转“大跃进”造成的被动局面，提出了“缩小基本建设战线，集中有限资金确保开工与保留项目建设”的方针。煤炭基本建设进行调整，收缩基本建设规模，大量缩减投资，有区别、有计划地停建和缓建了一批项目，停建 100 多处选煤厂、机修厂、化工厂项目。在这期间选煤厂原煤处理能力急剧下降，炼焦精煤产量由 1960 年的 3653 万 t，降到 1964 年的 1304 万 t。

“一五”“二五”时期，选煤厂建设投资完成 48765 万元。1959年，选煤院设计的邯郸选煤厂建成投产，是我国第一座完全自己设计的大型炼焦煤选煤厂，具有里程碑意义。1960 年，选煤院设计的重庆南桐选煤厂建成投产，采用跳汰、摇床、浮选联合工艺洗选高硫煤，具有较好的脱硫降灰效果，是我国脱硫工艺应用最早的选煤厂之一。1964 年，煤炭工业部煤炭科学研究院唐山分院在改进旧有跳汰机并参考日本高桑跳汰机的基础上，成功研制了“东风型筛下空气室跳汰机”，该项研究成果荣获 1978 年全国科学大会奖。1965 年，沈阳院设计建成的辽宁通化铁厂选煤厂，首次采用了块煤重介质斜轮主再选工艺，开创了先进重介质选煤工艺之先河。

1965 年，经过调整以后，选煤厂生产能力稳步上升。至 1965年，全国已投产选煤厂 122 座，年原煤处理能力达到 5348 万 t；炼焦用洗精煤产量 1698 万 t，是 1949 年新中国成立时的 25 倍。

二、1966—1977 年期间

“文化大革命”对选煤业的冲击和破坏极其严重。特别是 1967年、1968 年，选煤厂停工、停产现象时有发生，产量波动很大，全国洗精煤年产量从 1966 年的 2004 万 t 下降到 1500 万 t 左右。煤炭基本建设在“备战备荒为人民”的思想指导下，开始煤炭“大三线”的建设。煤炭工业建设的重点，从华北、东北和沿海转移到内地的西南、西北，这是新中国成立以来煤炭工业建设的第一次战略性大转移。在此期间，西南主要煤炭基地投产选煤厂 8 处，设计年选煤能力 815 万 t；西北煤炭基地投产选煤厂 2 处，设计原煤入选能力 360 万 t/a。六盘水的老鹰山、汪家寨、火烧铺，渡口巴关河，石炭井大武口，开滦吕家坨，淮北青龙山，枣庄八一，汾西介休等大型选煤厂相继建成投产。

1970 年 10 月，选煤院设计的田庄选煤厂建成投产，设计原煤入选能力 350 万 t/a。田庄选煤厂是第一座机械、电气设备全部为国产的全重介选煤厂，是中国重介质选煤技术从探索走向全面发展的典型，作为全国选煤厂样板厂，被列为全国五大重点工程之一。

1973 年，国家决定加强北方和华东地区煤炭工业重点基地的建设。组建了淮南、淮北、兖州、邯邢 4 个煤炭建设指挥部（基建局）和特殊凿井、建安等专业化施工公司，分别负责辽宁铁法、河南平顶山、山西古交以及开滦、枣庄、霍林河矿区的建设任务。在这些重点矿区，建成 8 处矿井和露天矿，合计年设计能力 1260 万 t，增强了东北、华东地区煤炭的供应能力。

在此期间，国家先后从波兰引进 10 套选煤厂成套设备，建成了开滦吕家坨选煤厂（1968 年，240 万 t/a）等一批大型选煤厂，总设计原煤入选能力 1640 万 t/a。至此，全国选煤厂的布局得到全面改善。

“三五”“四五”时期，全国选煤厂投产能力分别为 1936 万 t 和 1806 万 t。至 1977 年年底，全国选煤厂总数达到 99 处，总设计原煤入选能力 10322 万 t，其中，炼焦煤选煤厂 82 处，原煤入选能力 8272 万 t/a，动力煤选煤厂 17 处，原煤入选能力 2050 万 t/a。

三、1978—2000 年期间

1978 年，党的十一届三中全会召开，标志着我国经济社会发展进入新时期。我国选煤业也进入由小变大、由弱变强、由点到面的全新发展时期。

1978 年，我国第一部完整的《选煤厂设计手册》（工艺部分）完成。该手册汇编了选煤厂各种资料、设计方法与计算选型布置等内容，对我国后续选煤厂设计影响深远。

1978 年 12 月，在总结以往设计经验、教训的基础上，选煤设计研究院完成了“180 万 t/a 选煤厂通用设计”。该通用设计总结了国内外选煤技术发展情况，在设备大型化趋势基础上，针对当时国内选煤技术和设计的实际状况，集中国内选煤厂设计的主要专家，组织编写了大型化选煤厂通用设计。设计首次采用了国内过滤机、跳汰机等大型选煤设备，是当时选煤专业学生必学的经典课程案例，1981 年荣获国家优秀设计金质奖。1986 年 12 月，淮南潘一矿选煤厂正式投产，该选煤厂建成投产对推动我国选煤装备大型化发展以及大型现代化选煤厂设计产生深远影响，其设计理念在选煤设计领域具有承上启下的作用。

选煤厂管理工作逐步规范。1981 年 1 月，煤炭工业部制订发布了《生产矿区洗选工程管理试行办法》。同年 11 月 30 日，全国煤矿选煤工作会议在北京召开。会议总结了选煤工作的成绩和存在的问题，强调加速发展煤炭洗选加工、改变产品结构、合理利用煤炭资源势在必行，落实发展煤炭洗选加工的方针政策和规划安排。1983 年 6 月，煤炭工业部在淮北召开全国选煤厂整顿工作会议。会议讨论修改了《关于在选煤厂推行经济承包和扩权初步决定》，确定在选煤厂推行经济承包，扩大企业自主权。1989 年，中国统配煤矿总公司发布了《选煤厂技术检查规程》，并在全国范围内推广。

1980 年 1 月，邓小平同志在谈到煤炭工业长远计划问题时明确指出："开发煤炭，首先应当做也必须做的，是要提高洗选比重。现在我们只有百分之十几，日本、美国占有百分之九十以上，仅此一项，我们现在每年要丢掉好几个亿。煤洗与不洗不一样，洗了以后可以提高热效能，节约运输，剩下的可以发电，搞蜂窝煤供应农村需要。煤渣可以搞水泥，增加建筑材料"。1982 年 11 月，国务院颁布《关于发展煤炭洗选加工合理利用能源》的指令，明确指出："为了节约能源，减少矸石运输，防止污染环境并提高工业产品质量，必须积极发展煤炭洗选加工，合理使用煤炭，逐步由主要燃用原煤改为主要燃用加工后的商品煤。"并根据煤炭洗选加工和运输等具体条件，提出了分期奋斗目标，要求"逐步落实新的煤炭供应政策"。为落实邓小平指示和国务院指令，煤炭部解放思想，加大工作力度，采取自制、引进和中外合作等方式，在人力、物力、财力上积极扶持重点煤矿企业建设煤炭洗选项目。一大批洗选性能好、规模大、自动化程度高且达到世界先进水平的选煤厂先后开工建设并建成投产。

1984 年 5 月 12 日，设计能力为 400 万 t/a 的开滦矿务局范各庄选煤厂正式建成投产。该厂于 1977 年开工建设，洗煤车间和浓缩车间设备从德国 KHD 洪堡—维达克公司成套引进，其他部分由国内配套，有 16 个闭环系统用计算机自动控制，采用重介、跳汰、浮选联合工艺，是 20 世纪 80 年代我国规模最大、技术装备具有当时世界先进水平的炼焦煤选煤厂。

1985 年，设计原煤入选能力 300 万 t/a 的兖州矿务局兴隆庄选煤厂建成投产，该厂为引进美国 R&S 公司设备，采用跳汰 + 重介选 + 浮选的炼焦煤选煤厂。

1987 年，设计入选原煤能力 1500 万 t/a 的平朔安太堡露天矿及选煤厂投产，全套设备从美国、日本、德国等国家引进，采取中美合资方式建设并由美方经营管理，是我国改革开放后建成的首座千万吨级特大型选煤厂（图 1－1、图 1－2）；同年，利用日本能源贷款建设的设计能力 300 万 t/a 的山西古交西曲选煤厂建成投产。

图 1 - 1　改革开放初期采用中美合资方式建设的
安太堡露天矿矿坑剥离现场

图 1 - 2　中美合资建设的安太堡选煤厂

1989 年 11 月，开滦钱家营选煤厂建成投产，设计原煤入选能力 400 万 t/a，主要工艺设计及设备成套从波兰引进、部分设备由国内供货。该厂采用独特的钢框架大厅式布置，开创了国内现代化选煤厂设计的先河，为国内现代化选煤厂布置的雏形。

选煤厂设计及选煤自动化工作开始起步。1980 年，选煤设计研究院派人赴德国慕尼黑计算机研究所进修电子计算机软件专业，迈出了计算机辅助设计的第一步。1985 年，济南煤炭设计院引进第一台 IBM 公司 PC－XT 计算机（8086CPU），随后由煤炭部组织引进美国 Primavera 公司推出的企业级项目管理软件 Primavera Project Planner（简称 P3）并对其汉化，开始用于项目进度计划、动态控制、资源管理和成本控制的项目管理。与此同时，由中国矿业大学开发的“选煤工艺计算软件包”开始应用于西安煤矿设计院、汪家寨选煤厂和淮北选煤厂设计，推动了国内选煤工程设计手段快速发展。1984 年，煤炭行业举办了选煤厂管理用 PC—1500 计算机技术培训班。部分选煤厂采用计算机实现了生产过程控制、数据处理和系统直接调节。

三产品重介质旋流器和非磁性介质旋流器等新工艺研究取得进展，并在生产中取得良好效果。研制开发的煤泥水直接浮洗工艺以及压滤机等为选煤厂洗水闭路循环创造了条件。1989 年，煤科总院唐山分院研制出世界上第一台块末煤分级联选跳汰机并应用于北票矿务局东升矿选煤厂，比传统不分级跳汰机分选效率提高 2% 以上，处理能力提高 20% 以上。同年该院还成功研制出我国第一台复合式干选机试验样机。

1978 年，全国只有选煤厂 99 处，原煤入选能力 10322 万 t/a。其中，炼焦煤选煤厂 82 处，原煤入选能力 8272 万 t/a，动力煤选煤厂 17 处，原煤入选能力 2050 万 t/a；原煤入选量 1. 13 亿 t，入选率 16. 7% 。至 1990 年年底，全国选煤厂总数达到 198 个，原煤入选能力 25436 万 t/a，是 1978 年的 2. 46 倍，其中，炼焦煤选煤厂 114 个，原煤入选能力 15270 万 t/a，动力煤选煤厂 84 个，原煤入选能力

10166 万 t/a。1990 年全国原煤入选量 19088 万 t，入选率 17.7%，其中，炼焦用原煤入选 12677 万 t，入选比重为当年炼焦原煤产量的 24.72%，产精煤 6742 万 t，是新中国成立时的 100 倍，回收率 53.2%，动力煤入选 6411 万 t，入选比重 11.31%，洗后产量 2481 万 t，回收率 38.7%。

20 世纪 90 年代，随着改革开放的深入开展，我国经济体制从计划经济进入市场经济，国民经济蓬勃发展，煤炭洗选业快速增长，选煤能力大增，产业结构发生改变，体制创新，效益显著。产生这些变化的主要原因有：

（1）需求拉动。1990 年全国生铁产量 6238 万 t，至 2000 年达到 13101 万 t，翻了一番还多。生铁产量的增加拉动焦炭产量的增长，相应的炼焦精煤从 8552 万 t 增加到 14293 万 t，增长了 67%。为了降低炼铁成本，减少焦比，推动了高炉喷吹煤的发展。过去无烟煤选煤厂只选无烟块煤供化肥厂，现在选末煤，生产高炉喷吹煤（PCI）供大钢铁厂替代焦炭。如永城陈四楼选煤厂、阳泉一、二、三、五矿选煤厂等生产高炉喷吹煤，煤矿和钢厂都增加了收益。

（2）市场内生动力。煤炭企业为了提高企业效益，扭亏增盈，推动了选煤业的发展。在煤炭工业中首先是炼焦精煤的价格开始放开，由市场供需双方商定产品价格，精煤价格大幅提高。因此，统配矿扩大炼焦精煤产量，地方煤矿特别是乡镇煤矿建设了大批中小型选煤厂，选煤能力和原煤入选量大幅提高。

（3）出口带动。国家鼓励煤炭出口，出台了优惠政策，刺激了动力煤洗选。兖州的东滩、济二，平朔的安家岭，大同的燕子山、四台沟，大柳塔等选煤厂都是为适应出口煤需要建设的。1990 年，煤炭出口量只有 1729 万 t，至 2000 年已经达到 5507 万 t。

（4）煤炭经济体制创新撬动。煤炭行业在管理上推广矿务局内部经济承包责任制和专业化的管理模式，调动了选煤厂的积极性。至 2000 年底，全国已有选煤厂 1584 处，原煤入选能力 52199 万 t/a，其中国有重点煤矿选煤厂 237 个，原煤入选能力 36478 万 t/a，占 69.9%；地方煤矿选煤厂 1347 个，入选能力 15721 万 t/a，占 30.1%。2000 年，全国原煤入选量 3.37 亿 t，入选率 33.7%，分别比改革开放初期提高了 198% 和 17%。

这一时期，煤炭洗选进入稳定发展时期，选煤技术和规模均有较大提高。在引进消化吸收国外先进技术的基础上，坚持技术创新，国产化步伐加快，研制出一批具有自主创新知识产权的选煤工艺和设备，如大直径三产品重介质旋流器、大面积加压过滤机、快开式隔膜压滤机、复合式干法选煤技术及设备、动筛式跳汰机等工艺及设备，在选煤厂得到推广使用。选煤厂设计不断进步，先后建设了一批技术设备先进的大型现代化选煤厂。晋城伯方选煤厂（60 万 t/a）、西山屯兰选煤厂（400 万 t/a）等采用装配式钢结构厂房设计，改变了过去传统设计方法。晋城成庄（240 万 t/a）、天府（90 万 t/a）等从国外引进、建成模块式选煤厂。

四、2001—2019 年期间

进入新世纪，我国选煤业进入大发展时期。“十一五”期间所有新建大中型煤矿必须配套建设选煤厂，所有在役大中型煤矿必须配套建设选煤厂的政策措施以来，极大地推动了选煤厂建设，特别是动力煤选煤厂的建设速度大大加快。

这一阶段，我国经济发展进入快车道。冶金工业的快速发展拉动了炼焦煤洗选和高炉喷吹煤的洗选。电力工业的快速增长，特别是发展了一批超临界、超超临界特大型燃煤发电机组，需要提供大量质量稳定、品质优良的动力煤，促进了动力煤的洗选。随着煤化工技术的突破，现代煤化工产业规模不断扩大，成为除炼焦用煤、动力用煤外选煤产品的第三个重要应用方向。此外，随着煤炭消费量的快速增加，资源、能源、运输、环境方面的压力不断加大，国家制定了一系列防治大气污染、控制污染物排放的政策措施，出台了控制煤炭灰分、硫分的标准，各行业、各部门对煤质的要求更加严格，这些都推动了选煤业进一步深入发展。

选煤厂规模及选煤设备趋向大型化。2001 年 3 月，设计年处理原煤 1500 万 t 的平朔安家岭露天煤矿选煤厂建成投产，是同期我国自行设计、施工、管理的国内规模最大的选煤厂。该厂的建成验证了特大型选煤厂各工艺环节处理能力的适应性，为我国自主设计、建设大型选煤厂积累了宝贵经验，获得国家优秀设计奖银质奖。

2002 年 11 月 8 日，山西晋城寺河矿井选煤厂正式投产。寺河矿井选煤厂于 1996 年 12 月 30 日同矿井一起开工，建设规模 400 万 t/a，实际生产能力 800 万 t/a。寺河矿井及选煤厂工程获国家环境保护总局评选的“国家环境保护百佳工程”及“新中国成立六十周年百项金典暨精品工程”。2007 年 2 月，当时全国最大的模块化选煤厂布尔台选煤厂建成投产（图 1－3），设计年处理能力为 3100 万 t/a。

图 1－3　布尔台选煤厂

2005 年，用于选煤厂设计的第一部国家标准《煤炭洗选工程设计规范》(GB 50359—2005) 发布。2007 年 7 月 3 日，国家发改委、国家环保总局联合印发《煤炭工业节能减排工作意见》(发改能源

〔2007〕1456 号)，其中第二十三条规定“煤矿应就近配套建设选煤厂或集中选煤厂”。从此大中型煤矿配套建设选煤厂成为项目核准、环评批复及验收的必要条件之一。

2008 年 3 月，龙固矿井选煤厂建成投产，是当时国内最大的特大型炼焦煤选煤厂，设计能力 600 万 t/a，为我国特大型炼焦煤选煤厂设计起到了很好的示范作用。该厂先后获得“改革开放三十五年百项经典暨精品工程”“中国建设工程鲁班奖”“煤炭行业优秀工程设计一等奖”“全国优秀工程总承包项目金钥匙奖”“2010 年度煤炭行业勘察设计企业优秀工程总承包项目金奖”“全国十佳选煤厂” 等荣誉称号。

2008 年 3 月完成的神华宁煤集团太西洗煤厂超低灰纯煤精细制备项目，在原有 210 万 t/a 规模的基础上改造扩能到 300 万 t/a，荣获煤炭行业第十四届优秀工程设计一等奖。该分选工艺为国内首创工艺，使超低灰纯煤的灰分≤2.0%，荣获 2008 年度国家科学技术进步二等奖。

2010 年，临涣选煤厂完成扩建，设计原煤入选能力 1600 万 t/a。该厂原设计规模为 400 万 t/a,2006 年扩建工程设计规模为 800 万 t/a，主要入选肥煤、焦煤、1/3 焦煤、气煤，是同期亚洲规模最大、生产设施最完善的炼焦煤选煤厂。在第 16 届国际选煤大会上，该厂作为中国代表团重点推荐选煤厂向世界选煤行业推介，取得了巨大成功，获煤炭行业优秀设计一等奖。

选煤能力和规模快速增长。至 2010 年，选煤厂总数达到 1800 多座，原煤入选能力达到 17.8 亿 t。采用高效的重介质选煤技术、入选能力大于 1000 万 t/a 的洗煤厂已超过 20 个。单厂原煤入选能力最大的炼焦煤选煤厂达到 1250 万 t/a、动力煤选煤厂达到 3100 万 t/a。2018 年，随着煤炭供需形势进一步向好，化解落后过剩产能工作逐步到位，先进产能逐步得到释放。我国煤炭产量、入选能力、入选量小幅上升，入选率有所提高。全国原煤入选量约 26.4 亿 t，入选率

71.8%。

2012年，煤炭行业印发《关于推进煤炭工业“十二五”洗选加工发展的指导意见》《关于推进大型现代化选煤厂建设的指导意见》两个行业性指导文件，确定了“十二五”时期我国煤炭洗选加工和大型选煤厂建设的发展方向、主要目标和重点工作任务。

2016年2月，郭家湾煤矿选煤厂建成投产，设计规模为1000万t/a。该项目采用工程总承包（EPC）模式，具有投资省、建设工期短、工程质量优等特点，充分发挥“交钥匙”功能。郭家湾选煤厂是我国选煤厂中一次建成的工艺最先进、生产方式最灵活、产品结构最丰富的选煤厂，是目前国内动力煤分选工艺及自动化监测监控最高技术水平的典型代表。

2019年9月1日，亚洲单体最大的炼焦煤选煤厂——淮南矿业集团潘集选煤厂建成并进入联合试运转阶段。该项目设计年入选原煤1200万t,采用直径1500 mm大型无压三产品重介旋流器+煤泥重介+煤泥浮选的联合分选工艺，洗水实现闭路循环，设备全部实现自动化操作，选煤工艺及设备国内一流、国际领先。

现代化选煤向优质、高效、节能、洁净、智能化方向发展。选煤

图1-4　2011年10月在银川召开全国大型现代化选煤厂现场会

装备制造已经形成体系，水平不断提高。选煤国际交流不断扩大，加强了与世界各国选煤界的交流合作，促进了我国选煤技术和管理水平的提高（图1－4）。

第二节　煤　质　管　理

随着洗煤产品用途不断拓宽，用户对洗后商品煤质量要求越来越严格。煤质管理不仅关系到企业的信誉，更直接影响用户的产品质量和效率。

一、1949—1965 年期间

旧中国遗留下来的煤矿，除开滦、抚顺、淮南、焦作等少数几处煤矿外，其他的煤矿规模都很小，技术也落后，几乎无检测煤质的手段及保证煤炭质量的设备，多数直销原煤，商品煤含矸率高。

为适应国民经济发展，1952—1957 年，燃料工业部煤矿管理总局和东北煤矿管理局在生产技术处和矿务处内设了选煤科。在东北、华北、华东、中南、西北、西南煤田地质局各建立一个中心化验室，着重开展为划分炼焦用煤和动力用煤分类指标所需的地质分析化验检测项目。选煤设计院和从事选煤专业的唐山煤炭研究院相继成立。在全国煤炭系统选调了一批精干的采煤、选矿等专业人员，充实、加强了选煤专业的管理、设计和研究机构，并逐步建立起各项必要的管理制度，开展了选煤设计、研究工作。1952 年和 1953 年两年，东北工学院和中国矿业学院培养出中国第一代选煤专业毕业生。1954 年，淮南煤专也培养出选煤专业毕业生，充实了选煤技术力量。

1950—1955 年期间，煤炭系统先后在东北、开滦举办了三期选煤、煤质化验人员训练班，共培养 200 多名专业人员。1955 年，为双鸭山洗煤厂选派了 33 名专业配套的技术人员，到苏联进行了为期一年多的培训。在此基础上，1956 年又先后在双鸭山、本溪扩大培训队伍，现场学习新厂建设、老厂改扩建的经验，学习、研究有关管理制度。所有这些都为新中国选煤业的发展创造了必要条件。

20 世纪 50 年代，参照苏联的规范，全面开展了煤质分析化验工作，查明了全国各主要产煤地的煤质，指明了 20 多个主要煤田煤炭的利用方向。燃料工业部先后颁布《矿井及露天矿采取煤层煤样及生产煤样工作暂行规程》和《组织化学实验工作的暂行规定》，加强煤质化验和检查工作。1955 年，开始进行全国煤质资料汇编工作；颁布了《井口原煤质量管理试行规程》和《煤炭检验操作规程草案》。1957 年夏，煤炭部根据全国各主要厂、矿在煤质检查方面积累的经验，并参考苏联的有关资料，编制了《矿井煤质和洗煤厂技术检查草案》，于 1959 年 6 月颁布。该规程统一了全国煤炭系统的采样和试验的操作方法。

1958 年开始的“大跃进”，使煤炭产需矛盾更加突出，有些煤炭企业片面追求产量，煤质下降，商品煤灰分从 1958 年的 20.46% 上升到 1961 年的 23.26% 。1959 年，煤炭部颁布了《煤炭产品按质计价标准》《煤炭化验操作规程》；1960 年，颁布了《关于加强煤质管理的办法和指示》。在井工生产的煤矿推行“三拣四不上”的拣矸制度，尤其强调必须贯彻执行《煤炭产品按质计价标准》，有力地促进了煤质的稳定。

新中国成立初期，只有开滦、抚顺、本溪、焦作、鸡西、阜新、淮南等 19 个局、矿有化验室，检测项目仅限于水分和灰分，其中少数矿务局化验室能做工业分析、元素分析和灰成分分析，而且检验标准和方法也不统一。1955 年，煤炭部制定了《煤炭检验操作规程草案》，有关化学分析项目等有了全国统一的操作规程。从 1961 年开始，煤炭工业部陆续制定了有关煤炭质量检测的国家标准。

1961—1965 年，煤炭系统贯彻执行中央提出的“调整、巩固、充实、提高”八字方针，把提高煤炭产品质量列为重要调整内容。煤炭部于 1962 年颁发《煤炭质量、数量暂行规定》，1964 年提出关于提高产品质量的要求和措施，1965 年推行质量标准化，通过这些工作，商品煤质量达到新中国成立后最好水平。

二、1966—2000 年期间

“文化大革命”期间，绝大多数矿务局、矿煤质检工作陷于停顿，大量煤质资料散失，原有的规程、标准几乎全被废除，煤炭产品质量管理陷于瘫痪。大多数矿、厂不再执行按质计价，商品煤质量逐年下降。到 1977 年，统配煤矿商品煤灰分和含矸率分别高达 23.59% 和 1.14%，全国有三分之二矿务局（矿）完不成煤质计划，用户对煤质低劣反映强烈。

“文化大革命”结束后，煤炭部先后召开了三次局、矿长会议和三次煤质专业会议，研究整顿煤质工作，传达贯彻国务院关于提高煤质、发展煤炭洗选加工的指示以及煤炭部“高质量、多品种”的方针，煤质下降的局面得到控制。1980 年 11 月 17 日，煤炭工业部在江苏大屯召开第一次全国煤炭质量化验工作会议。会议要求加强采制化工作，保证和提高煤炭产品质量。

这期间煤炭工业部先后制订、修订了《煤炭质量、数量管理规程》《煤炭优质产品评比办法》《煤矿采样、制样、化验管理暂行办法》《新增煤炭品种和等级煤审批办法》《煤矿企业质量管理小组活动管理办法》等一系列部门规章以及《关于煤种牌号化验鉴定的通知》《关于加强煤炭产品质量管理工作的通知》等文件。

各矿务局、矿、厂在贯彻执行上述文件中普遍建立健全以岗位责任制为中心的煤炭质量管理制度，形成了从煤炭工业部到省（区）煤炭管理局、矿务局、矿、厂的 5 级煤质管理工作系统，使煤质管理工作走上正常轨道。1985 年，全国各省煤炭管理局、矿务局建立化验室 400 多个，专职煤质管理人员达 1650 多人。选派选矸工 1000 多人到山东矿业学院、淮南矿业学院、北京煤化学研究所进行系统煤炭质量管理、煤质检验培训。在此基础上，编写了《全国煤质资料汇编》。煤炭部在煤炭科学研究院北京煤化学研究所建立了全国煤炭质量检索系统数据库，有145个矿务局（矿、厂）、3424个煤层，1284个煤炭品种、749个筛分试验、673个浮沉试验及9058个管理记录共2.22兆字节，45万个数据全部输入计算机，建立11项检索功能，形成了全国煤质资料检索系统，为编制煤炭工业发展规划、调整产品结构、设计洗煤厂、煤炭加工利用、煤质预测和研究提供了依据。

20世纪70年代末起，煤矿企业煤质检验工作逐渐恢复正常。至1985年，全国重点煤炭企业已建立起煤质化验室400个。为使煤炭资源得到合理利用，20世纪70年代到80年代，逐步建立起我国煤质化验系统和煤炭分类体系，更新了长期沿用的苏联规范，制订了《商品煤样采取方法》《煤的元素分析方法》《煤的工业分析方法》等40余项国家标准，形成了比较完整的煤质标准化体系，并逐步向国际标准靠拢。20世纪80年代制订出《中国煤炭分类》国家标准。新分类将煤分为14大类，使各类煤的划分更为合理，为煤炭生产和合理利用奠定了基础。

1985年，统配煤矿实行投入产出总承包以后，进一步加强煤质管理，建立健全了煤质计划管理、定期分析、煤质检查、煤炭采样、制样、化验、脏杂煤按质论价、定期访问用户等管理制度，实行超灰扣产、扣工资、奖金；严禁以次充好，确保煤炭质量、数量符合规定的指标。1985年3月，煤炭工业部在峰峰召开全国煤质工作会议，集中研究讨论在煤矿经济承包中，围绕提高企业效益和社会效益，用改革的精神开创煤质工作新局面等问题，明确了煤质工作的奋斗目标：①产品质量和产品结构要有明显改善；②质量、数量管理制度和计价办法的改革要有较大的进展；③质量检测手段和技术水平要有新的提高。当年7月18日，煤炭工业部决定继续开展“部级质量管理奖”评审和“部级优秀质量管理小组”评选活动，颁布了《煤炭工业部质量管理奖评审条例》及《煤炭工业部优秀质量管理小组评选办法》。同年8月，根据当时国家经委的部署，组织全国煤矿开展以

“矿自检、局抽检、省管理局重点检查”为主的煤质大检查，并着手准备制定动力煤以发热量计价的方案。煤炭以发热量计价是国际上通用的科学计价方法，是提高煤炭质量实行优质优价、劣质劣价、减少无效运输的有效措施，也是煤炭计价方法从计划经济向市场经济过渡的一项重大改革。1986 年 12 月，《动力煤以发热量计价办法》经国家物价局批准颁布，1987 年 3 月 1 日起在义马、鹤壁、平庄三个矿务局试行，为后来全面推行发热量计价工作摸索了经验，创造了条件。自此之后，以热值计价作为动力煤的最主要指标，动力煤发热量计价逐步铺开，先后在 81 个国有重点矿实施，至今已在全部煤矿实行。

1990 年，统配煤矿总公司颁发了《煤矿采制化人员岗位合格证》及其使用方法，采制化人员持证上岗。同年针对 MT 176—88 标准《商品煤质量和牌号抽查方法》中缺少热量统计差的规定，中国统配煤矿总公司颁发了商品煤质量抽查中热量允许差的补充规定。

这一时期，为贯彻国务院国发〔1992〕41 号《国务院关于进一步加强质量工作的决定》，中国统配煤矿总公司制订了《统配煤矿煤炭产品质量的监督检查与奖惩办法》(中煤总劳字〔1992〕第 455 号)，强化了商品煤质量检查，搞好行业自律，稳定了商品煤质量。

1992 年 5 月，能源部煤炭司在山东威海市召开煤炭行业第一次质量监督检验站工作会议，能源部管理的在 28 个省（区）境内的煤炭质量监督检验机构正式成立。1993 年煤炭工业部恢复后，为加强煤炭行业质量监督检验工作，成立了部、省（区）煤炭质量监督检验中心（站），理顺了关系。开展了煤的牌号核定工作，对国有重点煤矿和精煤公司、华晋公司所属煤矿，国有县（市）以上煤矿、军矿局和司法部所属煤矿能力 9 万 t/a 以上的矿井（露天）进行了煤的牌号核定。

1994 年，煤炭工业部颁布了《矿井煤质管理工作质量标准化标准及考核评级办法》《露天矿煤质管理工作质量标准化标准及考核评级办法》《局化验室质量标准化标准及考核评级办法》，组织国有重点煤矿开展质量标准化活动，并与国家技术监督局一起开展煤炭质量信得过活动，颁发了《煤炭质量信得过考核条件和考核办法》，开滦、兖州等矿务局获质量信得过单位。同年颁发煤炭行业《工人技术等级标准》，对采制样煤质化验初级、中级、高级工按标准进行考核定级。

1996 年 5—9 月，对商品煤质量实施全国煤的统一监督检验，对 105 个国有重点矿务局原煤、筛选煤、洗精煤和其他洗煤进行统检，判定矿务局化验的采制化水平，提高采制化业务能力。

1998 年，煤炭部撤销，煤质选煤业务工作由中国煤炭加工利用协会承担。协会成立了洗选加工部，重点协助政府联系煤矿和洗选加工企业，为煤矿和洗选加工业服务。开展了煤炭质量管理和煤炭质量检验的大规模培训工作，并在采制化工人中开展大比武。在全国煤矿开展煤炭质量统检，对 105 个矿务局化验室的检测水平进行了一次总考核，大大推动了矿井煤炭质量管理和检测水平。经过多年努力，商品煤质量逐步提高。在此基础上全国煤炭行业进行第三次煤质资料汇编，对 105 个国有重点矿务局的 3424 个煤层的煤质资料进行汇编统计，为调整产品结构和发热量计价等工作打下了坚实基础。

三、2001—2019 年期间

2005 年 6 月，经民政部批准，中国煤炭加工利用协会煤质和煤炭检验分会成立。122 家煤矿企业、省煤炭质量检测站、煤质设备制造厂和大专院校参加了煤质和煤炭检验分会。从此以后，煤炭质量管理和煤炭检验有了自己的行业协会，有了一个相互交流、相互了解的平台。煤质和煤炭检验分会开展了一系列有计划有针对性的工作，为调整煤炭产品结构、稳定和提高煤炭质量献计献策。

2001 年，《全国煤质资料汇编》(1991—1995 年）编制完成，之后又开展了 1999—2004 年的商品煤质量及原煤质量统计工作并进行了汇编。全国煤矿根据市场需要，依靠科学技术，根据自身煤炭质量状况，纷纷制定煤炭产品结构调整规划。潞安矿务局根据产品市场需要，依据煤炭汇编资料，与西安热工研究所和钢铁企业一起开发的高炉喷吹煤获得成功，每年增收近 40 亿元，并为钢铁企业降低焦比做出了贡献，获得国家科技进步一等奖。

在贯彻执行采制化国家标准、行业标准和企业标准基础上，结合煤质管理标准化矿井、标准化局化验室先进单位评选表彰情况，2004 年对煤质管理标准化矿井标准，局化验室标准进行了修改。

“十一五”以来，煤炭行业开始对新建或牌号有变化的煤矿煤的类别进行检验评定，至 2011 年，90% 左右的国有重点煤矿和少量地方煤矿煤炭进行了牌号核定。

开展课题研究，先后开展了《中国原煤硫分分布和商品煤硫分流向研究》和《中国原煤硫分及动力煤硫分分布与流向研究》等课题研究工作，为我国二氧化硫的减排工作提供了资料和办法。在充分听取用户意见的基础上，不定期地组织专家进行煤质采制化仪器、设备、材料的考核、评审，并根据用户反映，向会员推荐优质产品。

组织开展国内外学术、技术交流，每年召开不同类型的经验交流或技术推广会。2007 年和 2010 年两次组织煤矿企业、选煤及煤质设备制造厂、大专院校去美国进行学术技术交流。在南昌、苏州、沈阳、南京、南宁召开技术推广会。开展煤炭采制化及仪器维修人员的技术和煤质管理软件培训等。

第三节　煤　炭　加　工

煤炭加工是对煤炭在物理形态上进行处理，形成配煤、水煤浆、型煤等各种产品，以更好地适应生产生活需要，满足经济社会发展需求。

一、配煤

1. *动力配煤*

动力配煤可以充分利用各种煤炭资源，将不同类别、不同质量的单种煤通过筛选、破碎，按不同比例混合，配入添加剂，改变单种动力用煤的化学组成、物理性质和燃烧特性，提供满足不同燃煤设备要求的煤炭产品。电厂锅炉、工业锅炉及窑炉采用动力配煤后，能够满足供煤质量，提高燃烧效率，节约燃料，减少 SO_2 和 TSP 排放量，如果配入脱硫剂，还能起到固硫的效果，有很好的经济效益与环境效益。

我国动力配煤起步较晚。20 世纪 80 年代，动力配煤在几个大城市发展起来。20 世纪 90 年代初，我国已有二十几个省、市、自治区的几十个城市建成了近 200 条动力配煤生产线。随着国内能源需求的日益扩大，为了解决煤炭质量和数量上供求不平衡的问题，满足燃煤用户日益严格的环保需求，2005 年后动力配煤技术开发研究和大规模工业应用发展较快。2008 年以后大规模、集成化发展速度明显加快。2012 年 9 月，由北京华宇工程有限公司设计的芜湖港煤炭储配中心项目储配工程建成投产，设计生产能力 2000 万 t/a，采用粗配和精配相结合工艺完成自动配煤。

动力配煤主要用于电站锅炉、工业锅炉和工业窑炉，其中电站锅炉和工业锅炉用煤量占 80% 以上，是用动力配煤最多的领域。

国内动力配煤常见的方式主要有两种：一种是用户入炉前简单配煤，大型电厂由于进煤矿点多、煤种杂，普遍是自己对入厂煤进行粗配，各种煤的配比并不十分严格；另一种是港口、煤站煤场混煤，按几种煤种的发热量和挥发分采用简单加权平均方法进行一定比例的混合，即不同煤种的简单机械混合。国内目前集中性动力配煤主要是针对工业锅炉和窑炉，部分燃煤电厂除烧单种煤外，也购入配煤燃烧。

2. 炼焦配煤

焦炭既是燃料又是原料，是煤炭加工利用的中间产品。1898 年，中国首批具有工业规模的焦炉在江西萍乡煤矿和河北唐山开滦煤矿生产，中国炼焦已有百余年发展历史。但旧中国焦炭工业发展极其缓慢。新中国成立前，我国只有炼焦炉 28 座，总设计产能 510 万 t/a，焦炭产量 52.5 万 t。20 世纪 50 年代开始，我国开展了扩大炼焦用煤的研究，先后成功研究出大同、兖州等矿弱黏结煤的常规炼焦技术，提出了新的炼焦用煤评价方法，先后开发出褐煤二段炼焦、冷压焦、热压焦等工艺技术。当时为满足上海宝山钢铁公司炼焦用煤的需要，利用国内煤炭资源进行合理配煤，配用兖州的低灰低硫弱黏结气煤，炼制出了能满足大型高炉用的焦炭。至 1994 年，我国焦炭产量首次突破亿吨大关，达到 11429 万 t，此后呈现快速增长。2005 年，我国焦炭产量达到 2.54 亿 t，占世界焦炭总产量的百分比首次突破 50%，达到 54%。2008 年，我国生产焦炭 3.24 亿 t，约占世界焦炭产量的 60%。煤炭企业建设的焦化厂 150 多处，年生产能力 100 万 t 以上的 11 家。开滦、枣庄、峰峰等大型焦煤矿区，与钢铁、有色等用焦企业联营合资发展大型炼焦产业，既充分利用了宝贵的焦煤资源，满足用户需求，又促进了矿区经济的多元发展。2018 年，焦炭产量达到 4.38 亿 t。

新中国成立初期，我国没有炼焦配煤经验，各大钢厂完全借鉴苏联经验，按以焦、肥煤为主，气、肥、焦按一定比例配合的模式配煤。20 世纪 60 年代，经过数百次配煤试验，在有足够与之相匹配的肥煤前提下，使大同弱黏结煤的配入量达到 30% 以上，从而使炼焦用煤的范围扩大到了非炼焦煤。煤科总院北京煤化所、鞍山热能院等单位先后建成 200 千克试验焦炉，进行配煤炼焦试验，推动了配煤技术的发展。1983 年，“高挥发分弱黏结大同煤在炼焦配煤中的作用”科研成果被国家科委评为国家发明四等奖。1999 年，国家计委批准成立炼焦技术国家工程研究中心，进一步推动了我国炼焦配煤技术发展。

从1956年我国第一座炭化室高3.2 m捣固焦炉投产，经过1970年3.8 m捣固焦炉投产，到2002年第一座4.3 m捣固焦炉投产，我国捣固焦生产进入快速发展阶段。相继自主研发出5.5 m、6.25 m捣固焦炉及机械，实现捣固炼焦技术的大型化。2004年，国产第一套125 t/h的国产化干熄焦装置在马钢焦化厂建成投产。2009年5月，单套最大处理能力260 t/h的干熄焦装置在唐山曹妃甸首钢京唐公司焦炉成功投运。2013年10月，首山焦化公司7.63 m超大型容积顶装焦炉改捣固焦炉一次试车成功，成为世界最大的捣固焦炉。

二、水煤浆

20世纪80年代初，我国开始了水煤浆的技术研发工作。1982年，由煤炭加工利用协会牵头组织了技术攻关小组，对制浆、添加剂、运输、燃烧等技术进行攻关。1983年，“水煤浆制备与燃烧技术”正式列入国家“六五”重点科技攻关项目。1984年、1985年进行了工业应用试验。这期间，由煤炭工业部和北京市经济委员会共同组织的水煤浆在工业锅炉实际应用实验在北京造纸一厂进行，将20 t/h燃油工业锅炉改造为燃烧水煤浆，获得初步成功。1985年，枣庄矿务局八一洗煤厂与中国矿业大学北京研究生院合作，开发利用选煤厂浮选精煤滤饼制备高浓度水煤浆生产工艺,建成年生产能力2万t的水煤浆生产制备线。浮选精煤制浆是我国首创，也是世界首创，具有工艺简单、制造成本低、经济效益好等特点。

1986—1990年，煤炭工业部组建了中国水煤浆技术联合体（后改为华煤水煤浆技术联合体），总体承担国家攻关任务。完成水煤浆厂、药剂厂和工业锅炉、工业窑炉改烧水煤浆科研基地建设。先后完成抚顺胜利矿7万t/a、枣庄八一矿5万t/a水煤浆厂扩建，改造北京造纸一厂20 t/h、60 t/h、北京印染厂15 t/h燃油工业锅炉，并试烧水煤浆成功。为引进国外经验，建设25万t/a中日合资兖日水煤浆厂。

1986 年 5 月，由中国矿业大学（北京）负责的国家“六五”重点攻关项目——水煤浆制备与燃烧技术通过国家鉴定，并获得“六五”科技攻关奖。1987 年，中国矿业大学（北京）王祖讷教授担任联合国开发技术总署项目“煤浆制备与燃烧技术”项目主任、世界实验室中意合作科研项目“煤浆技术的应用”及“环境友好型柴油代用燃料精细水煤浆的研究”中方主任，完成大规模制浆、远距离管道输浆、大型燃油站改造的试验研究和工业可行性研究，并借助中意合作项目支持，成立了世界实验室水煤浆技术研究中心。

1991—1995 年，水煤浆中心主要进行大规模制浆与电站燃用水煤浆工业示范，开展“八五”国家科技攻关项目“水煤浆管道运输技术研究”“燃用水煤浆电站装、贮、运技术”等研究开发工作。1992 年 1 月 6 日，北京矿务局水煤浆示范厂利用瑞典贷款、引进瑞典制浆设备新建的 25 万 t/a 生产线调试出浆，首批成品浆运往北京造纸一厂燃烧应用。至 2000 年，完成了一系列水煤浆工程示范基地建设。

随着近年来国际油价的持续上涨以及国内环保意识的逐步加强，节能、环保的水煤浆在我国得到推广应用。“九五”时期，建设水煤浆厂 7 座，生产能力 128 万 t/a。由于国家政策、锅炉效率等方面的原因，水煤浆的利用集中在中、小型工业锅炉及窑炉上。

2000 年后，国内水煤浆的生产能力增长很快，自主设计生产的水平有了显著提高。2005 年，国内第一条年产 50 万 t 水煤浆成套生产线在广东建成投产。以水煤浆为原料生产合成氨，在山东鲁南化肥厂、陕西渭河化肥厂、安徽淮南化肥厂和上海三联供等企业均有成功运行案例。据不完全统计，截至 2010 年年底，全国各类制浆厂（燃料用）的设计生产能力已突破 5000 万 t/a，生产和使用量已达到 3000 万 t/a。使用水煤浆做燃料的电站锅炉已建成约 100 多台。随着水煤浆应用规模的不断扩大，制浆用煤正在从价高、量少、易成浆的中等变质程度的烟煤向较难成浆的低煤阶烟煤扩展。

2018 年 12 月，由华东理工大学与兖矿集团共同研发的 2 台日处理煤 4000 t 级多喷嘴对置式水煤浆气化炉在兖州煤业鄂尔多斯能化荣信化工有限公司二期现场安装，这两台气化炉是目前世界单炉日处理煤量最大的水煤浆气化炉，该技术处于国际领先地位。

三、型煤

型煤是用一种或几种煤粉与一定比例的黏合剂、固硫剂等加工成一定形状、有一定物理化学性能的块状燃料或原料。型煤技术较成熟，工艺较简单。通过加工型煤，一是可以节约能源，提高煤炭利用率；二是可以有效减少大气环境污染，是一种节能环保、经济实用的洁净煤技术。燃用型煤代替散煤和块煤，节煤在 10% 以上，可减少烟尘排放量，在配入脱硫剂后，还能脱除燃煤烟气中的二氧化硫，减排、节能效益显著。

我国型煤发展初期主要是民用型煤。新中国成立前，我国只是在上海留有德国人建造的一个煤球厂，东北地区有日本人留下的少量破旧煤球机。新中国成立后，20 世纪 50 年代开始生产民用型煤，随后开始工业型煤的技术开发研究。20 世纪六七十年代，随着民用和工业用途需求的增加，型煤逐步发展起来。1983 年，为推动工业型煤发展，煤炭行业召开了“工业型煤技术经济座谈会”。这期间，加快了粉煤成型研发，先后开发出多种黏结剂，制出了各种型块。1984 年 12 月，中国煤炭加工利用协会组织科技人员研制的上点火型煤茶炉及炉灶技术通过了技术鉴定。先进的蜂窝煤及炉具、工业型煤、机车用型煤、火车餐车及茶炉用型煤技术得到积极推广应用。

1. 民用型煤

民用型煤主要用在民用炊事、民用取暖以及烧烤、火锅等餐饮服务行业。

1954 年，北京、上海等大城市利用国产设备建起了我国第一批民用煤球厂。1956 年，北京开始生产手工蜂窝煤。20 世纪六七十年代，国内开展了大规模民用型煤研究，民用型煤得到较快发展。1978 年研制出了以无烟煤为原料的上点火蜂窝煤，1980 年研制出了以烟煤为原料的上点火蜂窝煤及易燃民用手炉煤球、火锅炭、烧烤炭等。1983 年，中国煤炭加工利用协会针对我国民用炉具燃烧效率低等状况，组织中国矿业大学有关技术人员对民用蜂窝煤炉进行改造，研制出以强化硅酸铝纤维为主要保温材料的节能炉瓦并组织推广试用，受到北京市委、科委和环保部门的高度重视，在北京普遍推广；对广东省茂名市和河北省丰宁县油母页岩利用情况进行调研，组织科技攻关，制出了符合要求的油母页岩蜂窝煤，并通过技术鉴定。“六五”期间建成型煤厂 43 处，年生产能力 41.5 万 t。“八五”末，建成型煤厂 120 座，年产民用型煤 130 万 t。“九五”期间，煤炭系统加大煤炭制品开发力度，建成型煤厂 45 座，生产能力 50 万 t/a。20 世纪 90 年代，我国曾派型煤专家到朝鲜、蒙古国开展民用型煤考察和技术交流活动，帮助这些国家建设型煤厂。2013 年，为治理民用散煤散烧造成的环境污染，京津冀地区开始推广使用民用洁净型煤，并制订了民用煤地方标准。

2. 工业型煤

工业型煤按用途不同主要分为三类：一是工业燃料型煤，包括锅炉窑炉型煤、机车型煤；二是气化用型煤，包括化肥造气型煤、工业燃料气用造气型煤等；三是工业型焦及炼焦配用型煤等。

1）工业燃料型煤

20 世纪 60 年代,我国开始工业锅炉型煤研究开发工作。1964 年，煤炭部唐山研究所建成一条锅炉型煤生产线,生产能力为 1.2 万 t/a，该所研制的火车机车型煤，在古冶机务段进行了第一次机车烧型煤试验。其后北京市煤炭总公司建成了百子湾煤球厂（8 万 t/a）和门头沟综合厂（1.2 万 t/a）。

20 世纪 80 年代以来，全国先后建立了 70 余座锅炉型煤厂。

1982 年，煤炭部、清华大学、中科院环化所和力学所联合在链条热水锅炉上进行燃用工业型煤试验。1983 年，相继建成日产能力 80 t 的鹤岗机务段苏家屯机车型煤试验厂和锦州机务段小型型煤厂。“七五”时期，国家科委将“工业型煤开发”列为国家科技攻关项目，推动了这一时期型煤的发展，褐煤、烟煤、无烟煤成型技术及配套设备开发取得积极进展，建成了邯郸、洛阳、重庆梨树湾 3 座工业锅炉型煤示范厂。1987 年，年产 20 万 t 的棋盘机务段机车型煤示范厂建成投产。1988 年，浙江大学等单位研究开发了炉前成型技术，在杭州新业塑料厂进行了工业性试烧。进入 90 年代，上海市建成一条年产 12 万 t 的工业型煤生产线；1995 年煤科总院北京煤化所等科研单位和企业合作研制出系列高强、防水、免烘干、适合长距离运输的锅炉型煤。这一时期，由于经济、技术或政策方面的原因，这些型煤厂能够正常生产的不多。

2000 年以来，部分地区锅炉型煤有了快速发展，如山东新建了 50 多座型煤厂，但规模一般较小，年生产能力在 3 万 ~5 万 t。

2）气化用型煤

气化用型煤包括化肥造气型煤、燃料气造气型煤等。20 世纪 60 年代以来，为解决中小合成氨厂气化用焦炭和无烟块煤供应不足问题，我国相继开发了石灰碳酸化煤球、纸浆黏土煤球、腐植酸盐煤球、黏土煤球等多种成型技术，型煤总产量曾达 100 万 t 以上，提供了全国化肥工业 60% 左右的造气原料。20 世纪 70 年代末期，在碳化煤球的基础上开发出无烟煤无黏结剂以螺旋挤压方式生产的清水煤棒。

20 世纪 80 年代以来，无烟煤型煤技术研发进入新的发展阶段，研究重点为优质防水化肥用气化型煤。煤科总院北京煤化学研究所开发的 MJ 系列型煤技术在多个化肥厂和煤气站进行工业性试验并获得成功，研制的钙系复合黏结剂煤泥防水煤球，适用于水煤气两段炉气化，为我国每年生产的上千万吨煤泥有效利用开辟了新的途径。

进入新世纪，气化用型煤又有新发展。2011 年，内蒙古金新化工公司采用中国化学工程集团公司和德国 ZEMAC 共同开发的管式干燥无黏结剂成型技术，建设了 100 万 t/a 褐煤干燥成型项目，建成后一次投料成功。2012 年，煤科总院北京煤化工分院与山西潞安集团合作研发出鲁奇炉用气化型煤，进行了工业性试烧，型煤机械强度和热稳定性均较高。

3）工业型焦及炼焦配用型煤

型焦是使用半焦、焦炭或原煤粉、混合黏结剂后经捏合、搅拌、成型，再经过碳化制备成具有一定块度的产品。按照成型工艺不同，型焦生产可分为两段法、一段半法和一段法；按照成型原料的状态，可分为冷压法和热压法。

针对国内焦煤资源状况，我国于 1956 年开始进行高炉型焦技术研究。到 1978 年，全国 14 个省区的 40 多个厂矿进行了型焦的研制和应用，设备能力在（1～4）万 t/a。利用型焦冶炼的技术经济指标接近普通冶金焦水平。20 世纪 70 年代，厦门新焦厂建设了生产能力为 2.5 t/h 的热压型焦生产装置；90 年代，山西省型焦技术取得很大进步，分别在晋城、潞城、翼城等地建设了 2.5 万 t/a 的型焦厂；宁夏石嘴山、内蒙古乌达矿务局也先后建成 4 万 t/a 的热压型焦工业生产线。1997 年 12 月，配煤系统全部由国内设计的上海宝钢三期配型煤炼焦工程建成投产。近年来，型焦工艺技术及生产装置的开发速度加快，褐煤半焦粉制型焦、烟煤半焦粉制型焦、半焦－生物质型焦、半焦制备冶金型焦、半焦生产铸造型焦等型焦生产工艺均获得一定发展。以半焦粉为原料生产型焦，在电石、硅铁、冶金、民用洁净燃料等领域得到广泛使用，对提高半焦生产企业经济效益和环境效益具有重要意义。型煤炼焦工艺对缓解我国煤炭资源分布及储量与需求不适应的矛盾、促进冶金工业发展发挥了积极作用。

第四节 发 展 成 就

经过七十年的不懈努力，我国煤炭洗选加工规模迅速扩大，技术工艺水平不断提高，取得举世瞩目的成就。

一、选煤能力和入选量快速增长

新中国成立时，我国选煤业相当落后，当时只有 10 座选煤厂，原煤入选能力只有 1365 万 t/a。至 2018 年，全国在运行选煤厂数量超过 2300 处，原煤入选能力达到 28. 5 亿 t，选煤厂数量增长了 229 倍，入选能力增长了 207. 8 倍。2018 年，我国入选原煤量达到 26. 42 亿 t，比改革开放初期的 1978 年增长了 22. 4 倍。改革开放四十年全国煤炭入选量、入选率发展情况如图 1 –5 所示。

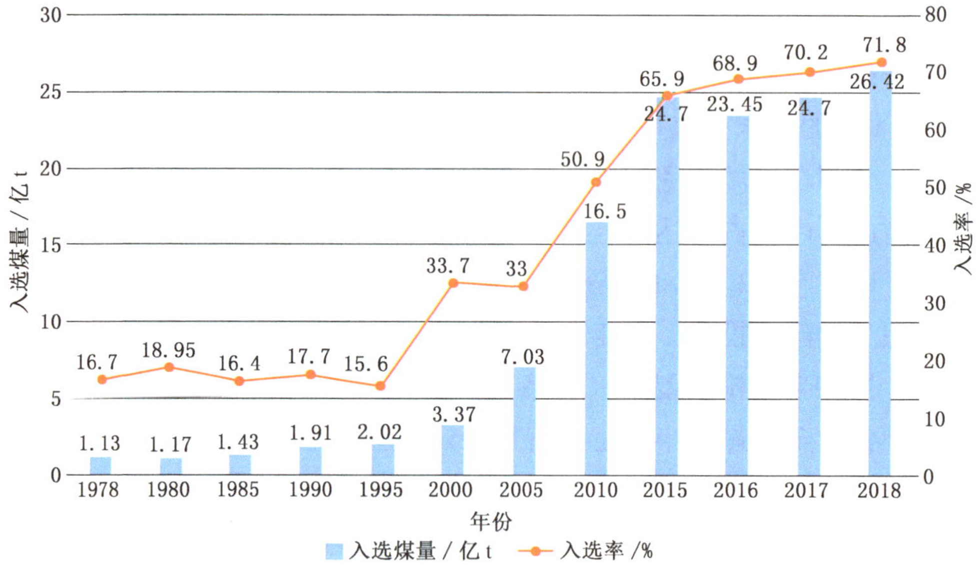

图 1 –5 改革开放四十年全国煤炭入选量、入选率发展情况

二、动力煤洗选能力大幅提高

长期以来，我国动力煤、特别是发电用煤大部分使用原煤，远远落后于发达国家。大型选煤装备和工艺的发展带动了动力煤的洗选。我国自主研发的大型三产品重介质旋流器已用于洗选动力煤；干燥成型设备的发展，为褐煤开发利用提供了技术支持。2010 年，我国已有炼焦煤选煤厂1000 余座，入选能力8.1 亿t，占总能力的45%；动力煤选煤厂近800 座，入选能力9.7 亿t，占总能力的54.5%，动力煤入选能力已超过炼焦煤；当年动力煤入选量首次突破8 亿t，达到8.23 亿t，基本与当年炼焦煤入选量8.27 亿t 持平。2011 年，动力煤入选量首次超过炼焦煤入选量。

2018 年，全国投运入选能力超过1000 万t 的选煤厂80 座，总能力近12 亿t，占全国选煤能力的42%，其中，炼焦煤选煤厂12 座，入选能力约1.6 亿t，动力煤选煤厂68 座，入选能力10.4 亿t。在运行的规模以上动力煤选煤厂达到2300 多座，入选能力超过19 亿t，占总入选能力的66.7%，炼焦煤入选能力近9.5 亿t，占总入选能力的33.3%。当年动力煤入选量16.92 亿t，约占总入选量的64%，炼焦煤入选量9.5 亿t，约占总入选量的36%。

三、选煤技术大幅提高

选煤技术水平不断提高。1984 年，煤炭科学研究院唐山分院研制成功的φ500/350 型有压给料三产品重介质旋流器在本溪矿务局彩屯矿选煤厂投入生产，并通过技术鉴定，开创了我国三产品重介质旋流器选煤技术和装备的先河。经过几十年的发展，我国自行研制具有自主知识产权的大型三产品重介质旋流器已普遍用于新厂的建设和老厂的技术改造。1994 年，中国矿业大学研发的首台FCMC－1000I 型旋流微泡浮选柱在中梁山矿务局中梁山选煤厂投入使用，经过不断改进，大型浮选机、大型浮选柱得到了广泛应用。

大型高效精煤脱水设备投入使用、大型全自动隔膜快速压滤机、高效浓缩机的推广应用保证了选煤厂实现煤泥厂内回收、洗水闭路循环。智能化选煤厂建设得到重视并快速发展，模块化成为选煤厂设计和建设的新模式。在线快速智能煤质检验检测设备精确度和速度得到提升，选煤生产过程自动控制和自动化水平不断提高。快速发展的井下分选、超低灰分选、稀缺煤种二次分选等成套技术和装备逐步走向商业化，成为我国独特的新型煤炭洗选加工技术，为煤炭分级提质利用提供了条件。

20 世纪 90 年代初选煤厂设计开始采用计算机绘图，90 年代中后期计算机绘图已经开始普及。进入 21 世纪，选煤工程设计软件从 CAD 的二维绘图辅助设计，发展到三维工厂设计，正在向选煤厂设计工程全生命周期的数字化管理转变。

四、干法选煤走向成熟

干法分选工艺具有选煤不用水、不产生煤泥、工艺流程短、投资少、运行费用低、分选精度可接受等优点，未来有可能成为动力煤分选的新趋势，同时可作为炼焦煤分选的前置排矸工艺。

我国以 FGX（ZM）为代表的复合干法选煤技术历经几十年的不断发展，以及近几年发展起来的 TDS 块煤干选技术，正逐步走向成熟。1989 年，我国第一台复合式干选机试验样机在煤炭科学研究总院唐山分院研制成功。1994 年，中国矿业大学研制的第一台处理能力为 5 t/h 的“空气重介质流化床干式分选中试系统”在黑龙江七台河桃山矿完成工业性试验。2014 年，由唐山神州公司研制的全球第一个完全工业化的空气重介干法选煤系统在神华新疆能源有限公司宽沟煤矿干选厂建成并成功运行。经过不懈的努力，我国干法选煤技术取得突破性进展，创新发展了干法特大型成套技术装备；实现了全粒级干法分选，设备可靠性提高；深度干法筛分设备实现国产化、大型化和技术优化。2018 年 12 月，唐山市神州机械有限公司开发的“煤炭高效干法分选关键技术及应用”荣获国家科学技术进步二等奖。

以 FGX 复合干选和 TDS 块煤干选为代表的干法选煤工艺技术已大范围应用。特别是以唐山神州机械集团为代表的 FGX 复合干选技术，已经开始向大型化和规范化方向发展，在山东能源临沂集团上海庙矿业公司榆树井和新 1 号煤矿分别建成了 300 万 t/a 和 600 万 t/a、开滦东欢坨煤矿选煤厂建成 300 万 t/a 的复合干法选煤示范厂。经实际运行检验，分选效果较好，建厂逐步规范，起到了很好的引领作用。

2017 年 12 月 14 日，经中国煤炭工业协会认定，煤炭行业干法选煤工程研究中心正式成立，促进了干法分选技术的规范化、标准化、智能化发展水平进一步提高。

五、涌现出一批大型化、自动化选煤厂

2010 年，我国入选能力大于 1000 万 t/a 的选煤厂有 20 座。2018 年，入选能力大于 1000 万 t/a 的选煤厂达到 80 个座，增长了 3 倍；原煤入选能力超过 12 亿 t，超过全国选煤能力的 42%。2000—2010 年，我国原煤入选能力从 5. 22 亿 t 增长到 17. 8 亿 t，增长幅度超过 10 亿 t。2010—2018 年，只用了 8 年时间，原煤入选能力便达到 28. 5 亿 t，增幅又超过 10 亿 t，发展速度前所未有。

神东矿区大柳塔煤矿、榆家梁煤矿、补连塔煤矿、大柳塔洗煤厂等厂矿在国内煤炭行业率先实现多矿井、洗煤厂综合自动化，矿井及洗煤厂所有固定岗位均无人值守，设备开停统一由调度室集中控制，标志着我国选煤厂自动化水平进一步提高。

第二章 资源综合利用

煤炭是我国的主导能源，也是重要的燃料和工业原料。2018 年，煤炭消费在一次能源消费总量中占 59% 。根据我国煤炭资源赋存情况和消费结构，以煤为主的一次能源结构短时期内不会改变。煤炭工业又是资源产业，矿区资源十分丰富。除蕴藏巨大的煤炭资源外，还有大量的煤系共伴生矿产资源，其中有工业开采价值的达几十种。伴随煤炭生产而产出的煤矸石、煤泥、矿井水、矿井瓦斯等排放物也作为资源实现了综合利用。

煤炭资源综合利用主要包括对煤炭产品进行加工和转化利用；对煤炭生产和利用过程中产生的废渣、废水(液)、废气、余热、余压进行回收和合理利用;对煤系共伴生矿产资源进行综合开发和合理利用。

70 年来，煤炭行业资源综合利用取得了很大进展。煤矸石、矿井水、矿井瓦斯利用技术不断发展，产业规模不断扩大，资源综合利用水平不断提高。煤矸石大宗利用、中低浓度瓦斯利用、矿井水源热泵及乏风源热泵技术发展较快。共伴生高岭土、油母页岩、高铝粉煤灰、硫铁矿、石灰石等综合利用产业化步伐加快。煤矿资源综合利用的深入开展，节约了资源，保护了生态环境，提高了企业经济效益，改善了矿区整体面貌。

第一节 初期发展阶段

我国煤矿最早开展煤炭利用主要是炼焦和发电。19 世纪末，开平矿务局开始生产焦炭，世称“开平焦”。1898 年，萍乡煤矿建矿之初，就明确把汉阳铁厂作为供应对象，生产焦炭。1914 年罗马世界博览会上，汉冶萍公司生产的焦炭、铁矿砂与钢材一同获得最优等奖。19 世纪末和 20 世纪初，唐山、林西、马家沟矿都建有小型发电站。1932 年，林西总发电厂装机容量 29000 kW，是当时亚洲较大的发电厂。

新中国成立后，为解决能源紧缺，煤矿职工在努力增加煤炭生产的同时，千方百计利用煤矿排出的废弃资源，节约和增加能源，支援国家急需。如抚顺煤矿利用露天排出的油田页岩（即煤矸石）炼油（图 2－1），先后建设石油一厂、二厂、三厂，总能力达 40 多万 t；1965 年 8 月，永荣矿务局利用废弃的煤矸石建设的煤矸石砖厂投产；1969 年 12 月舒兰矿务局建设了煤炭行业第一家褐煤蜡厂；部分煤矿利用开采抽排的瓦斯做饭、取暖等，节约好煤支援国家急需能源。

图 2－1　早期的辽宁抚顺矿务局油母页岩炼油厂外景

20 世纪 70 年代，煤炭行业积极开发煤矸石、石煤利用技术。1972 年，我国开始研制煤矸石陶粒，由大庆龙凤四公司采用尾矿粉与煤矸石 1：1 的比例研制成尾矿粉煤矸石陶粒，并得到了实际应用。

利用低热值燃料在沸腾炉、往复炉、隔管炉等设备燃烧试验取得成功，促进了煤矸石、石煤发电的发展。1975 年 11 月 6 日，重庆永荣矿务局建成了全国第一座燃烧煤矸石、中煤等低热值燃料电厂，试验成功第一台 20 蒸 t/h 沸腾炉，开启了利用煤矸石等低热值燃料发电的先河（图 2－2）。

图 2－2　全国煤矿第一座燃烧煤矸石的沸腾炉发电厂——永荣发电厂

为做好煤炭生产和生活后勤服务工作，同时为解决煤矿待业青年和家属的安置工作，组织职工家属和企业富余人员，开荒种地，从事农牧副业生产。兴办了一批为职工生活服务和生产服务的集体企业，煤炭集体经济有了很大发展。

从新中国建立到改革开放前，我国实行计划经济体制，煤矿生产经营学习苏联的企业专业化生产模式，基本是单一生产煤炭，一些煤矿在努力增加煤炭生产的同时，开始尝试煤炭资源综合利用项目，但只限于少数煤矿和个别项目。建设的一些综合利用项目，除少数项目外，一般规模也较小，对企业经济发展的贡献率不大。

第二节　蓬勃发展阶段

煤炭行业有组织、较大规模的开展综合利用是从20世纪70年代逐步开始的。这一时期，在国家政策引导支持和煤炭主管部门大力推动下，煤炭行业上下对综合利用的认识有了很大提高，先进适用的煤炭综合利用技术得到发展，用于综合利用的项目投资快速增长，以永荣、萍乡等矿务局建设煤矸石电厂为标志，综合利用领域逐步扩大，并形成较大规模。

一、国家政策推动发挥巨大作用

改革开放后，特别是从20世纪80年代起，国家从上到下对资源综合利用更加重视，主要国民经济综合管理部门设置了专门机构主抓全国资源综合利用工作。出台了一系列资源综合利用支持和鼓励政策法规，极大促进了煤炭行业资源综合利用的发展和壮大。这一时期，两份重要政策性文件对推动全国资源综合利用蓬勃发展起到了至关重要的作用：

（1）1985年9月，《国务院批转国家经委〈关于开展资源综合利用若干问题的暂行规定〉的通知》(国发〔1985〕117号)。117号文件明确提出把开展资源综合利用作为一项重大技术经济政策，要求普查勘探矿产资源、新建或改造共生、伴生矿产资源的矿山（包括煤矿）都必须按照国家矿产资源法规的有关规定，执行“综合勘探、综合评价、综合开发、综合利用”和“企业必须执行治理污染和综合利用相结合”的方针。1988年，国家经贸委等部门印发了《煤矸石综合利用管理办法》。在国家政策鼓励和引导下，煤炭行业开展综合利用的积极性空前高涨，处于起步阶段的煤炭行业资源综合利用得到了迅速发展。

（2）1996年《国务院批转国家经贸委等部门〈关于进一步开展

资源综合利用意见〉的通知》（国发〔1996〕36号），提出“坚持因地制宜、鼓励利用、多种途径、讲求实效、重点突破、逐步推广”的方针。在36号文件的推动下，国家各相关主管部门配套出台了包括对实行综合利用的企业所得税税收优惠、煤矸石等综合利用产品增值税减半征收、煤矸石发电电网调度、瓦斯发电电价优惠等一系列税收、价格、投资优惠政策。这些优惠政策使开展综合利用的煤炭企业直接受益，大大提高了处于经营困难时期的煤炭企业积极性，为煤炭综合利用进一步发展壮大提供了强劲的政策支持。各煤炭企业开展资源综合利用的积极性大大提高，建设的煤炭资源综合利用项目涉及发电、建材、焦化、气化、型煤、水煤浆等煤制品以及矿井瓦斯利用、煤系共伴生矿产资源开发利用等众多领域。

二、强有力的组织领导

1978年，煤炭部成立了综合利用局，加强对综合利用工作的组织领导，研究探索煤炭促进综合利用发展的新思路。1979年6月7日，煤炭工业部召开煤炭综合利用工作会议，决定矿区规划、矿井设计及改造都要把保护环境、综合利用作为一个重要方面来抓。同年6月，煤炭工业部在江西九江召开南方石煤综合考察工作座谈会，通过了《省区石煤资源综合考察报告编制提纲》和《南方石煤资源综合考察若干技术要求》；9月24日，煤炭工业部在南票矿务局召开煤矸石综合利用座谈会，对成立煤矸石综合利用公司和制定1980—1985年综合利用规划问题进行了研究。

1981年9月，国务院批复煤炭工业部机构设置，在12个司局中，专门设立了综合利用局。1982年，煤炭工业部提出抓好四项基本要求，实现五个转变和十二项具体方针。同年，高扬文部长提出了变低质量为高质量、变单一产品为多种产品、变单一经营为多种经营、从初级加工向高级加工发展的“三变一发展”煤炭发展战略，把发展煤炭加工利用、多种经营提到重要位置。这一时期，煤炭企业开始从单一经营向多种经营转变，从单一煤炭生产向煤炭洗选加工和综合利用转变，煤炭单一产业、产品结构得到改变。

为加强对煤炭行业资源综合利用工作的领导，1993 年新组建的煤炭部提出“以煤为本，多种经营，综合开发”的方针，组建了综合利用多种经营司，并在各省煤管局、各矿务局建立健全了相应的综合利用管理机构，从组织上保证了煤炭行业资源综合利用方针、政策和各项工作的落实。

这一时期，煤炭行业上下全面加强了综合利用组织机构建设，夯实了工作基础，多数重点煤炭企业建立了综合利用专职机构，煤炭综合利用工作进入有组织、大规模发展阶段。

三、中国煤炭加工利用协会成立

1982 年 2 月，在全国煤炭系统综合利用会议上，时任煤炭工业部部长高扬文倡议建立一个面向全国的煤炭加工利用协会。9 月 22 日，煤炭工业部向国家经委正式上报《关于成立中国煤炭加工利用协会的报告》(〔82〕煤加字第 1011 号)。10 月 23 日国家经委印发《关于同意建立中国煤炭加工利用协会的复文》(经工〔1982〕467 号)。10 月 26—30 日，中国煤炭加工利用协会在北京召开成立大会，与会代表 250 多人（图 2 -3）。大会选举产生了第一届理事会和常务理事会；召开了第一次理事扩大会议，推举高扬文同志为名誉理事长，原中国矿业大学党委书记张学文同志为理事长。煤炭系统在行业层次开始有了专门机构推动煤炭加工与综合利用的开展。

四、以煤为主，综合利用产业格局基本形成

这一时期，煤炭综合利用在煤炭深加工、煤矸石、煤泥综合利用以及高岭土、耐火黏土、铝钒工、硫铁矿等煤系共伴生矿物开发利用领域不断扩大。

从 20 世纪 70 年代开始，四川永荣、辽宁南票及北票、内蒙古平

图 2－3　1982 年 10 月中国煤炭加工利用协会成立，煤炭工业部长高扬文与协会领导及秘书处工作人员合影

庄、河南焦作、江西萍乡等矿务局就研究利用煤矸石提取化工产品，燃烧沸腾炉发电，做煤矸石砖、矸石水泥、煤矸石马赛克等建材产品，开创了煤矸石综合利用的先河。特别是采用小断面一次码烧隧道窑生产全煤矸石烧结空心砖，为日后大量利用煤矸石生产新型烧结制品在原料选择、设备选型、焙烧工艺控制技术上积累和提供了丰富经验。

继永荣矿务局建设煤矸石发电厂后，1979 年 7 月 1 日，萍乡矿务局高坑煤矸石发电厂破土动工，总装机容量 18 MW，3 台 35 蒸 t/h 沸腾炉带 3 台 6 MW 汽轮发电机组。20 世纪 80 年代，黑龙江鸡西矿务局滴道电厂 2 台 130 蒸 t/h 沸腾炉，装机容量 2 × 25 MW，是当时国内最大的燃用煤矸石等低热值燃料电厂。湖南益阳石煤电厂装机容量为 6 MW 的发电机组，能稳定燃烧热值 950 kcal/kg 的石煤，是国内燃用热值最低燃料的综合利用电厂。利用煤矸石、炉灰渣已能生产各种建筑材料。从煤矸石和石煤中提取结晶氧化铝、固体聚合铝及五氧化二钒等化工产品。从粉煤灰中提取锗，利用矿井瓦斯作民用燃料，生产炭黑、甲醛等。利用煤炭及其衍生物生产褐煤蜡、活性炭及碳素制品，为煤炭综合利用技术发展拓展了新途径。

1990 年 11 月 19 日，我国第一家煤泥电厂——兖州矿务局兴隆庄煤矿煤泥电厂首台机组一次点火成功。该煤泥电厂总装机容量 6 MW，使用的 35 蒸 t/h 煤泥沸腾炉，是当时世界上容量最大的燃用煤泥发电锅炉。1991 年，南票矿务局化工厂在沸腾炉飞灰中成功提取炼钢脱氧剂——硅铝铁合金，为煤矸石粉煤灰综合利用开辟了一条新路。

1991 年 11 月 4 日，《山西日报》以《阳泉矿务局瓦斯利用节煤 30 万吨》为题，刊登了阳泉矿务局开发利用瓦斯为民造福、变害为宝的报道。该局建成 2 座 5 万 m^3 和 1 座 3 万 m^3 的储配站，总容量达到 13 万 m^3，不仅每年可节约 30 万 t 煤炭，还减轻了 35000 户家庭的家务劳动，在节能减排方面做出了贡献。

据不完全统计，1978—1985 年，全国煤矿废弃物资源综合利用共生产煤矸石砖约 90 亿块，矸石水泥 400 多万 t，煤矸石发电 14 亿度，回收硫化铁 120 多万 t。

1993 年起，国务院做出放开煤炭价格的重大决策，标志着煤炭企业全面进入市场。这一时期，煤炭综合利用、多种经营、非煤产业经营收入占企业经营总收入比重不断提高，部分企业超过了煤炭主业收入。以资源综合利用项目为骨干的多种经营发展成为与煤炭生产、基本建设并驾齐驱的三大支柱之一。

“八五”期间，国有重点煤矿用于发展煤炭综合利用的资金投入比“七五”时期增加 41%，建设了一大批综合利用骨干项目。山东泰安建能机械有限公司（原新汶矿务局机械厂）在学习国外先进技术基础上，研制出全硬塑挤出机，解决了煤矸石制砖成型难的问题，并开发出 JEK 系列双级真空硬塑挤砖机成套设备，促进了我国煤矸石制砖技术水平、档次和产品质量的提高（图2-4）。新汶矿务局利用煤矸石生产增白和超细高岭土，龙口矿务局以煤矸石为载体，生产出无机复合肥和微生物有机肥料。利用煤矸石生产聚合氯化铝等化工产品、岩棉及制品、特种硅铝铁合金等技术不断完善，提高了这些产品的技术含量和市场竞争力。一批以煤为主综合开发利用的产品，如五氧化二钒、活性炭、高铝黏土等产品，打入国际市场。至1995年，国有重点煤矿共建成电厂100座，装机容量1838 MW，其中煤矸石、煤泥等低热值燃料综合利用电厂64座，装机容量768 MW。煤矸石、粉煤灰水泥厂47座，规模350万t/a；煤矸石石砖厂240座，生产能力20亿块；焦化厂46座，年产焦炭270万t。建成煤气站16座，年产煤气5.2亿m^3。

图2-4　新汶矿业集团煤矸石空心砖生产现场

煤系共伴生矿产资源综合利用得到重视。1990年8月28日，国家计委批复抚顺矿务局东露天矿恢复工程项目建议书，同时批复抚顺矿务局油母页岩热电厂项目建议书。东露天矿恢复工程建设规模为油母页岩富矿年生产能力60万t，该矿所产的油母页岩富矿直接供给新建的油母页岩热电厂和扩建的油母页岩炼油厂，作为燃料和原料。油母页岩热电厂建设规模为100 MW，安装两台50 MW机组，按“以热定电”原则，实行热电联产。截至1995年，煤系高岭土年生产能力15万t，耐火黏土70万t，铝钒土20万t，硫铁矿50万t，膨润土近10万t，石墨15万t。此外，还开发生产了石膏、大理石、花岗岩等石材加工及矿泉水等产品。1995年，全行业综合利用产值达到50亿元。煤炭资源综合利用已经初步形成门类繁多的行业，成为煤炭行业新的经济增长点。

“九五”期间，随着科技进步加快，促进了综合利用在部分领域的设备升级，35蒸t/h循环流化床锅炉得到广泛应用，75 t/h循环流化床锅炉性能不断完善，135蒸t/h循环流化床锅炉在煤矸石电厂进行了示范应用。成功研制出煤矸石、煤泥混烧的循环流化床锅炉，解决了低热值燃料混合燃烧的技术难题。利用煤矸石制建材是煤矸石综合利用的重要内容。在国家和行业政策的鼓励下，黑龙江、吉林、内蒙古、山东、安徽、河南、河北、山西等省区的煤矿陆续建设投产了二十多条大型煤矸石烧结空心砖生产线，在工艺和窑炉设计、采用生产装备的技术性能上都基本接近和达到了世界先进水平，使煤矸石建材产品结构和生产技术装备上了一个新的台阶，为发展煤矸石新型建材奠定了良好基础。如山东新汶矿业集团引进美国斯蒂尔公司硬塑挤出设备，经消化吸收后加以创新发展，把我国煤矸石制砖技术和装备水平推向了新的发展阶段；平顶山煤业集团与美国福霖国际控股公司合资建设的年产30万m^3粉煤灰砌块生产线，引进日本虎牌工艺装备，确保了技术和装备的先进性，实现了砌块产品高档化、功能化、系列化，全面提高了产品质量与档次。

至2000年，全国建成煤矸石、煤泥等低热值燃料电厂120座，总装机容量1840 MW；煤矸石砖厂240余座，生产22亿块标准砖；煤矸石新型墙体材料生产线10条，生产能力6亿块墙砖。全年综合利用煤矸石6600万t，综合利用率43%。焦化厂35座，年生产能力1500万t，当年生产焦化能力28万t。此外，还有炭黑、活性炭、碳化硅等煤炭制品。发展井下瓦斯抽放利用，2000年国有重点煤矿抽放瓦斯 8.2 亿 m^3，利用 4.4 亿 m^3，利用率 54%。建成一批矿井水处理工程。开发应用十余种煤系共伴生矿产资源，建成煤系高岭土、耐火黏土、膨润土、铝钒土、硅藻土、硫铁矿等共伴生矿物开采加工厂。

部分煤炭企业初步形成以煤为主、以综合利用项目为骨干的产业链经济发展模式。如大屯煤电公司以煤－电－建材为支柱的产业链发展模式，太原煤气化公司以煤－焦－气为支柱的产业链发展模式等。兖矿集团煤矸石、煤泥发电装机容量达到 132 MW，年实现利润 4000 万元。有着百年历史的江西萍乡矿务局大力发展多种经营，形成以煤矸石综合利用生产建材产品为主导的非煤产业，2000 年非煤产业实现产值占企业总产值的 70% 左右，利润 8588 万元，其中，煤矸石综合利用利润 6000 万元，占全部非煤产业的 70%。据统计，20 世纪 90 年代煤炭行业多种经营项目中营业额超亿元的项目，前十位全部都是煤矸石发电项目。煤炭行业以煤为主，综合利用产业格局基本形成。

五、煤矿多种经营快速发展

1986 年 10 月 24 日，煤炭工业部在抚顺矿务局召开全国煤矿多种经营集体经济工作会议，明确提出把多种经营与煤炭生产、基本建设作为“三大主体”之一，强调“一业为主，多种经营”。至 1990 年，全行业综合利用多种经营生产经营总额达到 87 亿元，多种经营从业人员超过 130 万人。

1992 年，邓小平同志南巡重要讲话的发表，推动了中国经济的快速发展。党的十四届三中全会上通过的《中共中央国务院关于建立社会主义市场经济体制若干问题的决定》和《中共中央国务院关于加快发展第三产业的决定》，为煤炭行业发展综合利用、多种经营指明了方向。国务院副总理朱镕基视察煤矿，看到煤矿用人多、效益低、经济十分困难，提出煤炭企业要发展多种经营、减人提效、扭亏增盈、走出困境。从 1993 年起，国家每年拿出 20 亿元（后增加到

30亿元）贴息贷款作为启动资金，扶持煤炭行业多种经营的发展，极大地激发了煤炭企业发展多种经营的积极性。这期间，煤炭工业部认真落实国务院关于转产分流、减人提效、大力发展多种经营、扭亏增盈的精神，在“三个主体”的基础上，进一步明确提出了“以煤为本、多种经营、综合发展”的煤炭工业发展战略，把发展多种经营提到重要的战略地位。1993年新组建的煤炭工业部专门设立了综合利用多种经营司，负责组织指导、监督服务工作。1993—1997年国家共安排130亿元的贴息贷款作为启动资金，全行业共安排资金200多亿元，建设多种经营项目2500多个，建成一批多种经营骨干企业。重点扶持焦作、萍乡、南票、通化、淄博、水城、铜川、坊子和临沂等10个资源枯竭特困企业，发展多种经营替代产业，脱贫解困。对当时经济十分困难的煤炭行业脱贫解困、减人提效、转产分流及维持煤炭工业稳定发展起到了重大作用。1997年8月5日，《人民日报》以《重点国有煤矿提前扭亏》为题，报道了国有重点煤矿在1992年亏损近60亿元的情况下，通过减人提效、转产发展多种经营，1997年上半年实现利润1.1亿元，比1996年同期减亏近5亿元。国家的重视，煤炭工业部目标任务明确、措施有力，煤炭企业积极性空前高涨，广大干部职工深受鼓舞，干劲倍增，形成了发展多种经营的新高潮，使煤炭行业多种经营进入了快速发展时期。

1992年8月25日—9月1日，首届全国煤炭企业多种经营产品展销会在北京展览馆举行。此次展销会是新中国成立以来煤炭行业最大的一次盛会，共有1462家企业参展，展品达13类4415种，科研、技术成果5000多项，其中名优产品603种，出口创汇产品712种。

1993年11月17—20日，全国煤炭工业多种经营工作会议在北京召开（图2－5），时任国务院副总理邹家华亲临大会并作重要指示，为受表彰的多种经营先进集体和个人颁奖（图2－6）。

1995年8月22—25日，全国多种经营企业引进技术成果洽谈会在北京举行，这次洽谈会是煤炭部首次组织多种经营企业与科研院校

图2－5　1993年11月17日全国煤炭工业
多种经营工作会议开幕式现场

图2－6　时任国务院副总理邹家华为全国煤矿
多种经营先进单位代表颁奖

等部门进行技术经济合作的有益尝试。

1995年9月8日，（首届）福建投资贸易洽谈会在厦门举行。煤炭部组织煤炭综合利用、多种经营产品企业参会。在此次洽谈会上煤炭行业共签署各种意向或合同20多个，累计金额逾50亿元。

1980—2000年煤炭行业多种经营发展情况见表2-1。

表2-1 1980—2000年煤炭行业多种经营发展情况 万元

年份	生产经营总额		第一产业经营额		第二产业经营额		第三产业经营额		利税总额	
	全行业	国有重点	全行业	国有重点	全行业	国有重点	全行业	国有重点	全行业	国有重点
1980	33000	33000	10000	10000	23000	23000				
1985	275175	275175	3522	3522	214127	214127	57526	57526	40508	40508
1990	871454	712176	6288	5163	624588	508091	240578	198922	50811	40924
1995	4179095	3325162	26906	22281	3054562	2490812	1097627	812069	237168	203929
2000	4867592	4138400	28576	24074	3340487	2867760	1498529	1246566	230998	206343

第三节 纵深发展阶段

跨入21世纪，我国经济进入快速发展的关键时期，煤炭工业认真贯彻科学发展观，落实党和国家一系列方针政策、法规和措施，逐步完善有中国特色的社会主义市场经济体制和机制，调整产业产品结构，转变增长方式，实现了健康快速发展，满足了国民经济发展对煤炭的需要。21世纪的前十年，煤炭行业综合利用在“八五”“九五”大发展的基础上，按照现代企业发展的目标和要求，对初期建设的一批规模小、技术落后、经济效益差、不符合国家产业政策的项目进行调整、改造，对亏损严重、没有市场的项目实行关停并转，形成了一批产品上规模、工艺技术水平高、经济效益好的综合利用骨干企业和企业集团，有的成了煤矿经济的主导产业和矿区经济主体。“十二五”以后，国内外煤炭市场需求发生变化，加快了煤炭行业创新发展进程。2002—2012 年是煤炭行业的“黄金十年”，之后，煤炭行业经历了增长减缓、全行业亏损、去产能和结构性调整、健康可持续、高质量发展等不同阶段。这一时期，在行业形势、政策环境、技术创新发展等多重因素作用下，煤炭清洁高效利用也经历了从快速发展向纵深发展的转变。新型煤化工、煤炭分级分质利用、燃煤发电超低排放等一批煤炭清洁高效转化利用技术达到国际领先水平，显著提升了煤炭综合利用发展的质量和效益。

一、煤电联营与煤电一体化发展

我国开展煤电联营始于 20 世纪 80 年代末，伊敏煤电公司是我国第一家实现煤电联营的公司。煤电联营和煤电一体化企业有机连接起上下游产业，实现优势互补，抵御市场风险的能力明显强于完全依赖煤炭采选为主业的企业。随着国家经济体制改革、产业结构调整不断深化，煤电联营和煤电一体化以明显的优势得到较快进展。煤电联营和煤电一体化发展提高了企业整体实力。2012 年以来煤炭价格持续下滑，实行煤电联营与煤电一体化的企业抗风险能力明显增强。至 2013 年，煤炭企业参股、控股电厂总装机容量近 1.2 亿千瓦，占全国电力总装机容量的 1/10 左右，占全国火电装机容量的 1/7 左右。其中，原神华集团电力装机 64000 MW，已经超过中电投成为中国第 5 大电力企业。淮南、大同、陕煤化等大型煤炭企业煤电联营发展均取得很大成效。

二、废弃物资源化利用成效显著

煤炭在开采和洗选加工过程中，要排出大量煤矸石、煤泥、矿井瓦斯、矿井水等废弃物，既浪费资源又占用土地、污染环境。科学合理地对这些废弃物加以利用，变废弃物为资源，节能、节地、改善矿区环境是煤炭行业的必然选择。

我国煤炭年产量从 1949 年的 3243 万 t 到 2000 年的 99917 万 t，

51年间除个别时段有起伏外，基本实现稳定增长，年均增长近1900万t。2002年以后，随着煤炭“黄金10年”的到来，煤炭产量迅速增加，从2001年的110559万t，到2018年的36.8亿t，17年间年均增长1.43亿t。这样的增速，导致煤矸石、煤泥等废弃物排放规模迅速扩大，处理、利用的压力及难度越来越大。这一时期，国家陆续出台了多项促进资源综合利用发展的政策措施，制订了专项发展规划，修订扩大了资源综合利用税收优惠政策，出台了多项扶持综合利用发展的金融政策。“十五”“十一五”“十二五”煤炭工业发展规划中，都设立了综合利用专篇，规划了煤炭工业发展资源综合利用的蓝图，明确了目标任务，提出了保障措施，大大促进了煤矸石、矿井水、瓦斯等废弃物综合利用的快速发展。特别是“十一五”期间，《国家发展改革委办公厅关于2007—2010年煤矸石综合利用电厂项目建设有关事项的通知》(发改办能源〔2007〕1985号)、《“十一五”矿井水利用专项规划》两个单项规划的发布，极大地推动了煤矸石综合利用发电和矿井水综合利用的发展。煤炭行业在国家的支持下，不断更新发展理念，变废为宝，综合利用，在煤矸石、煤泥、矿井水、矿井瓦斯等废弃物排放大幅增加的情况下，依靠科技创新，扩大利用途径和利用量，做到了废弃物综合利用率持续增长，利用水平不断提高。

1. 煤矸石综合利用量持续保持较高水平

这一时期，随着综合利用技术的不断发展，能够大宗消纳、利用煤矸石的方式被更多煤炭企业采纳。煤矸石、煤泥等低热值燃料发电，煤矸石、粉煤灰等利废建材，土地复垦、井下充填、填坑造地、筑路等被广泛推广应用。东部省份煤矿开发了多种煤矸石充填开采、以矸换煤技术工艺，如新矿集团、兖矿集团、冀中能源、开滦集团等，取得了较好效果。但也存在充填开采成本较高等问题，一定程度上影响了企业的积极性。2011年，中国煤炭加工利用协会与财政部财政科学研究所联合开展《鼓励充填开采、以矸换煤、提高煤矸石综合利用水平的财税政策研究》，全方位提出了给予财政奖励、置换呆滞煤免征资源税等一系列财税扶持政策建议，并编成内参文件上报全国人大、国务院和财政部等政府部门，为促成国家出台“对充填开采置换出来的煤炭，资源税减征50%”的优惠政策发挥了重要作用。

我国近年来煤矸石综合利用情况如图2-7所示。

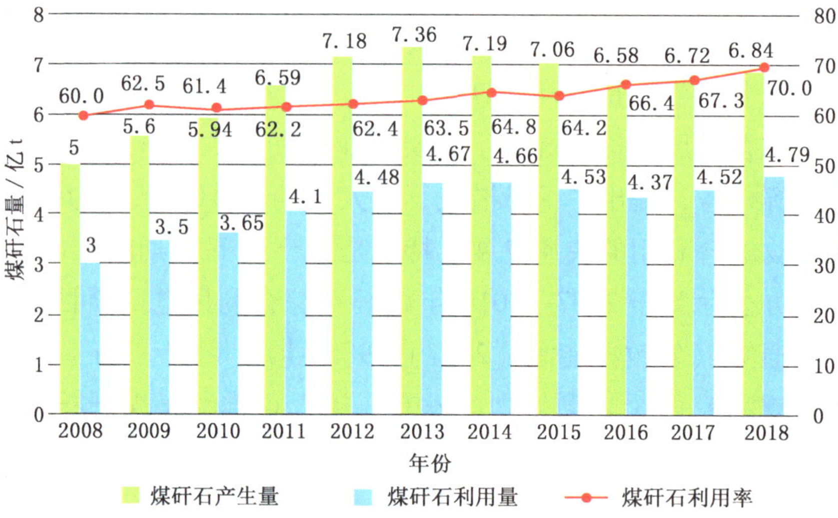

图2-7　我国近年来煤矸石综合利用情况

2. 煤矸石、煤泥等低热值燃料电厂成为煤矸石综合利用的主要途径

20世纪70年代，煤炭行业开始建设煤矸石电厂，至1988年，煤矸石、煤泥等低热值燃料电厂装机容量达到146 MW。20世纪80年代中期，抚顺胜利矿利用油母页岩炼油厂尾矿粒度12 mm、热值1140 kcal/kg的油母页岩作燃料，建设油母页岩热电厂，装机容量12 MW，每年消耗油母页岩45.2万t。20世纪90年代，煤炭企业利用“三产”贴息贷款建设了一批煤矸石、煤泥电厂，低热值燃料发电规模有了较快发展。“十一五”期间，在国家产业政策大力支持下，煤炭行业新增低热值燃料发电装机容量20000 MW，低热值燃料

发电迎来了大发展的局面。“十二五”时期，为配合国家大型煤电基地建设，就地利用、适当集中，推动低热值煤为主的大型坑口电厂建设，又规划新增低热值煤发电装机容量 50000 MW，其中重点建设 30000 MW 左右。

2000 年前，我国煤矸石、煤泥等低热值燃料电厂由于单台机组容量一般较小，机组数量虽然增加较快，但总的装机容量增长并不快，处于平稳发展阶段。到 2000 年，煤矸石、煤泥等低热值燃料电厂发电装机容量只有 1840 MW，此后，随着循环流化床锅炉技术的提高，机组从小型化向高参数、大型化发展，低热值燃料发电单机装机容量不断扩大。一些老旧小机组逐步被大机组取代，“以大代小”取得显著成效。大型、中型低热值燃料电厂项目大量涌现，出现一批 300 MW 及以上新建机组，装机规模迅速扩大，到 2005 年发展到 8880 MW，2010 年达到 26000 MW，2018 年达到 37000 MW 左右。

煤矿行业煤矸石等低热值燃料电厂发展情况如图 2－8 所示。

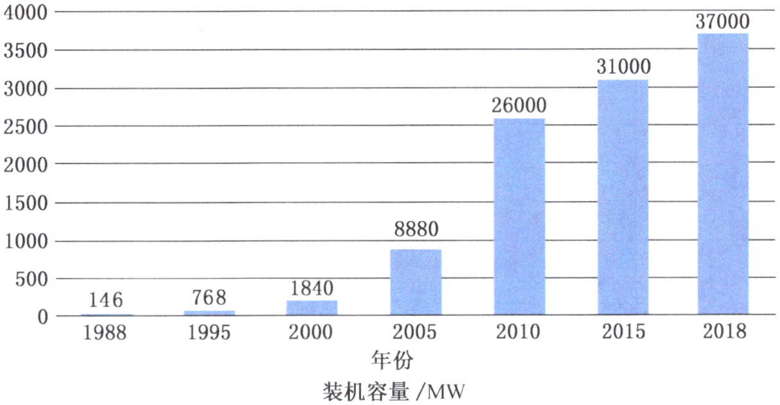

图 2－8　煤炭行业煤矸石等低热值燃料电厂发展情况

3. 矿井水利用方式和途径多样化

我国煤矿以井工开采为主，为了确保井下安全生产，必须排出大量的矿井水。直接排放不仅浪费水资源，而且污染环境。对矿井水进行处理并加以利用，不但可防止水资源流失，避免对水环境造成污染，而且对于缓解矿区供水不足、改善矿区生态环境、最大限度地满足生产和生活需要具有重要意义。

2005 年，国务院印发《关于做好建设节约型社会近期重点工作的通知》(国发〔2005〕21 号)。为落实通知精神，促进矿井水资源化利用，节约水资源，2006 年国家发展改革委组织煤炭行业起草编制《矿井水利用专项规划》。该规划是我国第一个专门针对矿井水综合利用的国家级专项规划，极大地推动了煤炭行业矿井水处理和利用工作。2007 年 9 月，在鹤岗矿务局召开全国矿井水利用专项规划宣贯暨现场经验交流会（图 2 -9)。2013 年 1 月，国家发改委、能源局印发《矿井水利用发展规划》(发改环资〔2013〕118 号)，明确了这一时期煤炭行业矿井水综合利用的指导思想、原则、重点任务、保障措施等。

图 2 -9　2007 年 9 月召开的全国矿井水利用专项规划宣贯暨现场经验交流会

随着国家对水资源保护利用的日益强化，煤矿对矿井水综合利用更加重视，利用途径拓宽，利用方式多样化，利用量逐步增加，使其成为矿区水资源的必要补充，主要体现在以下5个方面：一是工业生产用水，用于煤炭生产、煤炭洗选加工、焦化厂、电厂、煤化工等用水，占矿井水利用量的70%左右；二是矿区生态建设用水，矿区绿化、降尘，矿区生态恢复园区用水、矿井水地下含水层回注等，如开滦南湖景区、大同塔山工业园，淮南生态园等用水，占矿井水利用量的15%左右；三是替代燃煤锅炉供热供暖，利用矿井水源热泵技术，实现煤矿企业供暖、供冷和生活用热水，一些煤矿如新汶协庄矿、开滦赵各庄矿、峰峰梧桐庄矿等开展了矿井水水源热泵技术开发应用，替代燃煤锅炉，提升了矿井水利用价值，是极富潜力的矿井水综合利用方向；四是生活用水，在缺水矿区，矿井水经深度净化处理后，达到生活用水标准，供矿区居民生活使用；五是其他用水，少数矿区的矿井水，富含对人体保健有益的微量元素，加工成矿泉水等水产品并创出了品牌，如江苏徐州矿业集团新河煤矿矿井水富含硒元素，生产的矿泉水已占领华东市场，还有北京京煤集团利用矿井水生产的“九龙山”牌矿泉水、重庆市中梁山煤矿矿井水生产的矿泉水等。

2008—2018年我国煤矿矿井水综合利用情况如图2－10所示。

随着煤炭产业布局调整，我国煤炭生产重心逐渐转向晋陕蒙宁等水资源相对短缺地区，虽然煤炭产量增加，但矿井水产生量相对放缓。据测算，2008年我国生产一吨原煤产生矿井水2.13 m^3左右，到2015年降至1.68 m^3/t原煤左右，吨原煤矿井水产生量下降20%左右。我国矿井水产生量在2012年达到约68亿 m^3，之后逐年降低，2018年降至约54.7亿 m^3，下降幅度接近20%。煤炭行业就如何进一步提高矿井水利用率和利用水平开展了深入研究，如“褐煤、煤矸石及矿井水资源综合利用方式研究”“冀中能源峰峰集团矿井水利用产业化模式研究”等，并向国家有关部门提出矿井水利用产业化发展方向及取消矿井水综合利用不合理收费等政策建议。矿井水利用

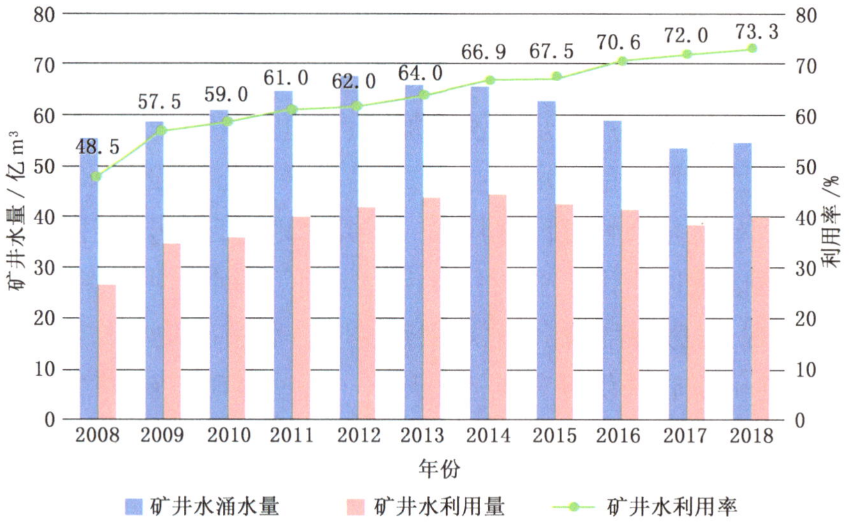

图 2-10　2008—2018 年我国煤矿矿井水综合利用情况

产业化工作正在积极推进。

4. 矿井瓦斯利用技术取得明显进展

新中国成立后，1950 年抚顺矿务局龙凤矿在尚未开采的煤层中，试验抽出大量瓦斯，1952 年利用巷道抽放瓦斯成功并建立了新屯瓦斯泵站，成为新中国煤炭开采史上第一个开展瓦斯抽放的矿井。20 世纪 50 年代初，抚顺矿区利用抽出的瓦斯作民用燃料，阳泉、天府、北票等矿务局也先后开展矿井瓦斯抽采利用。20 世纪 60 年代至 80 年代，又有中梁山、焦作、淮南、包头、松藻、峰峰等矿务局开展瓦斯抽采工作，抽采量达到 1.7 亿 m^3，主要用于生活炊饮等。抚顺龙凤矿利用抽出的瓦斯供应居民炊饮、取暖，惠及该地区 1 万余户家庭，既方便了生活，又净化了环境，还节省了大量煤炭；剩余瓦斯供给炭黑厂、玻璃厂、塑料厂作为原料。20 世纪 80 年代中后期至 90 年代，国家鼓励煤矿瓦斯的开发利用，开始引进国外瓦斯开采技术，在松藻、铁法等矿务局开展煤矿瓦斯勘探、地面抽采试验、井上井下联合抽采试验等。1990 年 7 月，四川松藻矿务局打通二矿被定为中国首家瓦斯抽放现代化矿井试点矿。20 世纪 90 年代，抚顺老虎台矿年抽放瓦斯 1 亿 m^3 以上，除供应矿区民用外，还利用富余瓦斯发电。

2006 年，国务院办公厅印发了《关于加快煤层气（煤矿瓦斯）抽采利用的若干意见》(国办发〔2006〕47 号)，有关部门出台了煤层气抽采利用优惠政策和标准体系。我国相继组建了“煤矿瓦斯治理国家工程研究中心”和“煤层气开发利用国家工程研究中心”，开展了阳泉、晋城、淮南、松藻等 10 个煤矿瓦斯治理和利用示范工程建设。这一时期，我国煤矿瓦斯抽采利用量逐年上升，中低浓度煤矿瓦斯和通风瓦斯利用实现技术上的突破并逐步开展商业化运作，一些新的示范项目已经建成或正在开发建设，为扩大瓦斯利用领域打开了新的局面。瓦斯利用技术的突破主要体现在：

（1）低浓度瓦斯发电。一般瓦斯电站机组只能用 30% 浓度以上瓦斯发电，否则不易稳定燃烧。低浓度瓦斯易发生爆炸，输送安全难以保证。利用低浓度瓦斯发电技术通过多级阻火器和水雾输送系统保证输送安全，并在发电机组中，通过过氧燃烧达到利用瓦斯能量发电的目的。瓦斯发电效率一般仅为 35% ~40%，大部分热量通过发动机废气和缸套冷却水带走。为提高瓦斯气的综合利用率，将瓦斯气发电技术与余热综合利用技术相结合，将发动机排出的废气通过余热锅炉产生蒸汽或热水，用于供暖或洗浴等，实现煤矿瓦斯资源的综合高效利用。

（2）乏风瓦斯氧化利用。煤矿乏风瓦斯（VAM）是在煤炭生产过程中随矿井通风排入大气中的瓦斯，浓度低于 1%。据估算，煤炭行业每年排放的乏风瓦斯（折纯甲烷）超过 160 亿 m^3。通过采用热逆流氧化反应器和催化热逆流氧化反应器，将氧化反应产生的热量通过高性能的蓄热材料蓄积，用于预热乏风瓦斯，形成交替循环自热氧化（初期需要预热），多余的热量通过在反应器内植入换热管或在尾气排放管安设热交换器等方式取出，用于供热或发电等。该技术采用多孔介质预混燃烧，是一种新颖独特的燃烧方式，可以提高燃烧效率，降低污染，扩展贫燃极限，甚至可以燃烧极低浓度可燃性气体，目前已开展示范应用。

(3) 含氧煤层气液化（LNG）。以煤矿抽采的高浓度瓦斯气为原料，经过富集、脱氧、浓缩、深冷液化生产液化天然气（LNG）5 万 t/a 的示范项目，年处理煤矿瓦斯气可达 2.7 亿 Nm^3。瓦斯气分离回收甲烷工艺路线为三级变压吸附，经过富集、脱氧、浓缩、深冷液化工艺过程，回收煤矿瓦斯气中的甲烷，制成 LNG 产品。

煤矿瓦斯广泛应用于城市民用、汽车燃料、工业燃料、瓦斯发电等领域，根据抽采出的瓦斯浓度决定利用途径，瓦斯梯级利用的格局基本形成。一是民用燃料，我国瓦斯气民用量约占总利用量的 70% 以上；二是瓦斯发电，我国煤矿瓦斯发电近年来取得长足进步，甲烷含量 30% 以下的中低浓度瓦斯及风排瓦斯进行发电和乏风氧化利用，采用的主机设备主要有蒸汽轮机发电机组、燃气轮机发电机组和燃气内燃机发电机组等，潞安集团、阳煤集团、陕煤化集团等矿区已有应用；三是化工产品，煤矿利用抽放出的高浓度煤层气或经过净化富集后的高品位煤层气作为化工原料气生产一系列化工产品，因终端产品附加值高，有较好的经济效益；四是煤矿瓦斯液化、气化，以煤矿抽采的高浓度瓦斯气为原料，经过提纯制 LNG 和 CNG，主要有低温提纯液化技术和变压吸附技术等，用于民用燃气调峰、汽车燃料、工业用气等，实现煤矿安全、清洁、绿色发展。

此外，抚顺矿务局与山东胜动集团合作，对燃气轮机改造后，利用油母页岩干馏后剩余低热值瓦斯气（800 $kcal/m^3$）发电，开创了国内油母页岩剩余瓦斯气发电的先例。

随着政策体系的不断完善以及开发利用技术的不断提高，我国瓦斯利用节能减排效益开始显现。“十一五”期间，累计利用煤矿瓦斯 95 亿 m^3，相当于节约标准煤 1150 万 t，减排 CO_2 当量 14250 万 t。煤矿瓦斯用户超过 189 万户，煤层气燃料汽车 6000 余辆，瓦斯发电装机容量超过 750 MW，实施煤矿瓦斯回收利用的 CDM 项目 60 余项。

随着瓦斯利用技术的发展，高浓度的瓦斯综合利用技术日渐成熟，瓦斯利用的重点逐步从中高浓度瓦斯转向中低浓度及风排瓦斯。低浓度瓦斯（乏风瓦斯）利用随着瓦斯氧化技术的提升取得显著进展。山东胜利动力机械集团、淄柴新能源公司等相继开发了煤矿乏风瓦斯氧化利用技术，建设了一批示范项目。陕西彬长大佛寺、河南义马、潞安高河等煤矿通过将煤矿回风井排出的乏风（甲烷浓度一般在 0.5% 左右）与抽排的低浓度瓦斯混合，送入乏风氧化装置，将氧化反应产生的热量通过热交换器等方式取出，用于供热、井筒防冻或发电等，取得了较好效果。其中，2013 年国家能源局下达了《关于陕西彬长矿区煤层气（煤矿瓦斯）开发利用规划的批复》，在陕煤化集团彬长井田建成了全国规模最大，装机总容量 20.4 MW 的低浓度瓦斯发电厂和全国第一座矿井通风瓦斯（乏风瓦斯销毁）发电厂，年利用矿井瓦斯 6800 万 m^3，可减排二氧化碳约 103 万 t；河南义马煤矿乏风氧化热制取过热蒸汽供热项目，乏风浓度为 0.55% 时，单台 60000 Nm^3/h 氧化装置每小时可制取蒸汽 2.2 t，每年可制取蒸汽 1.7 万 t，节约标准煤 2261 t；高河 30 MW 乏风瓦斯氧化利用项目建成试运行，年处理乏风量 94 亿 m^3，年发电能力 2 亿 kW · h，实现减排二氧化碳 122.77 万 t，替代标准煤 8 万 t。

据估计，我国煤矿每年排放的甲烷中，矿井乏风占 80% 左右，其中约 30% 可实现利用。通过多方面的研究表明，乏风氧化利用是目前唯一经济可行的技术手段。目前，乏风瓦斯研发利用技术仍在不断完善中，随着技术上的不断成熟，乏风瓦斯余热将获得更为广阔的应用前景。随着国家各项节能减排政策和煤层气（矿井瓦斯）开发利用政策的落实，煤矿乏风高效利用将为我国开辟一条节能减排的新路子。

2010—2018 年我国煤矿矿井瓦斯利用情况如图 2 - 11 所示。

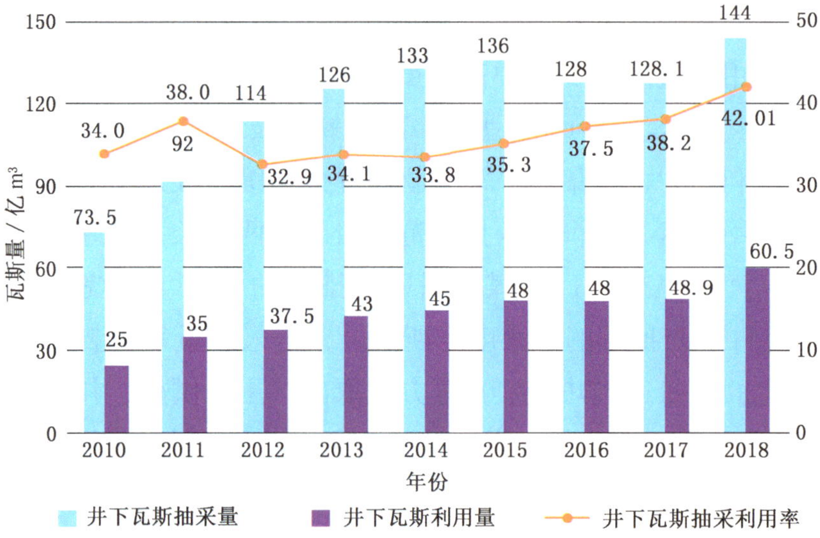

图 2－11　2010—2018 年我国煤矿矿井瓦斯利用情况

三、低阶煤分级分质高效利用技术发展

为保障国家能源安全，加快原料多元化进程，促进煤炭清洁高效利用，“十一五”“十二五” 期间，国家先后启动了一批煤制油、煤制气等煤炭深加工示范项目，有的已经建成投产，取得了预期效果。2017 年 3 月，国家发改委、工信部联合印发《现代煤化工产业创新发展布局方案》，明确提出“适度发展煤炭深加工产业，既是国家能源战略储备和产能储备的需要，也是推进煤炭清洁高效利用和保障国家能源安全的重要举措”，要“将煤炭深加工产业培育成我国现代能源体系的重要组成部分”，从国家层面进一步明确了煤炭清洁高效转化利用的产业定位。

我国煤炭资源中，褐煤和长焰煤等变质程度较低的低阶煤储量约占煤炭探明储量的 42% 。低阶煤的提质利用是指将煤炭通过热解或气化等技术工艺提取油气，或进一步加工成各种煤基化学品，剩余的半焦或残炭固态产品作为高品质洁净燃料用于发电或民用燃料，充分提高煤炭化学加工转化的潜在价值，实现低质煤炭的清洁高效利用。

褐煤提质工艺分为两种：一种是褐煤干燥，通过加热方式去除褐煤水分，对褐煤的挥发分影响不大；另一种是褐煤干馏，在隔绝空气的条件下解热褐煤，最终得到热解煤气、焦油、半焦产品。

我国对褐煤等低阶煤利用技术研发开展得比较早，在产业化示范方面已有一定进展。近年来，国家加大了低阶煤分级分质利用产业政策支持力度。在《煤炭清洁高效利用行动计划（2015—2020）》中明确将以中低温干馏制气、制油为主要产品路线的低阶煤分级分质利用列入国家煤炭清洁高效利用战略，鼓励发展低阶煤分级分质技术和煤化电热一体化发展。在国家政策导向指引下，低阶煤分级分质利用技术研发在先进煤气化、大型煤炭热解、焦油和半焦利用、汽化热解一体化、气化燃烧一体化等重点领域取得一定进展，如国电富通低阶煤分质综合利用、河南龙城旋转床低阶煤分级分质利用、神雾能源环保科技集团旋转炉中低阶煤热解、山东天力低阶煤分级分质利用等技术。

随着国家对低阶煤分级分质利用的重视程度显著提高以及国内技术开发的不断深入，低阶煤提质利用项目投资成倍增长。据不完全统计，截至 2014 年，我国已建设褐煤提质项目达 67 项。建成了一批低阶煤分级分质利用示范项目，如 2017 年 9 月投产试车的甘肃宏汇能源化工有限公司 150 万 t/a 煤炭低温干馏装置、国能能源科技有限公司 2 × 50 万 t/aGF 外燃内热式褐煤提质装置、陕煤集团乾元公司 50 万 t/a（SM－GF）煤气热载体分段多层长焰煤热解成套工业化示范装置等。“煤－焦－电－油－化”一体化多联产的低阶煤高效利用成为发展趋势。目前，低阶煤分级分质高效利用虽然取得一定进展，但总体上尚处于起步阶段，各种提质工艺技术的成熟度还需要提高。低阶煤分级分质高效利用产业需要进一步规范有序发展。

第三章 煤炭循环经济

伴随煤炭工业持续、快速发展，经过多年的不懈探索和努力，煤炭循环经济经历了从综合利用逐步向循环经济过渡的发展历程。“十一五”以来，随着循环经济理念在煤炭行业的确立，煤炭循环经济试点和项目、园区建设逐步展开，发展循环经济已经成为煤炭行业调整产业结构、转变发展方式的主线并取得了显著成绩。

第一节 发展历程

一、孕育发展阶段

新中国成立后，一些煤矿在生产煤炭的同时，开始尝试煤炭资源的综合利用，但只限于少数煤矿和个别项目。1978 年以前，煤炭工业主管部门曾先后在供应局设节能处，科技局设综合利用处，负责煤炭行业资源节约和综合利用工作。1982 年召开的党的“十二大”提出，从 1981 年到 2000 年力争使全国工农业年总产值翻两番的奋斗目标，指出能源是制约我国经济发展的一个重要因素，必须加强能源开发，大力节约能源消耗，要以能源翻一番来保总产值翻两番。1982 年成立的中国煤炭加工利用协会就是在国家最需要能源、最需要节能的大形势下应运而生的。在协会成立之初制订的章程中，明确提出协会“以合理利用煤炭及其共伴生矿物和节约能源保护环境为目标”，为会员服务，为社会主义经济建设服务。协会成立以后，牢记目标，秉承宗旨，以服务为己任，不断推动煤炭行业加工利用事业开拓前进。几十年来，在推进煤炭行业综合利用、循环经济发展方面，中国煤炭加工利用协会实际承担了组织、协调和服务工作，有力地推动了综合利用、循环经济的发展。

20 世纪 80 年代，国务院先后于 1982 年颁布《关于洗选加工合理利用能源的指令》，1985 年颁布《关于开展资源综合利用若干问题暂行规定》。以这些文件颁布为标志，促进煤炭资源综合利用得到较快发展。在煤炭深加工，煤矸石、煤泥综合利用，高岭土、耐火黏土、铝钒土、硫铁矿等共伴生矿物开发利用方面，应用领域不断扩大，逐步形成一定规模。1988 年，全国入洗原煤达到 1.7 亿 t，年排出矸石 3000 多万 t，可节约运力 130 亿 t 公里。矿区低热值煤和煤矸石的开发利用已在较大范围内起步，以煤矸石为燃料的锅炉已有 1000 多台，年利用煤矸石 1500 多万 t，小时蒸发量达到 1 万多 t；建成煤矸石电厂 146 MW；矸石砖厂近 200 座，年生产能力 16 亿块；矸石水泥厂 50 多座，年生产能力 130 多万 t；为利用高硫煤中的硫铁矿，在一批选煤厂中建立回收车间，硫精砂年产量近 20 万 t；煤矿瓦斯抽放已由以安全生产为目标转向开发利用；从石煤中提取五氧化二钒，年生产能力达到 1600 t。“八五”以来，特别是 1993 年新的煤炭工业部组建以来，综合利用发展步伐进一步加快。在国家的大力支持下，煤炭企业采取多种形式筹措资金，发展煤炭洁净燃烧技术，相继建设了一批适合煤矿特点的包括选煤、焦化、气化、型煤等综合利用项目，扩大了煤炭用途，提高了煤炭使用效率。

20 世纪 90 年代以来，以煤为本、综合利用的发展格局初步形成。煤炭企业在国家财政贴息贷款等政策扶持下，加大资金投入，一大批综合利用、多种经营项目如雨后春笋，建成投产。不少矿区从过去的只有个别综合利用项目和少数产品，逐步发展形成以综合利用骨干项目为基础，横向扩展、纵向延伸、成龙配套的综合利用发展模式。结合矿区实际，打破单一产业、单一产品格局，通过煤炭洗选、电力、建材、制气、冶金、化工等系列开发，初步形成具有特色的企业集团。涌现出一些典型模式,如以大屯煤电公司为代表的“煤炭—电力—运输”模式,以太原煤气化公司为代表的“煤炭—洗选加工—炼焦—制气—城市煤气输配管理”模式,以永荣矿务局为代表的“煤炭—电力—建材—化工”模式,以焦作矿务局为代表的“煤炭—电力—冶炼—化工”模式等。一批衰老报废矿区如山东省坊子煤矿、四川省沫江煤矿依靠综合利用求生存,焕发了青春;大量正处于青壮年期的煤矿依靠综合利用谋发展,增强了发展后劲。

正是由于20世纪70年代以来大量有组织的煤炭综合利用实践,为新世纪兴起的煤炭循环经济发展做好了技术准备,打下了产业、产品基础,培养锻炼了一批综合利用、循环经济专业技术队伍,逐步形成了煤炭循环经济的雏形。

二、蓬勃发展阶段

进入21世纪,循环经济的理念和实践迅速发展。2005年6月,国务院颁发的《关于促进煤炭工业健康发展的若干意见》明确指出,煤炭工业要“走资源回采率高、安全有保障、经济效益好、环境污染少、全面协调和可持续发展的煤炭工业道路”“形成以煤炭加工转化、资源综合利用和矿山环境治理为核心的循环经济体系”。

2006年3月,全国人大十届四次会议通过的《国民经济和社会发展第十一个五年规划纲要》提出,抓好煤炭、黑色和有色金属共伴生矿产综合利用。推进粉煤灰、煤矸石等工业废物利用。推动煤炭等行业实施循环经济改造,形成一批循环经济示范企业。

2008年8月29日第十一届全国人民代表大会常务委员会第四次会议通过《中华人民共和国循环经济促进法》,自2009年1月1日起施行。《循环经济促进法》明确规定“企业应当按照国家规定,对生产过程中产生的粉煤灰、煤矸石、尾矿、废石、废料、废气等工业废物进行综合利用”“建设利用余热、余压、煤层气以及煤矸石、煤泥、垃圾等低热值燃料的并网发电项目,应当依照法律和国务院的规定取得行政许可或者报送备案”等，对煤炭循环经济的发展起到了巨大的指导和推动作用。

1. 首个循环经济规划论证会召开

2003年7月25日，煤炭行业首个循环经济规划论证会在山东省泰安市召开，会议由山东省经贸委主持，国家发改委环资司、中国煤炭工业协会、中国煤炭加工利用协会等单位的领导和有关院士、专家参加了论证评审。会议听取了新汶矿业集团发展循环经济的规划报告和华丰煤矿循环经济示范园区规划报告，并对新矿集团循环经济示范园区进行了实地考察参观。新矿集团在循环经济建设方面先行一步，起点较高，对煤炭行业发展循环经济有着重要启示和借鉴意义。

2. 11家煤炭企业列入国家级循环经济试点单位

2005年10月，国家发展改革委、环保总局、科技部、财政部、商务部、国家统计局印发了《关于组织开展循环经济试点（第一批）工作的通知》（发改环资〔2005〕2199号），并确定了淮南矿业集团、河南平顶山煤业集团、新汶矿业集团公司、抚顺矿业集团和山西焦煤集团西山煤电公司等5家煤炭企业作为煤炭行业第一批发展循环经济试点单位。

2007年12月，山西潞安矿业有限公司、内蒙古伊东煤炭集团有限责任公司、内蒙古庆华集团、铁法煤业集团有限责任公司、黑龙江龙煤矿业集团有限责任公司（鸡西分公司）、安徽皖北煤电集团有限责任公司6家煤炭企业列为国家循环经济第二批试点单位。

3. 煤炭行业首次循环经济现场交流会

2006年9月1日，全国煤炭行业发展循环经济现场交流会在山西太原召开，会议全面剖析了西山煤电公司发展循环经济的崭新模式，交流了发展循环经济的经验。

4. 煤炭行业首个循环经济园区建设现场会

2010年7月，中国煤炭工业协会与中国煤炭加工利用协会在大同共同组织召开了“煤炭工业节能减排暨循环经济现场会”（图3-1）。国家发改委、环保部、国家能源局等政府部门派员出席会议并讲话，煤炭工业协会会长王显政在会上作重要讲话。会议总结了山西大同煤矿集团塔山循环经济园区（图3-2）“两矿十厂一条路”的建设经验，10多家大型煤炭企业在大会上进行了经验交流。这次现场会对推动全行业循环经济发展起到了引导作用。

图3-1　2010年7月在同煤集团召开“煤炭工业节能减排暨循环经济现场会”

图3-2　同煤塔山循环经济园区

5. 首次举办煤炭循环经济发展论坛

2009 年 10 月 14—16 日，中国国际煤炭加工利用展览会在西安举行，同期举办了煤炭工业节能减排与循环经济发展论坛。邀请国家政府部门、研究院所、典型企业的专家学者和企业管理者介绍循环经济发展形势、任务、先进技术和典型经验，进一步推动煤炭循环经济发展。

6. 出台促进煤炭行业循环经济发展的指导意见

为贯彻落实《中华人民共和国循环经济促进法》《中华人民共和国节约能源法》，2010 年 12 月，中国煤炭加工利用协会起草了《关于推进煤炭行业发展循环经济，促进节能减排工作的指导意见》，提出了煤炭循环经济发展的指导思想、工作原则、工作目标、重点工作任务，充分发挥行业协会作用。经进一步修改完善后，该指导意见于 2012 年 7 月作为《煤炭工业发展“十二五”规划》的配套内容，编入《煤炭工业“十二五”相关领域发展指导意见》一书，成为其中 16 个相关专业领域的指导意见，对推动煤炭行业循环经济发展具有重要指导意义。

7. 制订煤炭行业循环经济“十二五”发展规划

2011 年 8 月，由中国煤炭加工利用协会承担完成的《煤炭循环经济“十二五”发展规划研究》课题，通过了中国煤炭工业协会组织的专家评审。该课题对煤炭行业“十一五”以来循环经济发展做了系统总结，分析了煤炭行业循环经济发展现状及存在的主要问题，提出了煤炭行业循环经济发展“十二五”规划的指导思想、基本原则、发展路径、发展目标、重点任务、基本技术路线、重点领域、重点工程、支撑技术和保障措施，是煤炭行业第一个循环经济发展规划。

2013 年，国家发展改革委员会委托中国煤炭加工利用协会编写的《煤炭循环经济“十二五”发展规划研究》通过验收。该规划研究界定了煤炭行业循环经济的范围，是指广义的煤炭采选业，即涉及以煤炭开采为起点，涵盖煤炭洗选、加工、转化、废弃物及共伴生资源综合利用等产业链。回顾了煤炭行业通过试点引路，循环经济逐步发展壮大取得的显著成绩。在此基础上提炼出六种基本发展模式。首次提出了煤炭循环经济指标体系，分为行业、园区两个层次，涵盖了资源产出、能源消耗、综合利用、生态环境四大类指标。提出煤炭企业主要通过两条主线、三个层次实现循环经济发展。根据煤炭行业特点，发展循环经济包括源头消减、高效转化、综合利用、生态建设四个主要环节。提出了为保证规划落实，应当加快体制机制创新、加强科技支撑、拓宽投融资渠道、加强人才队伍建设、构建服务体系等措施建议。

经过十余年的发展，煤炭循环经济发展的思路和路径已经明确，虽处于方兴未艾的阶段，潜力仍然很大。但也存在标准、政策、机制相对滞后，产业结构趋同，支撑技术不足，部分项目效益不高等问题。从总体上看，煤炭循环经济发展仍处于爬坡前进阶段。

第二节 科 技 创 新

科技创新引领煤炭循环经济发展。“十一五”以来，在产业需求和国家政策支持下，以企业为主体、产学研相结合的煤炭循环经济科技创新体系正在形成。一批先进适用、应用面广的资源节约、综合利用、环境保护技术得到推广应用。我国自主研制的大功率电牵引采煤机、重型刮板输送机、带电液控制系统的强力液压支架等高效综采成套装备相关指标已经达到国际先进水平；煤矿井下新型高效瓦斯抽放技术被推广应用，地面钻井抽取煤层气各项关键技术得到开发和应用，低浓度矿井瓦斯应用技术研究也取得一定成果。形成了较为完整的煤炭洁净利用理论体系，超临界机组、大型烟气脱硫技术 FGD、循环流化床锅炉、煤炭气化等一批洁净煤技术被推广应用。煤炭生产系统节能技术快速发展，煤矿井下通风机变频技术、矿井压风系统远端补偿技术、提升绞车电控系统变频技术、供电系统节能技术，高效节能泵、井下高压变频器等煤矿设备的节电技术和产品被广泛普及和使用。“以矸换煤绿色开采”“矿井乏风温差和矿井水余温利用”等废弃物综合利用技术取得积极进展。科技创新为煤炭行业循环经济发展提供了强有力的技术保障。

煤炭行业循环经济初具规模。除11家试点企业基本建成循环经济园区通过国家验收外，据不完全统计，还有30余家煤炭企业或循环经济园区列入各省、市地方循环经济试点或重点建设单位。一批率先开展循环经济的煤炭企业，初步形成了各具特色的循环经济发展模式，为煤炭行业提供了宝贵经验。

同煤集团坚持黑色煤炭、绿色开采、循环经济、低碳技术，坚持走资源型老企业可持续发展的道路，先后投资204亿元，建成由年产1500万t的塔山矿井及配套选煤厂、年产1000万t的同忻矿井及配套选煤厂、年产5万t的高岭岩深加工厂、4×50 MW资源综合利用电厂和2×600 MW坑口电厂、年产200万t的水泥厂、年产7.2亿块煤矸石砖的塔山建材厂和同忻建材厂、日处理污水4000 m^3的生活污水处理厂、年产60万t甲醇厂以及全长19.29 km的铁路专用线等13个项目组成的“两矿十厂一条路”。形成了产业链条最完整、资源产出最大化、资源综合利用最优化、节能减排最显著、典型带动最突出“五个最”的规模效应。2010年，煤炭行业在同煤集团召开现场会，总结和推广塔山循环经济园区建设经验，在全国产生了积极推动作用。

兖矿集团以坑口高硫煤洁净利用为主线的邹城化工园区，形成鲁南大型煤化工基地，年消耗高硫煤550万t，煤中灰分回收率99%以上，可延长矿区薄煤层矿井服务年限20年。煤化工产业正在成为兖矿的主导产业和重要品牌。

科技创新还推动了宁东循环经济园区、平朔循环经济示范园区等一大批循环经济园区发展。通过煤炭循环经济园区项目与地区经济的产业融合、有机搭接，不仅支撑了煤炭企业自身的发展，对所在地区经济发展也发挥了积极带动作用。

第三节　主要发展模式

11 家全国循环经济试点企业以及同煤集团、兖矿集团、冀中能源等煤炭企业通过探索和实践，初步形成了各具特色的循环经济发展模式。归纳起来，大体有七种模式。

一、以新建特大型煤矿为龙头，产业聚集、耦合发展模式

同煤塔山循环经济园区以资源循环利用、清洁生产和可持续发展为目标，按照循环经济产业聚集、耦合的全新理念进行规划和构建，以新建年产 1500 万 t 特大型现代化煤矿为龙头，紧紧围绕“两矿十厂一条路”的建设，优化资源配置，合理延伸产业链条，构建了“煤炭—电力—建材”“煤炭—电力—化工”等多条循环经济产业链。采煤企业和生产企业实施清洁生产；洗煤厂分选的部分中煤及末煤用于发电，部分中煤供煤化工生产甲醇；煤矸石用于制砖，电厂余热为居民区供暖，取代 30 多座小锅炉；电厂产生的粉煤灰进入水泥厂生产水泥；采煤过程中产生的伴生高岭岩经深加工后，成为化妆品及造纸行业的重要原材料；矿井水与生活污水进入污水厂，净化后用于冷却水和园林绿化。通过循环化构建，园区形成了各个生产单元首尾相接、环环相扣的产业链，把传统煤炭行业中的“废物”消化在循环链条中，最大限度地降低了资源浪费和污染排放，探索出了以煤为主、多元发展、维护生态、保护环境的发展道路，既是我国煤炭企业发展循环经济的样板和特大型现代化煤矿建设的典范，也是煤炭工业结构调整、产业升级、协调发展的成功案例。塔山园区为中国煤炭行业发展循环经济做出了表率，为新建煤炭矿区发展循环经济进行了有益探索，对新建大型煤炭矿区循环化发展具有借鉴意义。

二、点、线、面结合的循环经济发展模式

平煤集团坚持"以煤为主、相关多元"发展战略，依托煤、电产业优势发展循环经济，构建了涵盖煤炭、化工和新能源新材料的循环经济产业体系。该集团以独立项目或矿点为基础，形成"点循环"，以相关产品或产业链延伸为主体，形成资源梯次开发利用的"线循环"，以循环经济工业园建设为平台，形成产业集群、布局合理的"面循环"。着力打造煤炭—电力—新型建材、煤炭—炼焦—焦油加工—碳素、煤炭—气化—精细化工等产业链，形成了采、选、焦、化、电为一体的循环经济发展格局。企业生产的原煤通过皮带直接进入选煤厂；洗煤所用的水，取自井下废水并可循环使用；洗选出的精煤进入焦化厂生产出供大型炼钢厂的优质焦炭；炼焦产生的煤焦油供给焦化公司，生产粗苯、硫氨等化工产品；洗煤产生的煤泥、中煤供发电厂使用，煤矸石等外销矸石砖厂。煤气除用于发电之外，还可供应三基炭素的石墨电极厂使用。创造了具有独特个性又具有代表意义的模式——产权多元化+产品链条化+内部管理市场化的"朝川模式"。循环经济相关产品糖精钠、超高功率石墨电极、碳化硅精细微粉产能全国第一，尼龙66盐、工程塑料产能亚洲第一，工业丝、帘子布产能世界第一。平煤集团通过点、线、面结合的循环经济发展模式具有典型意义。

三、多要素联产、循环利用模式

潞安集团针对不同煤种、不同煤质特点，拉长煤基产业链条，不断壮大"煤—焦—化""煤—电—化""煤—油—化"三条主产业链，并建设了煤焦、煤电、煤油、电化四大循环经济园区。以优质煤为基础，经过洗选加工，生产高附加值的高炉喷吹煤；洗选后的中煤、煤泥、煤矸石全部用于发电：所抽瓦斯一部分用于小型瓦斯电站发电，大部分经过处理，与附近焦化厂的焦炉煤气作为煤基合成油厂的原料

补充；高硫、高灰、高灰熔点煤炭全部用作煤基合成油厂的原料；矿井水经过处理供给电厂、选煤厂、煤基合成油厂用作生产用水；电厂所发电量、热能供煤矿、煤基合成油厂使用；电厂连同煤基合成油厂所产生的灰渣，全部用于制造建材；煤基合成油厂产生的尾气回收用于生产化肥和发电，完成了矸石山治理和生态重建工程，矿井水全部回收再利用，努力实现煤炭资源利用的全产业链“吃干榨尽”。整个园区坚持多联产和低碳循环理念，集“煤炭开采、洗选加工、煤基合成油、精细化工以及瓦斯、焦炉煤气、矸石、尾气综合利用”为一体，形成“高碳能源、低碳排放、循环利用”的特色。潞安集团的经验对以煤炭开采为主体、煤基多联产为特征的大型煤炭企业集团发展循环经济具有借鉴意义。

四、“五个统筹”协调发展模式

淮南矿业集团围绕煤炭主业，对矿井瓦斯及“三废一沉”（废气、废水、废渣和采煤沉陷）进行综合治理与循环利用，形成了煤泥、煤矸石发电，煤矸石、粉煤灰生产建材，煤矸石、粉煤灰复垦充填沉陷土地，矿井水净化利用，矿井瓦斯发电等循环经济产业链。在构建煤炭产业链基础上，将和谐矿区建设与循环经济、绿色低碳发展紧密结合，主动融入区域经济社会发展，实施大面积的采煤沉陷搬迁建镇和旧城改造，实现矿区生态环境修复；统筹考虑淮河中段治理与采煤沉陷、矿区水系治理，保护淡水资源，为建设区域融合型的绿色生态煤电基地做出了有益探索。以矿井瓦斯抽采利用、矿区生态恢复为特色，实施煤炭与瓦斯共采，对矿井瓦斯进行利用，发展新能源，解决几十万人的生活用气问题，形成井上井下小循环、整个矿区大循环。首创煤电一体化模式，形成“煤、电、化、机、环、资”多产业，实现产业、城市、乡村、社会、环境治理五个统筹、协调发展格局。淮南矿业集团坚持政府主导下的地企统筹，本着对国家、地方、企业三有利的原则，积极、主动参与淮南“两型城市”建设，统筹循环经济与和谐矿区建设的经验对于煤炭城市企业发展循环经济具有借鉴意义。

五、老的资源型矿区构建煤基产业与非煤产业集群模式

新汶矿业集团按照“资源循环利用，企业循环生产，产业循环组合”的思路，以煤炭地下气化、以矸换煤等绿色开采技术为切入点，以煤伴生资源深度开发、“三废”资源综合利用为重要途径，构建矿区煤基产业集群。该集团从“矿老井深、井型小、矿压大、生产环节复杂”的实际出发，从“一煤独大”发展为以“煤、电、化、建”为主体、涵盖机械再制造等相关产业的新格局。在开采方面，通过“以矸换煤”“煤炭地下气化”“薄煤层开采”等技术，实现了绿色开采。在产业链构建方面，以煤伴生资源深度开发、“三废”资源综合利用为途径，打造矿区煤基产业集群，构建了“煤—电—化—建”“煤炭—地下气化—煤气”等产业链，利用煤矸石、煤泥发展电力产业，利用煤矸石、粉煤灰、脱硫石膏发展建材产业。在优化产业布局方面，积极打造非煤产业集群，向矿山机械再制造等非煤产业拓展，利用复垦土地发展农业、养殖业，打造矿山机械设备再制造为核心的非煤产业集群，提升资源综合利用深度和广度，增强了企业抗风险能力。“两个产业集群”循环经济建设，有效延长了老资源型矿区的生存与接续发展。新汶矿业集团通过构建煤基产业与非煤产业两个产业集群的循环经济发展模式，有效延长了老资源型矿区的生存与接续发展的经验，对进入衰退期的大型煤炭企业发展循环经济、促进产业转型、实现矿区可持续发展具有借鉴意义。

六、老矿转产与发展循环经济相结合模式

抚顺矿业集团结合煤炭资源逐步枯竭、油母页岩资源丰富的实际，依托东露天矿丰富的油母页岩资源，形成以煤炭产业为掩护，以油母页岩炼油为核心产业，生产油母页岩原油，加工炭黑、油母页岩

热电、页岩烧结砖、再生造纸等上下游相关产业为链条的循环经济发展战略，不断壮大油母页岩产业链，提升共伴生资源的利用效率，成为矿区发展循环经济的支柱产业。抚矿集团通过煤炭与共伴生资源融合，产业链一体化模式发展循环经济，促进了资源枯竭城市经济的转型，走出了一条煤炭资源枯竭矿区转产振兴之路，为我国百年老矿转型发展提供了具有典型意义的发展模式。

七、绿色矿山、低碳运行、环境友好发展模式

冀中能源峰峰集团梧桐庄矿以“用水不排水、采煤不见煤、排矸不提矸、出煤不烧煤”为目标，开发了具有自主知识产权的保水开采技术，集成了矸石置换+饱和充填技术、水源热泵及地源热泵技术等，通过建设保水开采工程、全封闭储煤场工程、水源热泵工程、煤矸置换饱和充填工程等四大主体工程，为绿色矿山建设提供了保障，创造了绿色矿山低碳运行的“梧桐”模式。低碳绿色矿山建设技术支撑体系的建立，释放了煤炭资源，提高了煤矿的资源回收率，提高了煤矿开采的安全程度，降低了能耗，实现了污染物零排放，取得了巨大的综合效益。

总结煤炭行业循环经济发展的实践和创造经验，最重要的就是要形成理念，面向市场，实事求是，技术支撑，培育模式，促进转变。在煤炭资源开发和利用过程中，通过实现对资源的“吃干榨净”，最终实现“以最小的资源消耗、最小的环境影响，取得最好的经济效益和社会效益”。

第四章　煤　矿　节　能

煤炭行业既是主要的能源生产行业，同时也是重点耗能行业。煤炭在生产和洗选加工过程中要消耗大量能源，同时还要排放大量的煤矸石、煤泥、矿井瓦斯、矿井水、共伴生矿物等工业废弃物。煤炭行业抓好自身的节能，不仅是实现节能降耗、绿色低碳发展的需要，也是推动煤炭行业高质量发展的内在要求。

第一节　发　展　历　程

新中国成立初期，能源十分紧缺，煤炭是当时的主要能源（占能源消费的90%以上）。煤炭企业在十分困难的情况下，恢复生产，发展经济，在努力为国家多出煤炭的同时，通过增产节约、开展资源综合利用等方式，节约用煤，节省能源消费，支援国家建设。1978年12月，党的十一届三中全会做出了党和国家工作重点转移到经济建设上来的重大决策，我国改革开放拉开序幕。这一时期，我国煤矿有组织的节能工作陆续展开，大体经历了三个发展阶段。

一、初期发展阶段

“文革”结束后，国家工作重心转向经济建设。这一阶段按照国家的规定和要求，煤炭行业加强了节能工作领导，节能各项基础工作逐步恢复。1981年，煤炭部成立节能领导小组，由一名副部长主管节能工作，下设专职节能办公室，负责日常节能管理工作。这些年来，不管行业管理机构如何变动，行业节能管理和服务机构没有间断，一直延续至今，保持了煤炭行业节能工作的连续性。这一期间，煤炭企业也逐步建立起节能、环保专职机构。至1985年年底，全国已建立起煤炭部、省（区）煤炭管理局（公司）、矿务局三级节能、环保管理机构，配备专业人员，管理体系基本健全。

能源管理规章制度开始建立。1983年10月17日，煤炭部在萍乡矿务局召开全国煤炭节能工作会议，讨论并制定了《煤矿自用煤试行管理办法》《节能项目暂行管理办法》。1986年，国务院发布《节约能源管理暂行条例》（国发〔1986〕4号）后，煤炭部于1987年8月10日印发了《煤炭工业贯彻国务院〈节约能源管理暂行条例〉实施办法》（〔87〕煤加字第431号）。1990年4月11日能源部印发《煤炭企业能量平衡实施办法（试行）》、《煤炭企业能量平衡技术考核验收办法（试行）》、《煤炭行业节能技术服务站资格认证办法（试行）》等三个文件（能源节〔1990〕269号）；同年9月17日颁发《煤矿节约能源若干规定（试行）》（能源节能〔1990〕821号），煤炭行业初步建立健全了节能管理规章制度。

1979年以后，煤炭企业普遍加强了机电管理，提高机电技术装备水平。煤矿采区供电完成了由380 V升级到660 V技术改造，矿井的提升、运输、通风、排水“四大件”设备多数得到更新改造，使用了高效耐用的矿用排水泵，大型轴流式通风机等新设备。

组织开展节能技术攻关和推广应用，重点推广沸腾炉燃用煤矸石、石煤等低热值燃料，气暖改水暖和高耗低效设备的节能更新改造等节能技术。以燃用煤矸石等低热值燃料为主的沸腾炉燃烧技术，就是在这一阶段经过国家科技攻关，率先在煤炭系统应用获得成功并在全国进行推广的。发展矿区集中供热、联片供热、热电联产，高耗能设备的更新改造，推广型煤，矿井瓦斯利用，发展煤炭洗选加工，提高煤炭质量等工作。

实施煤代油节能改造工程。1984年3月20日，煤炭工业部与国务院以煤代油专用资金办公室签订了“关于煤炭部使用以煤代油专用资金节约自用煤有关问题的协议书”。1984—1986年通过煤代油国拨资金+行业自筹方式，实施一批节能改造工程。共筹集资金33466万元，其中以煤代油专用资金办公室向煤炭部提供资金22500万元，自筹资金10966万元。煤炭部用三年时间完成工程项目359项，其中：集中供热锅炉287台，总容量1235.2 t/h；锅炉更新改造657台，总容量1834.8 t/h；型煤加工项目，生产能力38.4万t/a；煤气工程2项，日产煤气24万m^3；瓦斯利用5项，日利用瓦斯19万m^3；矸石电站6项，机组能力45 MW；矸石回收煤37处，年能力146万t；洗煤厂洗矸再洗工程9处，年设计能力62.68万t；余热利用、茶炉改造等其他工程98项。经过三年的努力工程顺利完成，通过检查验收，实现年节约原煤250万t、回收矸石煤200万t的能力，经济效益11163.6万元。

开展节能技术服务。1983年10月“煤炭工业部杭州节能技术服务站”成立，后来成为煤炭工业节能技术培训中心，为煤炭企业培训了大量节能管理技术人才。1986年7月9日，煤炭部以（86）煤办字第479号文批准成立“煤炭工业部节能技术服务中心”，挂靠在煤炭科学研究总院。1990年4月11日，能源部以能源节〔1990〕269号文颁布了《煤炭行业节能技术服务站资格认证办法（试行）》，对节能服务站每三年进行一次资格复审，同时加强日常的监督管理。节能技术服务站最多时达到26个，其中一级站10个，二级站16个，共有节能技术服务人员439名，配备仪器设备1524台（套）。节能技术服务站积极开展节能技术服务，进行广泛的节能政策、标准、技术宣传培训，开展企业能量平衡、能源审计和诊断、节能规划，推广节能“四新”等工作。

建立能源统计制度。1988年11月2日，中国统配煤矿总公司制定实施了《煤炭企业能源统计办法》，标志着煤炭行业能源统计工作走上了规范化的轨道，建立煤炭企业能源消费统计体系，完善报表制度，建立统计队伍，开展人员培训。每年召开能源统计汇总工作会议，从 1988 年开始多年没有间断。

经过持续努力，煤炭企业生产能耗得到有效控制。“七五”末，国有重点煤矿万元产值综合能耗为 11.02 t 标准煤，比“五五”的 16.43 t 标准煤下降 5.41 t 标准煤；原煤生产综合能耗 23.84 kg 标煤/t 原煤（等价值，下同），比“五五”末 26.81 kg 标煤/t 原煤下降 2.97 kg 标煤/t 原煤。

由于煤矿井下作业的特点，开采范围不断扩大和延深，加上这一时期煤炭行业采煤机械化程度有很大提高，煤炭生产电耗增长较快，单位原煤生产电耗逐年上升。但由于企业加强节能技术改造，采取措施强化节能降耗管理，单位原煤生产电耗增长得到有效控制。“七五”末国有重点煤矿原煤生产电耗 27.27 kW · h/t 原煤，比“五五”末 24.27 kW · h/t 原煤增加 3.0 kW · h/t 原煤，十年增长 12.4% 。

二、深入发展阶段

“八五”至“十五”期间，煤炭行业节能工作深入发展。煤炭企业节能升（定）级活动全面展开。1991 年 2 月 26 日，国家计委印发《煤炭企业节约能源管理升（定）级办法》，有力地推动了煤炭行业节能升级工作。经国家考核，煤炭行业进入国家级节约能源一级企业 56 个，二级企业 344 个，总计 400 个。

煤炭行业开展的风机、水泵节能技术改造试点取得成功，推动了全国节能工作。1992 年，根据朱镕基副总理的指示精神，国家经贸委决定在煤矿进行风机水泵节能技术改造，用改造后的节电效益还贷试点工作。煤炭部领导对此十分重视，要求千方百计把试点工作搞好，组成领导小组，建立规章制度，加强责任制，严格项目管理；充分发挥职能部门、科研单位、大专院校、生产厂家的优势，协同工作，搞好试点。煤炭部在调查研究的基础上，选择了企业节能管理能力强、积极性高、节能潜力大的 28 个国有重点矿务局、37 个地方煤矿开展试点工作。朱镕基副总理对试点工作十分重视，在试点过程中曾三次批示，对试点工作给予充分肯定，并提出具体要求。煤炭行业三年共安排资金2.3亿元，更新改造高耗低效设备2113台，总容量875.5 MW，其中：主要通风机519台，主排水泵（含渣浆泵）1594台；清洗严重结垢的主排水管路15万m，并购置部分测试仪器仪表。年节电55600 kW·h，节约资金1.76亿元，不到两年回收全部投资，效益十分显著，试点工作圆满成功。1994年12月，国家经贸委和煤炭部联合召开试点工作总结表彰大会，总结工作、交流经验，对试点工作取得的成功给予充分肯定，对试点工作搞得好的新汶、开滦等11个矿务局进行了表彰。国家在煤炭行业试点工作基础上，制定了风机、水泵节能技术改造的新政策，决定在全国推广。

为强化能源科学管理，煤矿实行主要工序能耗考核制度，按照《煤矿节约能源管理若干规定》要求，制定了风机、水泵、提升机、空压机、皮带运输、锅炉房等六种主要工序能耗的等级标准及考核办法，实行等级考核。组织开发了煤矸石循环流化床锅炉混烧煤泥，煤矸石烧结空心砖等节能新技术，节能效果、经济效益和环保效果显著。

组织开展节能监测工作。1995年6月，经煤炭部批准，成立了“煤炭工业节能监测中心”（煤厅字〔1995〕第193号）。1996年，煤炭部颁布《煤炭工业部节约能源监测管理办法》(煤经字（1996）第144号)、《煤炭行业省（区）节能监测中心资格审定办法》(煤节办函字〔1996〕第12号文）等文件，各重点产煤省及部分国有重点煤矿相应成立起省（区）节能监测中心或节能监测站，依法依规开展节能监测工作。同时煤炭部组织制定了煤矿在用耗能设备节能监测标准6项，在国有重点煤矿普遍开展了节能监测工作。“十五”时期，国务院发布了《能源中长期发展规划纲要》《关于做好建设节约型社会近期重点工作的通知》等文件，明确提出“发展节能型经济、建设节能型社会”，以提高资源利用效率为核心，以节水、节材、节地、资源综合利用和发展循环经济为重点，实行节能标准、标识及认证工作，加强节能监管和评审。煤炭企业普遍建立了三级节能网，把节能任务落实到生产班组，形成了相对完备的节能管理体系。

提升能源统计管理水平。1992 年，煤炭行业开发了用计算机处理能源统计报表软件并在全系统推广，实现能源统计计算机化。1996 年 8 月，煤炭工业部在湖南张家界举办了三期能源统计培训班，在全行业推广利用计算机进行能源统计和节能管理，大大提高了能源统计工作效率和工作质量。

1993 年 3 月 9 日，能源部印发“关于奖励煤矿节能技术改造优秀项目的通知”（节能〔1993〕220 号），开滦矿务局发电厂集中供热技术改造项目等获一等奖，煤科总院唐山分院与井陉矿务局机械总厂完成的工业系列渣浆泵等获二等奖。1995 年 10 月 5 日，煤炭工业部节能领导小组在北京召开全体成员会议，通过关于表彰“八五”期间煤炭工业 41 个节能先进单位的决定。

从“八五”到“十五”，通过行业持续不断深入开展管理节能、技术节能工作，煤炭生产单位产品能耗有较大幅度下降。“十五”末，国有重点煤矿原煤生产综合能耗 17. 5 kg 标煤/t 原煤，比“七五”末的 23. 84 kg 标煤/t 原煤下降 6. 34 kg 标煤/t 原煤；原煤生产电耗在经历了“八五”“九五”持续增长后，“十五”时期出现拐点，开始由升转降，“十五”末为 29. 2 kW · h/t 原煤，比“九五”末的 33. 04 kW · h/t 原煤下降 3. 84 kW · h/t 原煤。

三、规范化发展阶段

“十一五”以来，国家进一步加强节能减排的工作力度，出台一系列政策措施，把节能减排作为调整结构、转变增长方式的重要措施和抓手。这一时期，国家下发了一系列有关节能工作的法规政策文件和标准。2006 年，国务院发布《国务院关于加强节能工作的决定》，要求从战略高度重视能源安全，充分认识做好能源工作的重要性，实行单位 GDP 能耗考核。2007 年，颁布了修改后的《中华人民共和国节约能源法》。新的节能法颁布，确定节约能源作为我国的基本国策，把节约能源上升到更加重要的战略地位，节能法规制度进一步完善。2007 年 7 月 3 日，国家发展改革委、国家环保总局联合印发《煤炭工业节能减排工作意见》(发改能源〔2007〕1456 号)，系统地提出了“十一五”煤炭工业节能减排工作的指导思想、基本原则和目标任务。

2006 年 4 月 17 日，国家发展改革委等 5 部委（局、办）联合印发《千家企业节能行动实施方案》(发改环资〔2006〕571 号)，全国进入千家企业名单的 1008 家企业中，煤炭企业超过 60 家，有力地促进了煤炭企业“十一五”节能目标的实现。2011 年 12 月 7 日，国家发展改革委等 12 个部（委、局）联合印发《万家企业节能低碳行动实施方案》(发改环资〔2011〕2873 号)，全国 17000 家左右企业中，涉煤企业超过 1000 家，把节能减排指标作为各级领导目标责任，对各级领导和企业一把手实行目标考核、一票否决，煤炭企业“十二五”节能工作在政府政策引导下，在更大范围内深入开展。

节能新技术、新工艺研发和推广更受重视和支持。2008 年以来，国家陆续发布了十批重点节能技术推广目录，其中煤炭行业十余项，还有一大批涉及节电、节油等可在煤炭行业推广应用的节能技术，对煤矿节能新技术的推广应用发挥了积极作用。部分企业采用合同能源管理方式，通过节能技术服务公司引进先进技术和管理，在矿井水利用、瓦斯发电、电机节能改造等方面建设节能项目，得到国家节能奖励资金支持。

2009 年以来，在国家能源局支持下，中国煤炭加工利用协会与山东省煤炭工业局联合组织开展培育煤炭行业节能示范企业试点工作，在兖矿集团的南屯及济宁三号煤矿、新汶矿业集团的协庄及翟镇煤矿 4 家单位开展试点。2009—2012 年，历时 3 年多时间，在试点单位和各方共同努力下，试点工作以国家节能减排的有关文件精神为指导，以系统节能为主线，运用能源管理体系、能效对标、能效诊断、节能系统改造等手段，加大示范煤矿自动化和信息化改造力度，在煤炭生产、煤炭洗选加工、资源综合利用等多个领域创建系统节能解决方案，促进了企业整体能效的提高，达到了预期的目的，为煤炭行业推进以建立能源管理体系为核心内容的全面能源管理工作做了有益的探索，取得积极成效。

“十二五”以来，煤炭行业认真贯彻节约与开发并重、节约优先的方针，不断深化节能环保理念，节能减排与循环经济、绿色低碳、综合利用相互融合、相互促进，成为推动矿区生态文明建设的重点内容和重要途径。通过建立健全能源管理标准、体系，加快结构调整，组织开展企业节能试点示范，强化能源管理，开展技术创新，淘汰落后产能，能源资源利用效率得到提高，能耗指标稳步下降，矿区生态环境面貌得到很大改善。

“十二五”时期，一批涉及煤炭行业节能的标准相继出台，内容涉及能源计量、统计、能耗限额、能源管理体系、工序能耗限值等。如《煤炭企业能源计量器具配备和管理要求》（GB/T 29453—2012）、《煤炭企业能源消费统计规范》（GB/T 28398—2012）、《煤炭井工开采单位产品能源消耗限额》（GB 29444—2012）、《煤炭露天开采单位产品能源消耗限额》（GB 29445—2012）、《选煤电力消耗限额》（GB 29446—2012）、《煤矿主要工序能耗等级和限值第 1 部分：主要通风系统》（GB/T 29723. 1—2013）、《煤矿主要工序能耗等级和限值第 2 部分：主排水系统》（GB/T 29723. 2—2013）、《煤矿主要工序能耗等级和限值第 3 部分：空气压缩系统》（GB/T 29723. 3—2013）、《煤矿主要工序能耗等级和限值第 4 部分：主提升带式输送系统》（GB/T 29723. 4—2013）等，推动煤炭行业节能降耗有了更多规范性的依据和指导。

完善能源计量手段，提高能源计量器具配备率，提高能源计量水平是搞好节能工作的基础。根据《用能单位能源计量器具配备和管理通则》国家标准，2012 年中国煤炭加工利用协会负责编制的《煤炭企业能源计量器具配备和管理要求》(GB/T 29453—2012) 由国家标准委批准正式印发执行。该标准重点解决了井下节能设备的计量问题，推广井下防爆电度表，提高了井下能源计量器具配备的水平。国有重点煤矿主要耗能设备、炉窑站房配备了能源计量仪表，井下安装了防爆电度表，加强计量器具维修管理，提高了能源计量器具配备率、监测率、完好率。煤矿井下用电计量管理粗放落后的状况有很大改变。

党的十八大以后，煤炭行业把节能降耗作为生态文明建设的重要内容，煤矿节能降耗工作进入一个新的发展阶段。煤炭行业能源管理体系建设工作全面展开。“十二五”以来，国务院先后印发《“十二五”节能减排综合性工作方案》(国发〔2011〕26 号) 和《2014—2015 年节能减排低碳发展行动方案》(国办发〔2014〕23 号)，提出“持续开展万家企业节能低碳行动，推动建立能源管理体系”。国家发展改革委印发的《万家企业节能低碳行动实施方案》(发改环资〔2011〕2873 号)，提出进入万家节能低碳行动的企业在 2015 年前都要建立起能源管理体系的任务。为适应能源管理体系建设需要，国家标准《能源管理体系　要求》(GB/T 23331—2009) 修订为 2012 新版，《能源管理体系　实施指南》(GB/T 29456—2012) 同时发布，从 2013 年 10 月 1 日起实施。能源管理体系建设工作进入更加规范、可操作阶段。一些企业积极行动，纷纷开展能源管理体系建设工作。如兖矿集团在全局范围建立能源管理体系，所属各矿按照标准统一实施。平顶山天安煤业股份有限公司十一矿、淮北矿业股份有限公司孙疃煤矿等开展了能源管理体系建设和体系认证试点工作，通过建立能源管理体系，使企业的节能工作进入科学化、规范化轨道。这些煤炭企业建立并实施能源管理体系的经验，为其他企业提供了很好的借鉴。开展用能单位能源管理体系建设，是煤炭企业能源管理机制创新的重大举措。煤炭企业通过建立能源管理体系，并与质量管理体系、环境管理体系、职业健康安全管理体系等共同构成现代企业标准化管理体系，从而全面提升企业管理水平。煤炭行业能源管理从注重技术、管理、结构节能等方面向体系化、规范化能源管理深化。

这一时期，煤炭企业的节能工作从单一节能向技术节能、管理节能、结构优化节能、全方位能源管理转变，单位生产能耗明显下降。据不完全统计，2018 年末国有重点煤矿原煤生产综合能耗 11.78 kg 标煤/t 原煤、原煤生产电耗 21.9 kW · h/t 原煤，分别比“十一五”末下降 2.07 kg 标煤/t 原煤和 2.06 kW · h/t 原煤。节能减排已经成为煤炭行业转方式、调结构，实现健康、可持续发展的重要途径。

国有重点煤矿原煤生产电耗情况如图 4 – 1 所示。

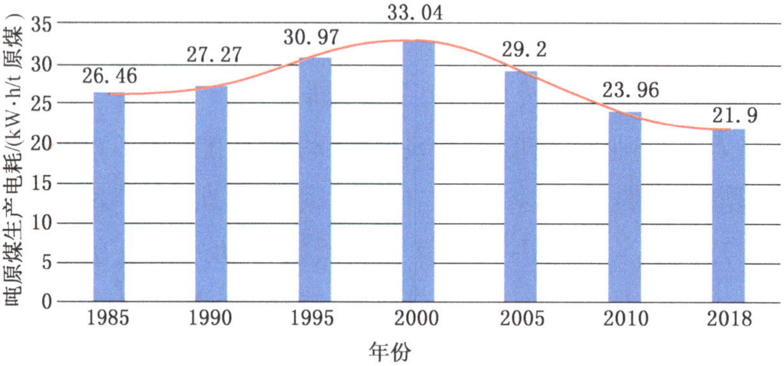

图 4 – 1　国有重点煤矿原煤生产电耗情况

为提高企业领导和能源管理工作者业务素质和能源管理水平，中国煤炭加工利用协会在总结多年煤炭行业节能工作实践的基础上，组织专业人员历时两年精心编写，于 2014 年出版了近 100 万字的《煤炭企业能源管理丛书》，包括《能源管理体系》《能源管理方法》《节能技术》三册。这是煤炭行业首次正式出版能源管理方面的专著，全面系统介绍了煤矿能源相关专业知识以及做好企业能源管理工作的方法和途径，为煤炭企业开展能源管理培训提供了很好的培训教材。

这一时期，通过组织开展业务培训，组织专家到冀中能源等企业，现场为企业领导和基层能源管理人员开办节能减排高新技术培训班，推广交流节能技术和节能管理经验，进一步推动了企业能源管理工作。

第二节　前　景　展　望

尽管煤矿节能工作取得了巨大成绩，但也存在不少问题，如鼓励企业节能的政策机制、标准体系、统计监测、考核制度还需进一步配套完善，企业间节能工作开展不平衡，煤矿节能新技术研发力量十分薄弱，适合煤炭企业的重大节能新技术、新工艺相对较少，技术对节能的支撑作用、企业节能潜力还有待进一步挖掘等。

从宏观看，仍然面临着煤炭生产和消费对环境损害严重、煤炭生产及利用技术水平需不断提高等挑战。面对能源供需格局新变化、国际能源发展新趋势，必须从保障国家发展和能源安全的战略高度，认真落实习近平总书记2014年6月13日在中央财经领导小组第六次会议上关于“推动能源生产和消费革命”的重要讲话精神，从国家长期战略的高度，推动能源消费、能源供给、能源技术和能源体制四个方面的“革命”。煤炭工业作为能源重要领域之一，要把推动能源生产和消费革命作为重大战略任务。在能源生产方面，坚持“节约、清洁、安全”的战略方针，以开源、节流、减排为重点，确保煤炭供应安全，推动行业转型升级、煤炭由燃料向燃料与原料并重转变，转变发展方式，实现科学和可持续发展；在能源消费方面，坚持节能体制机制、管理和技术创新，调整优化用能结构，提高能源利用效率，推动煤矿节能，保护生态环境，实现绿色、循环、低碳发展，建设生态文明煤矿，为国民经济和社会发展提供更多更好的清洁高效煤炭产品。

由于矿产资源的特殊属性，煤矿生产对象、产品与一般产品生产加工企业有很大不同。煤矿节能既有一般生产企业的共同属性又有其特殊性，具体特点如下：

（1）煤矿企业既是能源生产者又是能源消费者。煤矿节能不仅是能源消费方面的节约，还包括在开发和生产中对煤炭资源的节约。

（2）煤矿耗能主要体现在电力消耗。用于煤炭生产的电力消耗占能源消费总量的60%～70%，随着采煤机械化程度的提高，电力消耗的比重随之提高。因此，要更加重视节电技术的推广应用。

（3）煤矿能耗有自然增加的特点。随着煤矿开采深度的增加、开采年份的延长，煤矿能耗有自然增加的趋势，节能难度不断增加。

（4）煤矿综合利用节能潜力巨大。伴随煤炭生产产生大量的“三废”，搞好煤矸石、矿井水、煤矿瓦斯综合利用，替代和少用能源，节能潜力巨大。

（5）采用工序能耗对标方法是煤矿节能管理的有效手段。由于各个煤矿生产条件的自然差异，单位产品生产能耗难以直接横向比较，矿与矿之间能效水平不具有可比性。目前，推荐采用工序能耗作为比较标的，具有一定的可行性。

（6）科技创新对煤矿节能的贡献率不断提高。随着科技的不断发展，过去需要井上处理和利用的生产作业方式，部分可以采取井下处理利用方式，其中一些井下处理利用方式具有较好的节能效益，如煤炭井下气化利用方式等，科技创新会对煤矿节能产生变革性影响。

根据煤炭资源开采的特点，煤矿节能面临的主要任务有以下三个方面：

（1）生产用能的节约（直接节能）。煤矿企业要采取各种节能措施，推广采用节能新技术、新设备和新工艺，加强用能管理，提高能源利用效率，达到合理用能，降低单耗，实现企业节电、节煤、节油及其他能源的节约，降低产品单位能耗。

（2）提高煤炭产品质量，为煤炭用户节能创造条件（间接节能），煤炭企业采用先进的煤炭洗选和加工技术，发展洁净煤产业，延伸煤炭产业链，提高煤炭产品质量，增加煤炭品种，做到按用户需要的质量供应煤炭品种，为用户提高煤炭利用效率创造条件，达到节能、节运、低碳、减排、改善生态环境的目的。

（3）搞好资源综合利用节能，充分利用煤炭开采和洗选加工过程中排放的大量煤矸石、矿井水、矿井瓦斯等废弃物，变废物为资源，节约和少用能源，改善生态环境。

做好新时期煤炭节能工作，要从煤炭生产系统的全过程出发，遵循系统管理原理，进一步全方位推进技术创新、用能结构优化、节能管理系统标准化等节能措施。按照国家有关要求，煤炭企业要扎实有效地开展能源管理体系建设工作，通过能源管理体系的建立和实施，为新时期煤炭行业提升能源管理水平发挥应有的作用。

随着人们对煤矿节能工作认识的不断深化，煤矿节能已经逐渐从被动节能转变为主动节能，节能工作不再仅仅局限于单纯降低能耗，而是越来越与综合利用、低碳环保、循环经济相互融合、相互促进，并且成为煤矿生态文明建设的重要内容和不可分割的组成部分，成为煤炭行业实现提质增效、转型升级的必然选择。

第五章 绿色矿山与生态文明建设

我国是以煤炭为主要能源的国家，随着原煤生产和消费的快速增长，原煤开采过程中的煤矸石、煤矿瓦斯、矿井水以及原煤洗选过程中洗矸、煤泥等大量废弃物的产生和排放，土地被大量占用和沉陷，不可避免地影响到矿区的土地资源、地下水资源、生态环境，给矿区和周边环境生态带来一系列问题。煤炭开发是采掘工程，在开采地下资源的过程中，过去很长一段时间，由于国家能源紧张，煤炭行业为保证国民经济发展的需要，一度采用了高强度的开发方式，造成了资源消耗高、生态破损大、地质灾害增多的状况。实践证明，依靠高耗能和付出环境代价发展经济的模式难以持续。随着国家对环境保护的重视，政策法规日益完善，科学技术不断进步，煤炭生产逐渐从粗放式开采转向集约式开采，煤炭工业正在步入资源节约开发、环境友好型的良性发展轨道。随着生态文明建设理念深入人心，煤炭开发按照清洁生产的模式，加大环境污染治理力度，加速生态环境建设步伐，矿区环境治理取得明显成效，煤炭开发引起的环境破坏程度越来越小，破坏幅度逐渐趋缓，土地得到复垦，环境不断改善，出现了许多国际一流的新型生态绿色矿区。

第一节 煤矿环境保护

一、从无到有，发展壮大

新中国成立初期，由于当时的国民经济正处于恢复阶段，工业污染尚不严重，而且煤炭产量较小，开采的大部分是浅层煤层，这时的环境保护问题并不突出。国家出台的环保法规较少，仅有的一些环保政策法规也大多局限在对自然资源的保护方面，各行业的环境保护工作基本没有开展。特别是在“文革”阶段，全国的工、农业生产秩序陷入混乱状态，环境保护更未得到重视，全国各矿务局均未设立主抓环境保护的专职机构，煤炭工业的环境保护工作基本处于空白局面。

1978 年，党的十一届三中全会提出以经济建设为中心，坚持改革开放，促进了国民经济全面恢复和好转。煤炭行业也得到较快发展，原煤产量从 1976 年的 48345 万 t 增至 1980 年的 62013 万 t，短短四年增长 28.3%。煤炭产量大幅增长的同时，引出了诸多环境问题。伴随着工业污染和其他公害问题的加剧，环境恶化的状况日益严重，引起国务院和煤炭主管部门的高度重视。煤炭行业的环境保护工作被提上议事日程，一些国有煤炭企业，如平顶山、新汶、焦作等矿务局率先成立了煤炭环保办公室，开始抓企业环境保护工作。

1981 年 8 月 28 日，煤炭工业部颁布《加强煤矿防尘工作，消除粉尘危害》(第五号安全指令)。1983 年，煤炭部成立了环境保护领导小组和环境保护办公室。同年 6 月 10 日，在河南平顶山矿务局召开全国煤矿第一次环境保护工作会议，制定煤炭工业环境保护的发展战略、目标、措施和任务，煤炭行业环境保护工作全面启动。全行业开始建立健全各级环保机构。据统计，全国重点煤矿企业相继成立了 40 余家环保机构，配备了一定数量的专业人才，为环境保护工作的开展奠定了可靠的人力基础。到 1985 年年底，煤炭系统基本建立起煤炭部、省（区）煤炭管理局（公司)、矿务局三级管理机构，全国煤炭工业环境保护管理体系初步建立。

这一时期，煤炭环境保护工作认真执行经济建设、城乡建设、环境建设同步规划、同步实施、同步发展的“三同时”制度，坚持建设项目环境影响评价制度，投入了数亿元资金，相继建成了一大批与环保有关的重大项目。同时国家相关部门还组织制定了若干环保法规，落实了环保责任制，在一些重点矿区治理了老污染源，抑制了新污染源的产生，取得了一定的成效。1985 年，全国煤矿矿井水排放量 14.2 亿 m^3，达标率达到 76.8%；选煤厂煤泥水排放治理得到重视，全国已有 34 处选煤厂通过技术改造实现洗水闭路循环，占选煤厂总数的 23.8%；矿井水利用率达到 20%，污染物的治理开始向资源化利用方向转变。

“八五”以后，煤炭工业加快实行两个根本性转变。1994 年 11 月，煤炭工业部颁布《煤炭工业环境保护暂行管理办法》。煤炭环境保护工作开始出现了一些新的特点：

（1）指导思想上实现了“三个转变”。污染防治的基本战略从侧重于污染的末端治理，逐步转变为煤炭生产建设全过程的控制；污染物排放的控制，从重浓度控制转变为浓度与总量同时控制；污染治理方面，由分散的点源治理转变为集中与分散控制相结合。

（2）在战略方针上，从单纯的环境治理转变为全过程开展清洁生产。煤炭环保必须从源头抓起，在生产全过程中坚持避免有害物质的产生。

（3）环保工作重点由原来的东部地区开始向西北地区转移。西北地区煤炭矿区生态环境较脆弱，因此重点加强西北地区煤矿的环境保护工作势在必行。

（4）在管理方面，煤炭工业的环境保护基本形成四级管理体系。煤炭部有环境保护委员会，并下设办公室，配备专职人员，负责全行业的环保日常工作。29 个省（市、自治区）级煤炭管理机构中，已有 16 个设有环委会或领导小组，并有专职机构或专职人员从事环保管理工作；109 个国有重点矿务局中，有 82 个设立了环委会，并有 60 个局设处级管理机构，配备了专业人员，落实了费用，开展了环保工作。

煤炭环境监测是搞好煤炭环境保护工作的技术支持和保证。这一时期，煤炭环境监测工作经历了人员从无到有、规模从小到大、力量从弱到强的转变。到 1985 年，建立了部、省（区）、矿务局三级环境监测站 33 个，已经基本形成了部环境监测总站、省级环境监测中心站、矿区环境监测站和科研设计院所组成的环境监测网络，对煤炭工业环保工作起到很大的促进作用。

“九五”末，煤炭行业环境保护“三同时”制度执行率达到 100%，有效地控制了新污染源的产生。全国煤炭系统废水处理能力达到 8.35 亿 t/a，比“八五”末新增能力 2.9 亿 t/a；废气处理能力达到 120 亿 m^3/a，比“八五”末新增能力 36 亿 m^3/a，废气处理率达到 83%；井工矿年复垦土地 4500 公顷，露天矿年复垦土地 1770 公顷。在统计的 387 座自燃矸石山中，有 262 座经治理灭火，治理率达 68%。

二、快速发展时期

进入 21 世纪，煤炭工业迎来了前所未有的高速增长期。国家在能源发展上确定了以煤炭为主体、电力为中心的发展战略，提出了“建设大型煤炭基地，调整改造中小煤矿，开发利用煤层气，鼓励煤电联营”的发展思路。煤炭产能日益向西部集中，这些重点产煤省（区）本来就处于环境脆弱、干旱少雨地区，采取高度集中、大型矿井为主的开发利用方式以及以高耗水为主的煤基重化工产业的发展模式，必将造成大面积地下水位下降、地表荒漠化、房屋裂陷、村庄搬迁、环境污染等问题，使这些地区本来已经脆弱的生态环境更加脆弱。煤炭的环保工作既面临前所未有的挑战，也面临前所未有的发展机遇。

“十五”期间，为落实科学发展观，煤炭行业始终将环境保护作为宏观经济调控的重要手段，采取了一系列重大政策措施。2004 年 6 月 29 日，煤炭部在成都召开全国煤矿环境保护工作座谈会（图 5－1）。会议对煤炭行业环境保护面临的形势、任务、政策措施以及

“十一五”煤炭工业清洁生产和环境保护规划进行了讨论，煤炭环境保护发展思路更加明确。

图 5－1　2004 年 6 月在成都召开全国煤矿环境保护座谈会

根据国家清洁生产促进法的要求和煤炭资源综合利用的成功经验，很多企业和新开工的煤炭建设项目，大都走上源头治理、综合开发、深度加工、高效利用、多元发展的路子，最大限度地把开发出来的煤炭资源转化为财富，废弃物综合利用，有效地保护了矿区的自然资源和生态环境。“谁开发、谁保护，谁污染、谁治理，谁破坏、谁恢复”的原则得到更好落实。大多数国有重点煤炭企业实行了清洁生产。据不完全统计，“十五”末期在国有重点煤矿中，矿井水外排达标率 95%，矿井水净化利用率 44% 左右，选煤水循环利用率 80%，自燃矸石山灭火治理率 80%。

“十一五”以来，煤炭环境保护工作进入新阶段。从 2006 年 10 月开始，煤炭行业根据全国第一次污染源普查安排部署，首次组织开展“煤炭采选业产排污系数”核算工作，开展煤炭行业各类污染源排放及污染治理基本情况大调查，摸清煤炭行业环境保护基础数据的

"家底"。

开展矿山生态恢复补偿机制建设。2006 年 4 月 19 日，国务院 133 次常务会议批准在山西省开展煤炭工业可持续发展政策措施试点，将"建立煤炭开采生态环境恢复补偿机制，发展环境友好型煤炭工业"确定为试点工作核心目标之一。山西省政府按照煤炭工业可持续发展政策措施试点工作要求，先后建立了煤炭可持续发展基金和矿山环境恢复治理保证金制度等较为完善的生态环境恢复补偿机制。经过三年多工作，截至 2010 年年底，全省累计征收可持续发展基金 593.6 亿元，提取矿山环境恢复治理保证金 149.6 亿元。可持续发展基金和矿山环境恢复治理保证金（简称"两金"）的实施为解决矿山生态环境恢复治理和跨区域生态问题提供了资金保障。通过实施国有重点煤矿采煤沉陷区治理工程，大同、轩岗、古交等 9 个采煤沉陷矿区治理开工面积达 546 万 m^2。全省所有矿区历史遗留的矸石山已全部实施了灭火填埋治理工程，消除了矸石山自燃带来的空气污染问题；煤矿生产、生活废水 80% 实现了达标排放，开始对采煤引起的 5947.6 km^2 水土流失面积进行大规模的生态恢复治理，共创建生态型示范矿井 104 家。实施煤矿棚户区改造惠民工程，截至 2010 年 11 月底，安置 55291 户，在建 41726 户，16 万以上矿工及其家属喜迁新居，改善了居住环境。到"十一五"末，全国 22 个省市自治区建立了矿山环境恢复治理保证金制度，实行了煤炭企业按吨煤提取标准 5 ~ 10 元，有些地区实施了矿山环境治理保证抵押金制度。

"十一五"以来，各煤炭矿区大力开展矿区环保生态整治和恢复工作，在沉陷棚户区改造、土地复垦、井下充填、地表生态整治等方面都取得了较大进展（图 5 - 2）。结合棚户区改造，加快了沉陷区综合治理。这一时期，煤炭工业贯彻落实国家补贴政策，加大沉陷区治理资金投入，建设新楼房，拆除"棚户区"，积极做好矿区居民搬迁及住房修缮工作，改善矿工居住环境，提高了职工工作积极性，矿区生态恢复和沉陷治理初见成效（图 5 - 3）。

图 5－2　淮南矿业集团煤矸石回填沉陷区

图 5－3　淮北矿业集团石台矿在回填的塌陷区新建的住宅小区

2010 年 9 月 26 日，全国首个煤矿生态环境保护国家工程实验室在安徽淮南矿业集团揭牌，推动了煤炭生态环境保护技术创新深入发展。煤炭绿色开采技术理论、技术装备、生产规模、管理方式有了长足的发展。

一些煤炭企业通过实施充填开采等绿色开采技术，实现了煤炭开发最优化、矸石利用最大化、生态环境影响最小化的目标。尤其是东中部地区的冀中能源集团、新汶矿业集团、兖矿集团、淄博矿业集团、中煤平朔公司等，从实施充填开采、“三下”采煤、回收各种煤柱起步，延长矿井寿命，提高原煤产量，保障地面不沉陷，已有了成熟的绿色开采理论和宝贵的经验，取得了良好的综合效益。

创新发展矿区生态治理与修复模式。重点对矸石山、煤炭自燃、地表塌陷和废污水等进行治理，强化绿色开采、土地复垦工作，减少水土流失，提高地下水资源保护力度。神东矿区在开发建设过程中探索形成了“采前防治、采中控治、采后修复”和“外围防护圈、周边常绿圈、中心美化圈”的“三期三圈”生态治理模式，矿区植被覆盖率提高到 60% 以上。随着生态环境保护在煤炭开发进程中战略地位的逐步提高，在我国新建矿区内，煤炭开发的生态环保体系已经基本形成，对周边生态环境影响逐步改善，逐渐向绿色开采迈进。

基于综合利用“3S”技术开发的煤矿区土地生态环境损害的宏观检测技术，将开采沉陷观测方法与农业土壤监测方法相结合，实现矿区土地生态环境损害的微观监测。革新若干复垦技术，解决了困难条件下的采煤塌陷地复垦和煤矸石山绿化问题。据不完全统计，2018 年煤炭行业土地复垦率由“十一五”末的 36% 增长到 49.5%，增加 13.5 个百分点。

2005—2018 年我国煤矿土地复垦情况如图 5－4 所示。

“十二五”以来，煤炭企业在林业碳汇方面做出了多种尝试。一些煤炭企业充分利用矿区土地资源植树造林，通过林业碳汇取得经济效益和环境效益，林业在减缓气候变化、净化空气、改善生态环境、保护生物多样性、防治水土流失等各项工作中，起到十分重要和不可替代的作用。研究表明，林木每生长 1 m^3，平均吸收 1.83 t 二氧化碳（CO_2），放出 1.62 t 氧气（O_2）。但由于土地资源的归属、碳汇量不

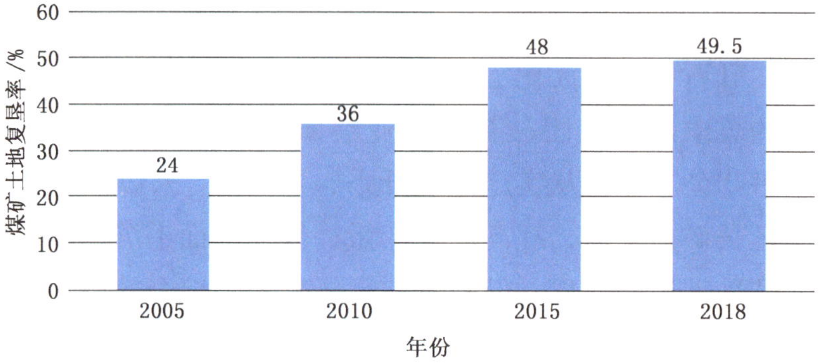

图 5-4　2005—2018 年煤矿土地复垦情况

够等诸多问题，目前煤炭企业在林业碳汇方面做出的努力虽然收效尚不显著，但必将是未来矿区碳减排的重点领域之一。

第二节　大气环境污染治理

党的十八大以来，煤炭行业积极落实生态文明建设战略部署，大力推进生态矿山、绿色矿山建设，建成一大批“花园式”绿色矿山。以矸换煤、充填开采、西部矿区保水开采、乏风瓦斯氧化、低浓度瓦斯利用等技术在矿区得到推广应用，提升了煤炭资源节约与综合利用的深度和广度。生态矿山、绿色矿山建设，煤炭清洁高效利用，成为这一时期煤炭行业转型升级发展的重要抓手。

在《中华人民共和国环境保护法》以及《中华人民共和国大气污染防治法》《火力发电厂大气污染物排放标准》等法律法规的推动下，煤炭清洁高效利用工作持续推进。国家有关部门相继出台了一系列涉及煤炭清洁高效集约化利用的政策文件，如《2014—2015 年节能减排低碳发展行动方案》(国办发〔2014〕23 号)、《国家能源局　国家环保部　工业和信息化部关于促进煤炭安全绿色开发和清洁高效利用的意见》(国能煤炭〔2014〕571 号文)、《煤炭清洁高效利用行动计划（2015—2020年）》等，提出提高电煤在煤炭消费中的比重，发展超低排放燃煤发电；推进煤炭洗选和提质加工，提高煤炭产品质量，到2020年实现原煤入洗率80%以上等。中国煤炭工业协会先后编制了“十二五”“十三五”关于煤炭清洁高效利用方面的指导意见，指导和推动全行业煤炭清洁高效利用工作。

这一时期，在污染治理、生态修复、节能降耗、资源综合利用等领域建立了新的研发平台和重点实验室，如土地复垦与生态修复重点实验室、煤矸石井下充填重点实验室、选煤干法中心重点实验室等。涌现出一批具有企业知识产权的新技术、新装备，如煤矿矿井水井下超磁分离处理技术、环保节能型全粒级干法选煤技术、洗浴清洁能源利用技术等。保水开采、充填开采、无煤柱开采等绿色开采技术得到推广，煤炭深加工示范、燃煤电厂超低排放、高效煤粉型锅炉技术示范取得成功，煤炭清洁高效集约化利用水平大幅提升。

一、燃煤电厂超低排放成效显著

进入新世纪，防治大气环境污染成为我国环境保护的主要任务。在国家政策支持和引导下，煤炭、电力等相关企业在推动煤电一体化、煤电联营，推进燃煤清洁发电等方面实现历史性跨越。涌现出一批具有较强代表性的煤电联营、煤电一体化项目和燃煤超低排放示范工程（图5－5）。2015年7月，“煤炭行业煤电一体化发展暨燃煤超低排放发电现场会”在浙江省舟山市召开（图5－6）。2016年8月，“煤电联营转型发展经验技术交流会”在安徽省淮南市召开。推广燃煤电厂降低二氧化硫、氮氧化物、烟尘排放经验，进一步推动煤炭消费端清洁高效利用深入发展。

燃煤电厂能效进一步提高。通过“上大压小”、提高热电联产机组比重，煤电装机结构进一步优化，节能技术、劣质煤清洁高效利用技术有所提高，煤耗持续降低。2018年全国6000 kW及以上电厂供电标准煤耗308 g标煤/(kW·h)，比2010年降低了7.5%。

图5-5　煤电联营项目——淮南矿业顾桥电厂

图5-6　2015年7月“全国煤炭行业煤电一体化发展暨燃煤超低排放发电现场会”会场

国有大型煤炭企业在燃煤超低排放方面做出表率。煤电污染物排放强度下降，排放总量得到有效控制。涉煤业务最多的国家能源投资集团有限责任公司，在燃煤电厂超低排放、节能减排方面成效显著。

2018 年，该集团关停火电机组 3490 MW，常规燃煤发电机组供电煤耗达到 304.8 g 标煤/(kW·h)，同比下降 1.7 g 标煤/(kW·h)；燃煤发电机组 100% 实现脱硫脱硝；超低排放达标机组 343 台，占煤电机组总量的 91%；常规燃煤发电机组超低排放比重达到 98%；与 2017 年相比，火电机组烟尘减排 27.1%，二氧化硫减排 12.7%，氮氧化物减排 10.3%。中煤能源集团全年完成燃煤电厂超低排放改造 12 台（13100 MW），超低排放机组占比已达到 92%；该公司 2018 年二氧化硫、氮氧化物排放量同比下降 38.2% 和 16.0%。煤炭行业低热值燃料发电机组全面推进超低排放改造工作也取得明显成效。

二、积极推动散煤治理

散煤使用的范围很广，既有工业锅炉、窑炉供热、供暖、造气用煤，又有民用餐饮炊事、分散供暖、养殖场、农业大棚用煤等，治理难度很大。国务院、国家相关部委对散煤治理提出了非常严格的要求。部分省市也先后印发关于淘汰改造燃煤锅炉，落实大气污染防治行动计划政策文件并提出明确要求。

随着国家政策环境趋紧，煤炭行业主动适应形势要求，积极行动，打好蓝天保卫战。2016 年 8 月，由中国循环经济协会主办，中国煤炭加工利用协会与中国循环经济协会可再生能源专业委员会协办，召开“2016 年中国散煤清洁高效利用和治理大会”。2017 年 8 月，由中国节能协会主办，中国煤炭加工利用协会协办，世界自然基金会和自然资源保护协会共同支持召开“第二届中国散煤综合治理大会”。煤炭企业特别是北方大型煤炭企业集团纷纷行动，围绕清洁供暖和“散煤替代”两大主攻方向，积极落实散煤治理任务。

1. 制订计划，积极落实

神华集团制定了《2013—2017 年大气污染物排放计划》，提出规模在 10 蒸 t/h 以上的燃煤锅炉加装高效脱硫和除尘设施，规模在 10 蒸 t/h 以下的锅炉以淘汰合并、上大压小为主，不能淘汰的实施清洁能源替代、安装高效脱硫除尘设施等措施，确保全部稳定达标排放。

中煤能源集团积极落实《大气污染防治行动计划》，加强大气污染物排放治理，推行矿区、生活区集中供热工程，制订工业锅炉大气污染物排放达标改造方案，实施电厂锅炉烟气脱硫脱硝改造工程。

开滦集团积极落实燃煤锅炉综合治理工作，一次性完成14个锅炉房、47台燃煤锅炉综合治理任务，32个居民小区近2万户居民实现集中供热，供热面积达到143万m^2，节约自用煤4.6万t，减排二氧化硫582 t，二氧化碳2.07万t。

山西焦煤集团制定了《山西焦煤落实大气污染防治行动计划实施方案（2014—2017)》，积极推进各项大气污染防治任务，重点实施了燃煤清洁能源替代工程，电力、焦化行业脱硫脱硝除尘改造工程等。采用矿井水源热泵、空气源热泵、燃气锅炉等清洁能源技术，淘汰了部分燃煤锅炉。其所属西山煤电（集团）有限责任公司通过全面实施清洁能源替代工程，采用电厂热源集中供热、利用电厂蒸汽余热、空气源热泵、水源热泵等替代85台884蒸吨燃煤锅炉，全面取缔了燃煤锅炉。

2. 推广散煤治理技术

各种高效低污染、低排放燃烧技术不断涌现，散煤治理技术及设备研发取得很大进展。

一是高效煤粉工业锅炉，经过科研机构和煤炭企业技术创新，研发出中小型高效煤粉工业锅炉，与传统燃煤锅炉相比，实现了燃煤锅炉的高效运行和洁净排放（图5－7)。

二是研发推广洁净型煤、兰炭燃烧技术。采用散煤预处理＋节能环保炉具方式，如固硫抑尘型煤＋新型高效炉具、兰炭＋专用炉具等洁净燃料与新型炉具相配套，把传统散煤进行加工提质净化，采用新型炉具改变燃烧方式，集中化制备、封闭运输与烟气超低排放设施配套，在城镇和工业园区集中供热供暖、偏远乡镇及农村冬季清洁取暖，取得了很好的节能减排效果。兖矿集团蓝天清洁能源公司研发的

图 5 - 7　高效煤粉工业锅炉实现超低排放

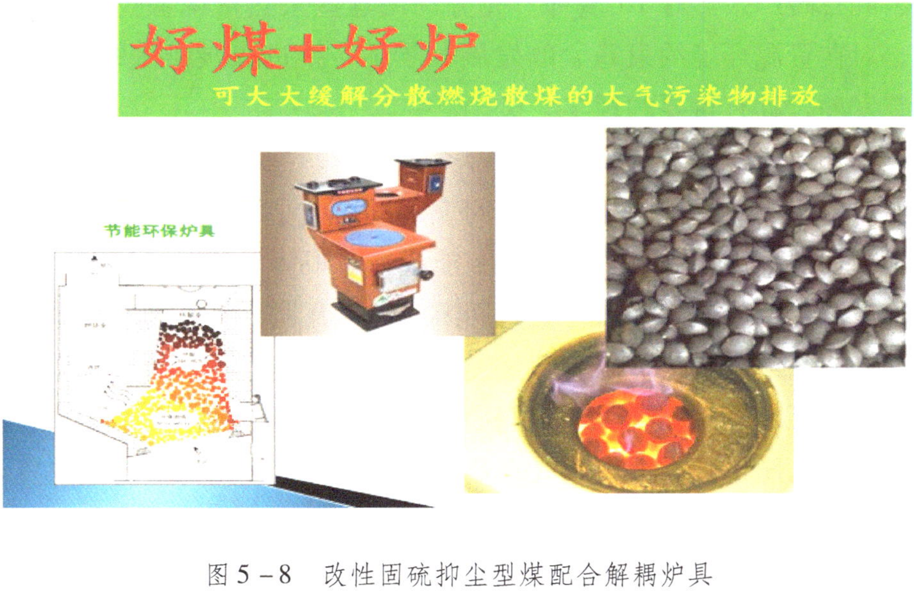

图 5 - 8　改性固硫抑尘型煤配合解耦炉具

中小型分布式清洁供暖设备烟煤改性固硫抑尘型煤配合解耦炉具（图 5 - 8），通过高效改性洁净型煤 + 解耦燃烧炉具等实现煤炭高效洁净燃烧，适用于广大的分散民用散煤用户；低阶煤（长焰煤、老年褐煤）兰炭产品配合专用兰炭炉具，在陕西神木和内蒙古鄂尔多斯等地区得到推广应用，推动了散煤治理深入开展。

3. 余热利用替代燃煤小锅炉

根据国家最新颁布的《锅炉大气污染物排放标准》，煤炭企业现有燃煤锅炉普遍存在能耗高、污染物排放高，效率低的“两高一低”问题。燃煤锅炉改造可以通过多种方式实现，基本路径有：①对现有燃煤锅炉进行配套更新改造，提高能效，达标排放；②应用清洁能源进行置换替代，节能减排。现有燃煤锅炉的大气污染物治理措施很多不能完全满足新标准要求，特别是容量较小的老旧锅炉，是煤矿散煤治理的重点，治理改造势在必行。此外煤炭矿区还有大量低品位余热，可利用的低温废热资源有矿井回风热源、矿井排水、洗浴废水、空压机废热、瓦斯抽放泵站、电厂冷却水、生活污水、井下降温冷凝热、矸石砖厂余热等10多种。充分利用这些余热资源替代燃煤小锅炉，对在资源环境约束趋紧的发展背景下，推进煤炭矿区绿色发展、低碳发展，具有重要的现实意义。

“十二五”期间，为有效改善空气质量，国家加大了治理力度，相继出台了淘汰锅炉的计划和时间表，煤炭企业面临淘汰落后燃煤小锅炉，加快推进集中供热、锅炉节能改造等艰巨任务。通过利用煤矿在生产过程中伴随矿井水、矿井回风、乏风瓦斯、洗浴废水及电厂余热等产生的大量余热资源，替代燃煤小锅炉，最大限度地减少燃煤带来的大气环境污染。神华、冀中能源、开滦、山西焦煤、新汶、淮南、徐矿集团等国内大型煤炭企业通过开展回收利用低品位余热资源替代燃煤小锅炉的实践，取得了较好的成效。据2014年摸底调查统计，煤炭行业开展余热利用比例较高，且有矿井水或矿井回风余热利用项目的5家企业中：冀中能源股份公司6个项目全部实现余热利用，全部取代原供热锅炉的4个项目；开滦集团8个项目中，开展余热利用的6个，占比75%；山西焦煤13个项目中，开展余热利用的8个，占比61%；新汶矿业集团14个项目中，开展余热利用的8个，占比57%；徐矿集团11个项目中，开展余热利用的5个，占比45%。

利用矿井水、乏风等余热资源，建设水源热泵、风源热泵、地源热泵等项目，替代燃煤小锅炉，是煤矿特有的资源优势。这些煤矿的实践证明，煤矿余热利用替代燃煤小锅炉，只要资源可靠、技术先进、经济合理，都可以取得较好的效果（图5－9）。

图5－9　铁煤集团高温水源热泵机组

煤矿余热利用替代燃煤小锅炉主要有以下几种方式：

（1）单一矿井水源热泵供热。如开滦集团东欢坨矿业公司，该矿属于特大水煤矿，矿井水年涌水量达2.45×10^7 m^3/a，年平均水温17.2℃。水源热泵项目建成后，实现冬季建筑物供暖、井筒保温，夏季制冷，全年提供洗浴热水，完全取代该矿燃煤小锅炉36蒸t/h，年供热量1.06×10^{11} J，供热面积20万m^2，利用矿井水量547.2万m^3/a。

（2）多水源热泵供热。如冀中能源股份公司章村矿，该矿年产煤炭120万t，矿井排水与坑口电厂冷却水废热资源丰富；该矿结合实际，开发了电厂冷却水、矿井水、水池水多水源热泵系统，通过建设高温热泵机组和普通低温热泵机组优化组合的技术方案为冬季供暖、井筒防冻及洗浴热水提供热源，同时又能为夏季空调提供冷源。

（3）回风井乏风源热泵供热。如淮北矿业集团信湖煤矿，该矿为新建矿井，设计生产能力 300 万 t/a。根据测算，如采用传统锅炉供热方式，需建设 3 台 10 蒸 t/h 锅炉才能满足供暖需求。考虑矿井井深达 1000 m，其矿井总回风蕴藏大量的低温热能，如利用热泵技术回收其能量，可实现煤矿供热无锅炉化，冬季替代传统锅炉供热，夏季制冷改善工作环境，一机多用，一套系统可以同时满足冬夏季冷热源需要。总投资 4695 万元，建设了 11 台 HE1400 涡旋热泵机组和 3 台 HE700 涡旋热泵机组，满足了井口防冻、洗浴热水、矿区生产生活建筑的采暖及空调需要。每年可减少消耗标准煤约 1. 7 万 t，减少二氧化碳排放 4. 5 万 t、二氧化硫排放 342. 7 t。

（4）电厂余热利用。煤炭行业通过煤电联营方式建设的大型坑口电厂已有相当规模。大型发电机组增长较快，装机容量已经超过煤矸石、煤泥发电装机容量。其中相当部分是热电联产机组，在发电的同时向煤炭企业供热，机组的热效率得到较大提高，取代或部分替代了煤矿原有供热燃煤小锅炉，减轻了环境污染压力，取得了较好的节能、环保效益。如平朔集团投资 1. 53 亿元实施了煤矸石电厂热电联供，替代 7 台共计 140 蒸吨的分散锅炉。2014 年，平朔公司实现了生活区供热锅炉全部停运，年减排二氧化硫 640 t，氮氧化物 600 t，烟尘近 200 t。新汶集团新阳公司，矿井水排水量 513 万 m^3/a，建设水源热泵 6 台，年利用矿井水 260 万 m^3/a，供热量 5.78×10^{13} J，供热面积 8 万 m^2；利用电厂余热，年供热量 2×10^{15} J，供热面积 180 万 m^2。该矿利用电厂热电联供和矿井水源热泵联合供暖方式，取代全部燃煤锅炉。冀中能源股份章村矿、邯郸矿业集团云驾岭矿均开展了电厂利用冷却水余热替代燃煤小锅炉工作，取得了不错的效果。

（5）地源热泵供热。如冀中能源股份公司邢东矿矿井水排水量约为 60 m^3/h，难以达到实际利用需要。该矿利用地下常温土壤和地下水相对稳定的特性，通过深埋于建筑物周围的管路系统或地下水，采用地源热泵方式为该矿安全生产调度指挥中心中央空调系统提供冬季供暖、夏季制冷。项目建设 2 台 SGHP500LⅡ型土壤源热泵机组，总投资为 59.36 万元,2012 年 12 月正式投入使用。冬季提供 40 ~ 45 ℃热水,总制热量 1266 kW;夏季提供 7 ~ 12 ℃冷水,总制冷量 1162 kW。

据不完全统计，煤炭行业利用矿井水、矿井乏风，采用水源热泵、风源热泵技术替代燃煤小锅炉项目大约 100 项，地域主要分布于河北、山西、山东、河南、安徽、内蒙古、陕西、新疆、江西等省区，其中绝大部分在黄河以北需要冬季供暖的地域。在具备矿井水、矿井回风利用条件的矿井，推广余热利用替代燃煤小锅炉，治理大气环境污染，显示出巨大的潜力。

第三节　低碳技术创新

2013 年以来，国家首批低碳技术创新及产业化示范项目启动，其中煤炭行业 11 项，包括绿色煤矿建设、煤矿矿井水源及乏风源热泵、煤矿乏风瓦斯氧化利用、中低浓度瓦斯利用等领域，共获得国家补助资金 2.4 亿元。分别为山东新巨龙能源有限责任公司“绿色煤矿建设成套技术及产业化示范工程”、冀中能源峰峰集团有限公司“梧桐庄矿绿色煤矿建设成套技术创新及产业化示范工程”、中煤平朔集团有限公司“千万吨级高效综采关键技术创新及产业化示范工程”、同煤国电同忻煤矿有限公司“同忻煤矿千万吨级高效综采关键技术创新及产业化示范工程”、淮南矿业（集团）有限责任公司“谢桥矿千万吨级高效综采工作面关键技术创新及产业化示范工程”、冀中能源股份有限公司“煤矿乏风源和矿井水水源热泵供暖制冷技术创新及产业化示范工程”、神东煤炭集团大柳塔矿及锦界矿“大柳塔矿及锦界矿矿井排水、乏风水源热泵技术创新及产业化示范工程”、山西瑞阳煤层气有限公司“含氧煤层气液化 5 万 t/a LNG 技术创新及产业化示范工程”、胜利油田胜利动力机械集团有限公司“乏风瓦斯氧化成套技术创新及产业化示范工程”、淄博淄柴新能源有限公司“煤矿乏风瓦斯氧化利用关键技术创新及产业化示范工程”、陕西彬长新生能源有限公司“通风瓦斯（乏风）发电技术创新及产业化示范工程”。经过努力，示范项目总体上达到预期效果，为煤炭行业绿色低碳发展提供了可供借鉴的新鲜经验，具有重要的示范意义。

一、绿色低碳的“梧桐模式”

隶属冀中能源峰峰集团有限公司的梧桐庄煤矿，在低碳技术创新及产业化示范工程中按照“采煤不见煤、出煤不烧煤、抽水不外排、产矸不提矸、资源不丢弃、冒落不破坏、沉陷不荒废”的目标，将低碳技术创新工程分为绿色开采、生态保水开采、低碳节能发展、综合治理共计四个大项、十五个小项。

（1）绿色协调开采：集成先进技术，协调开采煤炭资源，如深部煤层的无充填跳采、煤矸石置换 + 膏体饱和充填开采、沿空留巷开采，实现地表建筑物保护和煤炭资源回收的双赢，提高资源的利用效率。

（2）生态保水开采：通过“矿井水控制、处理、利用、回灌、保水开采五位一体”的系统工程，实现矿井水封堵控制、井上下处理、处理后的矿井水用于工业生产和水源热泵工程，而后回灌井下。矿井水井下处理、回灌实现了矿井水的零排放。

（3）废水处理：厂区生活废水处理后用于工业生产。

（4）建立水源热泵、风源热泵系统：利用矿井排水和回风，建水源热泵和风源热泵系统工程，替代燃煤锅炉和空调。

（5）矿井生产的原煤送各选煤厂洗选，中煤、煤泥、煤矸石用于煤矸石发电厂发电；矿井全面实施自动化控制工程；建设封闭煤场、隔音墙；建设六大广场、三大园区，矿容矿貌大大改观，发展工业旅游园区。

通过几年不懈努力，该矿已建成了完整的绿色矿山体系，成为一个安全生产型、资源消耗低、环境污染少、科技含量高、经济效益好、更具活力、和谐发展的现代化矿井。创造了“绿色开采模式”“生态保水模式”“低碳节能模式”“零排放模式”和“和谐矿区模式”，这些模式综合称为“梧桐模式”。

二、新巨龙的“八不”模式

新汶矿业集团新巨龙公司坚持“绿色开采、低碳运行、循环发展”的理念，依托山东能源新矿集团的国家级技术中心、国家级矿产资源综合利用示范基地的优势，在低碳技术创新和绿色煤矿建设方面进行了深入研究和集成创新，形成了“资源不浪费、采煤不见煤、产煤不用煤、产矸不排矸、用水不采水、冒落不破坏、沉陷不减地、土地不荒废”的“八不”模式。在此基础上实施了低碳技术创新及产业化示范项目，包括“矸石充填及煤矸分离、超磁分离净化+反渗透水处理、水源热泵供暖改造、地面矿井水处理扩容、沉陷区综合开发”五项工程。

1. 矸石充填及煤矸分离

一是采用巷道充填和工作面充填两种方式实施矸石充填；二是通过在井下主运输系统建立煤矸分离站，安装重介浅槽煤矸分离设备系统，经分离后的煤炭通过主运输系统升井，矸石则进入井下充填系统实现煤矸分离。该项目为“煤矿充填开采国家工程实验室建设”项目之一，有效推动了煤炭行业绿色开采技术进步。

2. 超磁分离净化与反渗透水处理

在井下建设一座处理能力为 34000 m^3/d 的超磁分离水处理站，对矿井水进行预处理，缓解井下水仓淤积，降低水泵及管道磨损和排水能耗。同时，建设一座用于生产、生活的纯净水处理站，处理能力为 3840 m^3/d，进一步提高矿井水综合利用率。超磁分离净化与反渗透水处理项目竣工后，每年可实现废水减排 143.67 万 m^3、COD 减排 101.73 t、氨氮减排量 18.93 t，年节约水、电等费用 2000 余万元。超磁分离净化技术使矿井水百米提升能耗降低约 7%，已列入《国家重点节能技术推广目录（第五批）》，推动了煤炭行业低碳技术进步。

3. 水源热泵供暖改造

引进水源热泵技术利用矿井水余热制取高温热水，替代燃煤锅炉用于井口防冻、员工洗浴、生产及办公场所供热。经过运行检测，与传统的锅炉系统相比，每年节能量 2785 t 标准煤，减排二氧化碳 7241 t，减排二氧化硫 50 t，节约费用 316 万元。新巨龙公司已建设 6 座水源热泵机房 16 套机组，通过大规模推广应用水源热泵技术，满足了矿井所有生产、生活及办公场所供暖需求，彻底取消了燃煤锅炉房，真正实现了“出煤不烧煤”。

4. 地面矿井水扩容工程

新巨龙公司在矿区建设过程中，没有采用地表水源，而是通过建设矿井水处理厂，使矿井水处理能力达到 2000 m^3/h，为矿区生产、生活用水提供了水源保障，提高了矿井水综合利用率，保护了矿区生态环境，实现了企业生产、生活“用水不采水”的目标。

5. 沉陷区综合开发工程

通过土地复垦及农业开发技术，充分整合耕地、湿地、淡水、地热、生物五大资源，治理完成沉陷土地 13500 亩，恢复耕地 10000 亩（比传统复垦方式增加土地面积 3450 亩），开发水域 3500 亩，创造就业岗位 1200 个。苗木种植、蔬菜生产、畜牧养殖和观光旅游四个子项目已实现农业园土地利用全覆盖（图 5-10、图 5-11）。实现了“沉陷不减地、农民能增收、搬迁创和谐、生态能保持、创造新模式、地企共发展”的目标。

三、大柳塔矿白家渠风井乏风源热泵示范项目

神东煤炭集团有限责任公司近年来实施了大柳塔矿白家渠风井乏

图 5-10 新巨龙公司利用塌陷区建成生态农业旅游观光为一体的生态园之一

图 5-11 新巨龙公司利用塌陷地建成生态农业旅游观光为一体的生态园之二

风源热泵、补连塔煤矿乏风源热泵等示范项目，通过替代燃煤，解决了进风井井口防冻问题，降低了运行费用。比较典型的是大柳塔矿白家渠风井乏风源热泵项目。大柳塔矿地处高寒、高纬度地区，神东集团与科技开发机构合作，开展联合技术攻关，解决了两项技术难题：①研发出新型、高效的回风换热装置，将换热温差缩小到了 2 ℃，最大化地提取了回风中蕴含的低温热能；②研发出矿井回风低品位热源高效利用成套技术，以满足高寒、高纬度地区的使用。该项目投入运行后，取代了大柳塔矿白家渠风井原来用于进风井井口加热的 3 台 8 t/h 燃煤热风锅炉，项目年运行费用比燃煤锅炉节约 160 余万元，减少原煤消耗 3600 t，减排二氧化碳 9360 t、二氧化硫 2 t，达到了预期目标。

四、矿井瓦斯（煤层气）利用

1. 山西省昔阳县阳煤寺家庄矿含氧煤层气液化 LNG 示范项目

阳煤集团寺家庄矿井田范围广，瓦斯涌出量大，每天可抽采 27 万 m^3，年可抽采 9700 万 m^3。通过该项目的实施，将甲烷含量在 35% 左右的瓦斯通过脱氧深冷至 −163 ℃，提纯液化成品为 99% 以上的液态甲烷（LNG）。它与气态甲烷的体积比是 1∶625，解决了运输经济半径的成本问题。使用 LNG 运输车低压低温运输，然后罐装供给用户，运输经济半径达 1000 公里以上。在充分利用煤层气的同时又避免了煤矿瓦斯气直接排放造成的大气污染问题。项目全部投产竣工后，每年利用煤层气 9040 万 Nm^3，用来替代煤炭，年可减少二氧化碳排放 20. 8 万 t，减少二氧化硫排放 500 t，减少二氧化氮排放 600 t，减少灰尘排放 1. 83 万 t，减少飞尘 116 t。项目的建成开创了含氧煤层气开发利用的先例，对我国煤层气开发利用方向具有示范意义，经济效益和社会效益显著。

2. 乏风瓦斯利用示范项目

胜利油田胜利动力机械集团有限公司开发的乏风瓦斯氧化成套技术，在西山煤电公司东曲矿、屯兰矿进行示范，将瓦斯作为燃料进行氧化并利用氧化热制取 0. 6MPa 饱和蒸汽；冬季时节通过热风机组和外界冷空气换热制取热风，可为井下送暖风。淄博淄柴新能源有限公司开发的煤矿乏风瓦斯与抽排低浓度瓦斯综合利用技术，则将煤矿低浓度抽采瓦斯（甲烷浓度5%左右）与煤矿回风井排出的乏风（甲烷浓度0.5%左右）相混合，达到乏风氧化装置运行较合理的甲烷浓度（1.0%左右），甲烷氧化放出的热量经过取热系统取热，产生过热蒸汽推动汽轮机发电，实现热电联产，达到充分利用废弃资源、减排温室气体、保护环境的目的。陕煤化陕西新泰能源公司大佛寺煤矿乏风瓦斯销毁发电项目外景如图5－12所示。

图5－12　陕煤化陕西新泰能源公司大佛寺煤矿乏风瓦斯销毁发电项目外景

第四节　绿色矿山建设

推进绿色发展是煤矿生态文明建设的重要举措。绿色发展实质是确立尊重与保护自然、人与自然和谐共融的发展理念，通过环境友好型发展路径，降低能耗和物耗，保护和修复生态环境，发展循环经济和低碳技术，使经济社会发展与自然环境相协调。绿色发展是一项系统工程，必须统筹规划，全面实施。对煤炭企业而言，绿色发展就是创新煤炭开采、转化、利用和消费模式，推进开采方式科学化、生产工艺清洁化、矿山环境生态化，形成资源开采利用效率高、能源消耗少、生态环境好的新型发展模式，实现人、企业、自然环境相和谐，经济效益、生态效益、社会效益相统一。

党的十八大以来，煤炭行业积极落实生态文明建设战略部署，大力推进生态矿山、绿色矿山建设，建成一大批“花园式”绿色矿山。以矸换煤、充填开采、保水开采、乏风瓦斯氧化、低浓度瓦斯利用等技术在矿区得到推广应用，提升了煤炭资源节约与综合利用的深度和广度。生态矿山、绿色矿山建设成为煤炭行业转型升级发展的重要途径。

以最大限度地减少煤炭开采对环境的破坏、实现资源开发利用最大化为主要特征的煤炭绿色开采取得明显成效。煤炭行业已建立了包括采前生态防护功能构建，采中的充填开采、保水开采、煤与瓦斯共采、无煤柱开采、煤炭地下气化以及煤矸石、矿井水井下处理，采后生态环境修复与功能优化等绿色开采技术体系。绿色开采技术的提升、设备的进步、煤炭采出率和资源利用效率的提高、矿区生态环境的明显改善，逐步改变着人们对传统煤炭行业形象的认识。

一、绿色生产

1. 以矸换煤，充填开采

我国充填开采技术发展较早。20 世纪 60 年代，水沙充填采煤技术曾在抚顺、阜新、辽源、鹤岗等煤矿广泛应用。但由于当时水沙充填技术工艺复杂，机械化程度低、充填成本高、生产效率低等原因，基本处于淘汰状态。我国东部地区煤炭资源日渐枯竭、“三下”压煤量占剩余煤炭资源比例迅速升高，煤炭生产难以为继的困境逐步显现，煤炭行业充填开采的理论和工业试验蓬勃开展。新汶、枣庄、冀中能源、开滦等煤炭企业积极开展以矸换煤、充填开采工业化示范，创新发展了多种充填材料和技术工艺。结果表明，与传统冒落式采煤法相比，以矸换煤、充填开采具有安全、清洁、高效、经济等特点，废弃资源得到充分利用，符合可持续发展理念。煤矸石充填开采置换煤炭的效果主要体现在解放“三下”压煤资源、消化地面矸石山、控制地表沉陷对地面建筑物的损害、保护地下水资源四个方面。经过多年的发展，该项技术先在资源面临枯竭、“三下”压煤比例增加、矸石山大量堆存、村庄搬迁困难的地区如山东、河北、河南、安徽等省开展了工业化应用，取得明显的经济效益、社会效益和环境效益。充填技术主要包括原生矸石充填、似膏体充填、超高水材料充填、综采工作面机械化矸石充填、低压风力充填、泵送矸石充填等；充填材料包括原生矸石、膏体、似膏体、高水、超高水充填等；充填动力包括水力、风力、机械、矸石自溜等；充填方式包括直接充填采煤、综采充填采煤、普采充填采煤、巷采充填采煤等。煤矸石井下充填作业现场如图 5 - 13 所示。

图 5 - 13　煤矸石井下充填作业现场

通过实施以矸换煤、充填开采，扩大了煤矸石、粉煤灰的利用途径，丰富了循环经济的内容，实现了资源节约，减少了土地占用和环境污染，综合效益显著。据不完全统计，山东省约有 35 个矿井通过实施充填开采，累计充填矸石 1720 万 t，充填开采煤炭产量达到 1400 万 t。河北冀中能源集团已在所属 10 余个煤矿推广应用充填采煤技术，从“三下”压煤中回收资源 230 余万 t，创造经济收益 10 亿元以上（图 5－14）。河南中平能化、安徽淮北矿业也在充填开采方面取得了进展。

图 5－14　峰峰集团小屯矿井下矸石充填采煤工作面设备安装现场

国家政策导向和有关部门大力支持，推动了充填开采、以矸换煤深入发展。2012 年 4 月，国家能源局在新汶矿业集团组织召开“全国煤矿充填开采现场会”，重点推广新矿集团“以矸换煤，绿色开采”经验（图 5－15）。2013 年 1 月国家能源局、财政部、国土资源部、环境保护部联合印发《煤矿充填开采工作指导意见》，进一步提出了明确的政策导向。

图 5－15　2012 年 4 月国家能源局在山东泰安市召开
"全国煤矿充填开采现场会"

煤炭企业通过实施充填开采、以矸换煤，在取得良好安全技术效果和社会效益的同时，也在原有开采工艺基础上增加了充填系统的建设费用和生产运行成本，影响了企业推广应用的积极性。针对煤炭企业开展充填开采、以矸换煤实践中出现的加大采煤成本，企业难以消化等问题，从"十一五"末起，中国煤炭加工利用协会联合财政部财政科学研究所开展广泛调研，协助政府部门认真总结经验，科学测算增加的成本支出，多次向国家有关部门反映问题，提出支持以矸换煤、充填开采的财税扶持政策建议。通过协会的积极努力，促成了国家对充填开采、以矸换煤优惠政策的出台。2014 年 10 月财政部、国家税务总局印发"关于实施煤炭资源税改革的通知"（财税〔2014〕72 号）中，明确提出了"对充填开采置换出来的煤炭，资源税减征 50%"的优惠政策，从 2014 年 12 月 1 日起执行。

2. 保水开采

保水开采的目的是防治采煤工作面突水的同时对地下水资源进行主动有意识的保护，使煤炭开采对矿区水文环境的扰动量小于区域水文环境容量，实现对矿井水资源的保护和综合利用。我国部分矿区结合实际，探索和实施了保水开采等绿色开采工艺，控制地表沉陷、保护地下水资源，减轻了煤炭开采对环境的影响和破坏，一举多得。神东矿区针对鄂尔多斯盆地生态脆弱矿区煤层埋藏浅、厚度大、含水层位于煤层之上的特点，发现了煤炭开采引起地下水位下降是导致生态环境破坏的主要因素，提出采煤区地质环境保护的核心就是保护地下水位的新理念。神东集团大柳塔煤矿结合自身实际，率先建设了分布式地下水库，神东集团共建成35座地下水库，储水量2700万 m^3，年供水量近7000万 m^3，使矿区由耗水大户转变为供水基地，实现了煤炭开采对水资源的有效保护和高效利用（图5－16）。2015年“一种矿井水的分布式利用方法”专利荣获中国专利金奖。矿井水地下水库为矿区生产、生活、生态提供用水示意如图5－17所示。

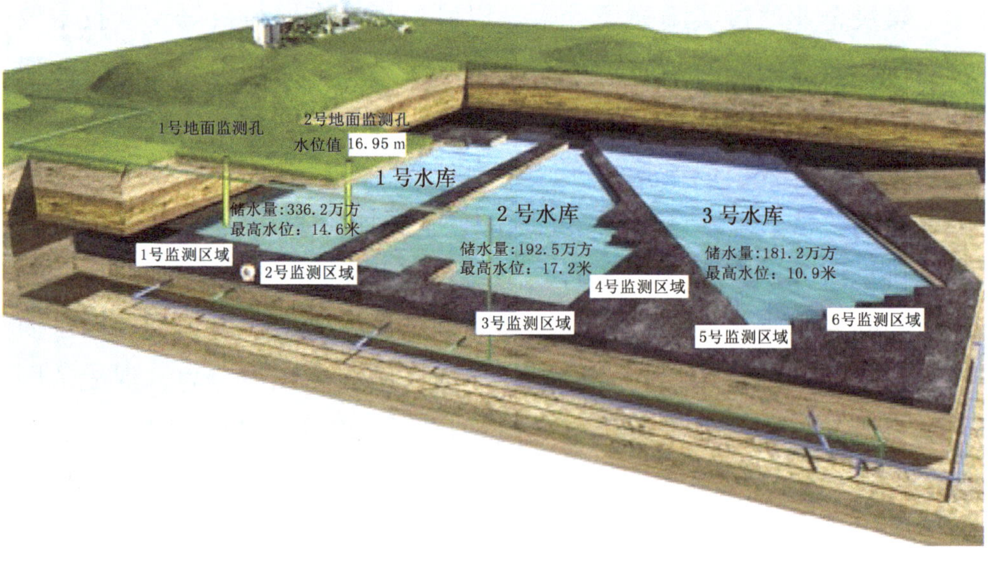

图5－16　我国首座煤矿矿井水地下水库——神东矿区大柳塔煤矿地下水库示意图

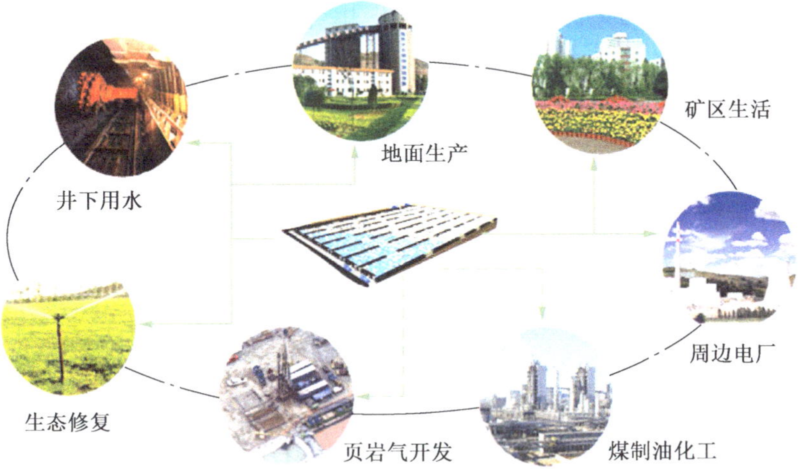

图 5－17　矿井水地下水库为矿区生产、生活、生态提供用水

3. 煤与瓦斯共采

煤炭行业控制和减少碳排放的重点是矿井瓦斯。我国煤层瓦斯储量巨大，与天然气总量相当，瓦斯产生的温室效应是煤炭的 2.64 倍，减排压力巨大。据不完全统计，我国每年为保障煤炭生产安全需要排入大气的瓦斯（折甲烷纯量）接近 300 亿 m^3，是煤炭行业碳排放的主要来源。瓦斯作为煤炭的伴生资源，纯净瓦斯（煤层气）热值与天然气相当，是优质清洁的气态燃料，碳减排和利用的潜力巨大。煤炭企业积极响应国家碳减排政策要求，不断探索和逐步推进瓦斯减排和综合利用技术研发、推广与工业应用，煤矿瓦斯零排放，碳减排示范已经起步。我国在煤与瓦斯共采方面的理论研究取得显著进步，煤与瓦斯共采技术得到应用并取得快速进展，平煤集团、河南焦煤集团、山西华晋焦煤集团等企业均已推广应用，取得了较好的效果。

4. 煤炭地下气化

煤炭地下气化的特点是把埋藏在地下的煤炭直接变成煤气，通过管道把煤气供给工厂、电厂等各类用户，使现有的地下采煤作业改为采气作业，是一种整体绿色开采技术。我国曾于 1958—1960 年在 16 个矿区进行过煤炭地下气化实验。20 世纪 80 年代中期，中国矿业大学余力教授领导的课题组在完成了徐州马庄矿煤炭地下气化现场试验后，又于 20 世纪 90 年代中期先后在徐州新河二号井完成煤炭地下气化半工业性试验、河北省唐山刘庄矿煤炭地下气化工业性试验，并在山东、山西等地进行了商业化推广应用，建设的地下气化炉生产的煤气用于民用及发电。

进入 21 世纪以来，国家科技部将“煤炭地下气化稳定控制技术的研究”列入国家“S-863”高科技研究与发展计划。2004 年，新汶矿业集团富氧煤炭地下气化工程及日产水煤气 120 万 m^3 的山东里彦煤炭地下气化发电工程列入国家发改委国家级示范工程。2018 年 10 月，中国矿业大学教授王作棠主持的煤炭地下气化重大科技专项取得阶段性成果，示范工程首次点火成功。

5. 环境整治

随着 2018 年《中华人民共和国环境保护税法》的全面实施，倒逼煤炭行业加大环境治理力度，进一步促进了煤炭绿色发展的内生动力。华东、华北、华中、东北等地煤矿企业的煤矸石发电、建材、土地复垦等得到较好发展。华东、华中、东北等煤炭消费中心的煤矸石综合利用率进一步提升，如山东、安徽、江西等地区煤矸石综合利用率都达到或接近 100%。西南、西北等主要产煤省份虽然受煤矸石产生量、地理位置、综合利用产品市场需求等因素影响，利用率不及东部地区，但也有一定幅度提高，利用方式以煤矸石发电、填坑筑路、填沟造地和采空区回填等为主。据不完全统计，2018 年全国煤矸石综合利用率达到 70% 左右，年综合利用量约 4.79 亿 t。

我国煤矿矿井水排放量大，水源较稳定，一般为轻微污染，以悬浮物为主，多呈中性的特点。经过多年发展，矿井水处理技术工艺、途径多样化。已经开发出适应煤矿不同水质和使用要求、不同的处理技术工艺和装备，在煤炭行业被广泛推广应用。混凝沉淀法、中和法、电渗析法、反渗透法、超滤、微滤等技术成熟实用，基本满足了矿井水利用产业化、规模化发展的需要。新的矿井水处理技术如采用重介速沉新技术的矿井水处理设备在兖矿集团未来能源公司金鸡滩煤矿投入运行，取得了良好效果。

除传统的井下和煤场降尘、厂区绿化、洗煤厂补水、综合利用电厂补水和生活用水等利用途径外，部分矿区还将净化后富余的矿井水输送到周边的化工、钢铁、电厂等企业作为补充水源，拓展了矿井水的综合利用途径。国家能源投资集团宁夏煤业矿井水及煤化工废水处理与利用项目，建设规模3000 m^3/h，其中矿井水处理量1500 m^3/h，煤化工园区废水处理量1500 m^3/h。矿井水与煤化工园区废水完全分开处理，处理后的产品水达到初级再生水水质标准（TDS < 500 mg/L）后回用于园区化工项目，作为循环冷却水补充水；项目产生的浓盐水经膜浓缩和分盐后送蒸发结晶单元处理；项目副产氯化钠结晶盐3.71万t/a、无水硫酸钠3.93万t/a，分别达到《工业盐》（GB/T 5462—2015）精制工业干盐一级品和《无水硫酸钠》（GB/T 6009—2014）Ⅰ类一等品标准，产品盐回收率>85%。浙能伊犁新天煤化工有限责任公司年产20亿 m^3 煤制天然气项目污水处理设施如图5-18所示。

6. 煤炭储运污染防治

煤炭储运过程中对环境影响很大。储煤场露天堆放过程中受气候、地理环境等影响，大风扬尘污染、煤炭损失率很大。煤炭在铁路运输过程中的损失率平均约为1.2%，最小为0.8%，运距越长损耗越高；在公路运输中，平均百公里损耗约为0.96%。很多企业开始重视煤炭储运污染防治，采取了积极有效的防治措施，煤炭堆放污染治理取得进展。开滦集团、中煤能源集团等下属煤矿已经实现煤炭全封闭式输送，大幅降低了煤炭露天堆存和运输对矿区造成的污染。煤炭铁路运输抑尘技术最早于2007年开始应用，霍林郭勒煤矿投资400万元，对外运煤炭进行抑尘剂喷洒技术改造，建设煤炭减损抑尘

图 5－18　浙能伊犁新天煤化工有限责任公司年产 20 亿 m^3 煤制天然气项目污水处理设施

喷洒站。该矿使用此项技术将抑尘剂喷洒到煤炭表面后，使物料表面形成固化层，达到防止扬尘、降低损耗的目的，年节约煤炭 21.6 万 t。2009 年，“煤炭储运减损抑尘技术”列入国家第二批重点节能技术推广目录，在全国推广应用。

二、绿色矿山建设

2008 年 12 月，国土资源部发布《全国矿产资源规划（2008—2015 年）》，确定了 2020 年绿色矿山基本建立的战略目标。2010 年 8 月，国土资源部印发《关于贯彻落实全国矿产资源规划发展绿色矿业建设绿色矿山工作的指导意见》（国土资发〔2010〕119 号），提出发展绿色矿业、建设绿色矿山，坚持规划统筹、政策配套，试点先行、整体推进，开展国家级绿色矿山建设试点示范，并确定了首批“国家级绿色矿山试点单位”名单（共 37 家），其中包括煤炭行业的同煤大唐塔山煤矿等 11 家煤矿。

从2010年以后，国土资源部又先后公布第二批、第三批、第四批国家级绿色矿山试点名单，至2014年在国土资源部公布的四批661家“国家级绿色矿山试点单位”中，煤炭行业共有227家，占34.3%，比例之大、数量之多，居全国各行业首位。在国家的支持和鼓励下，越来越多的煤炭企业积极响应，纷纷开展绿色矿山建设，煤炭行业形成绿色矿山建设的高潮。

这一时期，煤炭行业先后开展了《煤炭企业推进绿色矿山建设、推行低碳运行模式研究》《煤炭开发与生态环境影响问题与对策研究》《煤炭开采对环境影响评价体系研究》等一系列绿色、低碳矿山建设基础性课题研究，从行业层面总结煤炭企业开展绿色矿山建设经验，并向国家有关部门提出促进煤炭行业绿色矿山发展思路及政策措施建议。

经过几年的探索，煤炭绿色发展理念逐步深入人心，从理论到实践取得很多成果。为总结经验，推动绿色矿山建设深入发展，2011年9月，在河北邢台冀中能源股份有限公司组织召开《全国煤炭工业绿色开采生态矿山建设现场会》。2013年6月，在河南省平顶山市平煤神马集团召开“全国煤矿煤焦化产业绿色发展现场会”。会前组织代表分别在平煤、开封、义马参观煤焦化现场。

中煤能源集团是煤炭行业较早提出并按照绿色低碳发展理念规划企业发展的煤炭企业之一。该集团从中长期战略、五年规划、年度计划三个层面对“绿色中煤”建设工作进行顶层设计和工作部署，制订了中煤集团绿色发展纲要（2011—2020），以最小的生态扰动获取最大的资源回收的绿色开采技术在多个矿区试生产并获得成功。山东能源新汶矿业集团、冀中能源股份有限公司等企业也都相继开展了绿色矿山建设。淮南矿业集团采取“中医调理式”治理采煤沉陷区，建成了谢桥矿采煤沉陷区、迪沟生态园、老龙眼水库、大通湿地等。兖矿集团借鉴国内外先进的治理技术和经验，探索城市建设规划用地、交通干线周边及一般农田三种塌陷地的治理方式和模式，建成济宁3号煤矿和动态预复垦项目示范区、沉陷地湿地复垦项目示范区、引黄河泥沙充填复垦项目示范区和煤矸石山生态示范区等，形成综合治理、产业治理到实现盈利的良性循环。徐州采煤塌陷区经过生态修复，变成水阔景美的国家湿地公园，拓展了城市生态空间。开滦国家矿山公园将唐山特有的煤文化、安全文化等有机结合，利用矿业遗产弘扬开滦悠久的矿业文化，极大提升了煤炭企业形象；南湖矿区修复示范区将一个杂草丛生、垃圾如山的采煤塌陷区变成风景秀丽的怡人风景区。行业沉陷土地治理率不断提高，生态环境显著改善。

2016年，国土部、国家发改委等部门联合发布《全国矿产资源规划（2016—2020年）》，提出“规划期末，全国拟建设绿色矿山的数量约1.3万个”；2017年5月，国土部等六部委联合发布《关于加快绿色矿山的实施意见》，明确提出要基本建成绿色矿山建设新格局，到2020年形成符合生态建设要求的矿业发展新模式。2019年已经是绿色矿山理念提出的第11年，煤炭行业绿色矿山建设正在向更深层次、更高水平发展。

第五节　煤炭生态文明建设

党的十八大以来，煤炭行业生态文明建设列入重要议事日程并积极推进。绿色、高效、低碳、循环发展、综合利用、节能减排成为生态文明煤矿建设的主要途径。

一、行业顶层设计，搭建工作平台

2013年，经与中国生态文明研究与促进会协商，成立了煤炭行业生态文明建设领导小组，原环境保护部副部长祝光耀和中国煤炭工业协会会长王显政分别担任领导小组正、副组长，中国煤炭加工利用协会负责承担煤炭行业生态文明建设具体工作。2014年4月，中国生态文明研究与促进会发出“关于决定成立中国生态文明研究与促进会煤炭工作委员会的复函”（研促会函〔2014〕35 号），明确了煤炭工作委员会的组织机构、工作职责、任务以及人员组成等。随后成立了煤炭生态文明企业契约联盟，在煤炭工作委员会引导下，联盟企业自愿开展生态文明建设。2019 年 4 月，中国生态文明研究与促进会煤炭工作委员会正式挂牌。

通过多种创新形式搭建工作平台，推动煤炭生态文明建设深入开展。2017 年 12 月，煤炭行业矿区土地整治与生态修复工程研究中心、煤炭行业干法选煤工程研究中心成立。“煤炭清洁高效利用产业协同创新共同体”“现代煤化工产业绿色发展创新联盟”等联结行业内外的战略合作联盟纷纷建立。中国煤炭加工利用协会与神木县兰炭产业办联合成立中国煤炭加工利用协会“兰炭分会”，分别与生态环保部环境工程评估中心、沈阳环科院、《洁煤网》签订战略合作协议。

2013 年 5 月，中国煤炭加工利用协会在长沙召开了“中国煤炭加工利用协会煤矿生态建设分会”成立大会（图 5－19）。2018 年，

图 5－19　2013 年 5 月中国煤炭加工利用协会煤矿生态建设分会成立

中国煤炭加工利用协会与生态环境部环境保护评估中心合作改建了“煤矿生态建设分会”。

通过上述一系列工作，在煤炭行业层面为开展煤矿生态文明建设搭建了工作平台，从组织上落实并有效地组织开展了全行业生态文明建设各项工作。

二、开展生态矿山建设规范和标准研究

这一时期，煤炭行业先后开展了《煤炭采选业清洁生产指标体系研究》和《生态文明煤矿评价标准研究》。组织专家对多个煤矿开展了生态文明建设情况调研，指导企业开展生态文明建设工作。研究提出了《生态文明煤矿评价标准》，制订了“创建生态文明煤矿评定条件及考核办法”，系统提出了煤炭行业清洁生产、生态矿山建设的标准和考核评价指标体系。通过协会与企业合作开展研究的方式，先后与晋能集团长治公司合作完成《创建生态文明煤矿示范研究》、与神华新街公司合作完成《神华新街台格庙建设国际一流生态文明矿区规划研究》、与山东新汶矿业集团新巨龙公司合作完成《生态文明煤矿建设标准化研究》等。

三、表彰先进，树立典型

煤炭洗选加工、综合利用、节能环保领域通过试点引路、树立典型、表彰先进、召开现场经验交流会等方式，以点带面，推动全局，取得了很好的效果，促进了煤炭生态文明建设、煤炭清洁高效利用不断深入发展。

1. *评选表彰先进活动*

经过多年工作实践和发展，煤炭洗选加工、综合利用、节能环保等专业领域先进单位、先进个人评选表彰工作已经从比较分散、不很固定的形式发展到标准相对规范、评选形式和时间比较固定的制度安排。评选表彰活动成为推动煤炭生态文明建设工作的重要抓手。

1）选煤厂、煤质管理先进评选

1998 年 3 月，煤炭工业部命名了西山煤电（集团）有限责任公司太原选煤厂等 10 座选煤厂为 1997 年度煤炭工业优质高效选煤厂；通报表彰了开滦矿务局等 26 个单位为煤炭质量信得过单位，开滦矿务局林西矿等 210 个单位为煤质管理工作部级质量标准化矿井，开滦矿务局化验室等 62 个单位为部级标准化局化验室，开滦矿务局赵各庄煤矿选煤厂等 110 个单位为部级质量标准化选煤厂，大同矿务局四台煤矿选煤厂等 9 个单位为洗水闭路循环达标选煤厂。2002 年 6 月，在广西南宁召开的“全国重点选煤厂厂长会议”上表彰了 2000 年度优质高效选煤厂，并公布了 2000 年度行业级质量标准化选煤厂、煤质管理质量标准化矿井和质量标准化局化验室名单。2003 年 11 月，对 12 家“2001—2002 年度优质高效选煤厂”进行了检查验收，并于 2004 年 3 月在北京组织召开 2001—2002 年度优质高效选煤厂、质量标准化先进单位命名表彰暨修改评选标准会议。2005 年 9 月在乌鲁木齐市召开全国优质高效选煤厂、厂长以及行业级质量标准化选煤厂、煤质管理工作标准化矿井、标准化局化验室先进单位表彰命名大会。2008 年 11 月 4 日，在中国煤炭工业协会选煤分会会员代表大会上，对评选出的 2007 年度煤炭工业十佳选煤厂、十佳选煤厂厂长、十佳选煤设备制造厂及 2005—2006 年度优质高效选煤厂、优质高效选煤厂厂长和行业级质量标准化选煤厂进行了表彰，并颁发了奖牌及证书。2009 年 10 月命名表彰了 2007—2008 年度煤炭行业优质高效选煤厂、厂长，行业级质量标准化选煤厂、行业级煤质管理标准化矿井、行业级质量标准化局化验室等先进集体和优秀厂长；2010 年 11 月 24 日在北京远望楼宾馆召开协会五届三次理事扩大会议暨表彰大会，对煤炭行业十佳选煤厂、十佳选煤厂厂长、先进选煤设备制造厂进行了表彰，颁发证书和奖牌。此后，形成每两年表彰一次的制度。

2）综合利用与节能减排先进评选

2003年8月，在浙江省温州市召开煤炭行业先进煤矸石电厂、砖厂、水泥厂及先进厂长表彰暨研讨和经验交流会，表彰先进单位40个，先进厂长42名。2005年11月，在桂林召开2004年度全国煤炭工业综合利用与多种经营先进企业及优秀厂长表彰大会。2006年12月，在贵阳市召开中国煤炭加工利用协会第四届理事会三次扩大会议暨全国煤炭工业综合利用与多种经营先进企业和优秀厂长（经理）表彰大会。2008年12月9日，中国煤炭工业协会印发《关于命名表彰全国煤炭工业综合利用与多种经营先进企业和先进个人的决定》，授予41家企业为全国煤炭工业综合利用与多种经营先进企业，48人为全国煤炭工业综合利用与多种经营先进个人荣誉称号。2010年11月，中国煤炭工业协会、中国煤炭加工利用协会联合印发《关于表彰2009年度煤炭工业节能减排先进企业和先进个人的决定》，授予58家企业煤炭工业节能减排先进企业，74人煤炭工业节能减排先进个人荣誉称号。此后，形成每两年表彰一次的制度。

2. “中华环境友好煤炭企业”评估活动

2007年5月，中国煤炭加工利用协会与中华环保联合会联合在煤炭行业组织开展了首批“中华环境友好煤炭企业”评估活动。当年12月26日在北京人民大会堂召开了“中华环境友好煤炭企业”授牌仪式暨新闻发布会（图5-20），共有三家煤炭企业和十家煤炭单位获得“中华环境友好煤炭企业（单位）”称号。该项工作被列入2007年煤炭行业十大新闻。在企业的积极响应和大力支持下，2007—2011年，连续5年开展了“中华环境友好煤炭企业”评估活动，并在人民大会堂举行授牌仪式。通过5次评估，共有兖矿集团有限公司、冀中能源股份有限公司、冀中能源峰峰集团有限公司3家企业获得“中华环境友好煤炭示范矿区”称号；中国神华神东煤炭分公司等18家企业获得“中华环境友好企业”称号；淮南矿业（集团）有限责任公司顾桥矿等43个单位获得“中华环境友好单位”称号；开滦能源化工股份有限公司范各庄矿业分公司选煤厂等9家选煤厂获得“中华环境友好选煤厂”称号。活动推动了煤炭企业环境保护工作的深入开展。

图5-20　2007年中华环境友好企业授牌仪式暨新闻发布会在人民大会堂举行

3. 生态文明煤矿创建活动

2013年11月，中国煤炭工业协会、中国煤炭加工利用协会联合印发了《关于开展矿区生态文明单位创建活动的通知》(中煤协会综合〔2013〕168号)。通知发出后反响很大，先后有山西、山东、河南等省份的16家企业积极申报。为稳妥推进创建工作，煤炭行业确定了先行试点、取得经验、积极推进的工作思路。2013年，组织专家深入山西三元煤业有限公司、山西长治王庄煤业有限责任公司开展首批生态文明煤矿试点评定工作，并授予首批“生态文明煤矿”称号。此后几年，又分别组织专家组对生态文明煤矿试点单位进行评定，授予山东能源新矿集团新巨龙公司、同煤集团晋华宫矿、同忻煤矿、中煤平朔公司安太堡露天煤矿、徐矿集团陕西郭家河煤矿“生态文明煤矿”称号（图5-21）。截至2019年，煤炭行业共有七家煤矿被授予“生态文明煤矿”称号，对推动行业生态文明建设发挥了示范和引领作用。

图 5－21　2015 年徐州矿业集团郭家河煤矿通过专家组评定，被授予“生态文明煤矿”称号

4. 召开现场推进会

2007 年 6 月，国家发展和改革委员会在淮南矿业集团召开《国务院关于促进煤炭工业健康发展的若干意见》实施两周年暨建设和谐矿区座谈会，推广淮南矿业集团实施的市矿统筹、建设和谐矿区的经验。

2012 年 5 月，煤炭行业在淮南矿业集团召开全国煤炭工业和谐矿区建设现场会（图 5－22），组织全国煤炭企业现场参观学习淮南矿业集团绿色开采、生态矿山、和谐矿区建设成果，起到很好的借鉴和推广作用。

经过几年努力，初步构建了煤矿生态文明建设体系框架。通过实施“生态文明煤矿”试点工作，总结经验，以点带面，全行业煤炭生态文明建设正在扎实稳步推进。

图5－22　全国煤炭工业和谐矿区建设现场会现场

四、“美丽矿山”变成现实

在煤炭绿色矿山建设中，因地制宜建设矿山公园成为一道亮丽的风景线。2005年，国土资源部公布了首批28处国家矿山公园名单，煤炭行业有7处，分别为山西大同晋华宫矿国家矿山公园、内蒙古满洲里扎来诺尔国家矿山公园、辽宁阜新海州露天矿国家矿山公园、黑龙江鹤岗市国家矿山公园、黑龙江鸡西恒山国家矿山公园、河北唐山开滦煤矿国家矿山公园、安徽淮北国家矿山公园。2010年公布的第二批33处国家矿山公园中，煤炭行业有10处，分别为江西萍乡安源国家矿山公园、山西省太原西山国家矿山地质公园、山东枣庄中兴煤矿国家矿山公园、宁夏石嘴山国家矿山公园、安徽淮南大通国家矿山公园、广西合山国家矿山公园、吉林辽源国家矿山公园、重庆江合煤矿国家矿山公园、四川乐山嘉阳国家矿山公园、焦作缝山国家矿山公园。2017年公布的第四批16处国家矿山公园中，煤炭行业有2处，分别为辽宁南票煤炭矿山公园、内蒙古准格尔矿山公园。截至 2019 年，煤炭行业共建成 19 处国家矿山公园，部分实景如图 5－23～图 5－26 所示。

图 5－23　新巨龙花园式矿区俯瞰

图 5－24　开滦集团治理后的采煤塌陷区——南湖公园

图 5-25　采煤塌陷区治理后建设的矿山公园
（淮北矿业集团石台矿东园小区）

图 5-26　潞安集团采用太阳能绿色环保技术，矿区低碳照明之路

经过对采煤塌陷区、煤矸石山环境彻底整治，一大批煤炭矿山公园、新建职工住宅小区、绿色工业广场相继建成。如今“美丽矿山”在很多矿区变成现实。通过煤炭生态文明建设，矿区环境面貌显著改观，提升了煤炭矿区生态品质，提高了广大煤矿职工家属的获得感和幸福指数，对推进矿区经济、社会、环境可持续发展发挥了重大作用。

第六章　国际交流合作

随着我国煤炭工业实力的不断增强，煤炭洗选加工、清洁高效利用、生态文明建设领域也通过走出去、请进来等方式，学习国外先进经验，开展技术交流，宣传展示我国煤炭行业发展成就，对外交流合作不断扩大。

第一节　国　际　交　流

煤炭行业煤炭清洁利用领域较大规模的国际交流活动始于20世纪八九十年代。1983年2月，煤炭行业组织有关专家、学者组成煤炭加工利用与节能考察团对日本进行为期三周的技术考察，与日本同行进行了广泛交流，全面学习了解日本在节能技术、管理等方面的新做法、新经验。1993年10月，由我国煤炭部和联合国经社发展部联合主办的联合国煤炭洗选加工跨区域研讨会在兖州矿务局召开，共有来自美国、英国、澳大利亚、巴西、秘鲁、韩国、日本、印度尼西亚、蒙古、越南、泰国、菲律宾、巴基斯坦、波兰、匈牙利、捷克、罗马尼亚、坦桑尼亚、莫桑比克19个国家及国际机构的代表参加会议。1997年11月，由我国煤炭工业部、美国能源部、欧洲委员会能源管理局主办的洁净煤技术国际研讨会在厦门市召开。1999年11月，第二届洁净煤技术国际研讨会在北京举行，来自中、英、美、澳、俄等11个国家和地区的代表出席研讨会。

进入21世纪，煤炭清洁高效利用国际交往日益活跃，在煤炭加工利用、节能减排、生态文明建设领域开始举办国际性会议和展览，搭建交流平台，交流国内外先进技术和装备，促进我国煤炭清洁高效利用发展。

2002 年 10 月 29—31 日，由中国煤炭工业协会和中国煤炭加工利用协会共同主办，世界能源理事会协办的“中国国际煤炭加工利用与环境保护大会暨展览会”在北京举行。来自国内及德国、美国等 12 个国家和地区的企业、科研院所的 600 多名专家、学者和企业代表出席会议，国内 43 个厂商和企业展出了在煤炭洗选加工及综合利用领域先进适用的技术和设备。期间举行了中韩、中德煤炭工作组会议、德国采矿技术专题研讨会和招商引资洽谈会。同年 10 月，中国煤炭加工利用协会组团参加了“第十届矿物能源产品环境保护及废料管理国际会议”。

2005 年 10 月 26 日，“首届中国国际煤矿瓦斯防治与利用技术大会”在北京召开。这是我国首次举办以煤矿瓦斯治理和利用为主题的大型国际会议。来自国内外政府机构、科研院所和煤炭企业近 600 名代表参加会议。

2009 年 10 月 14—16 日，由中国煤炭加工利用协会主办的“2009 中国国际煤炭加工利用展览会”在西安举行。来自北京、宁夏、山东、辽宁、河北等省区的煤炭企业及南非等国外厂商参展。展会期间，举办了“煤炭工业节能减排与循环经济发展论坛”“第三届选煤企业管理论坛”。这次带有“探路”和“尝试”性质的展览会的成功举办，为以后举办更大规模煤炭清洁高效利用国际展会积累了经验。

从 2010 年开始至 2018 年，煤炭行业连续成功举办了五届“中国国际煤炭清洁高效利用展览会”。

一、首届“2010 年中国国际煤炭加工利用暨煤化工展览会”

2010 年 11 月 24 日，经国家科技部批准，在原国家安全生产监督管理总局、国家能源局、国家煤矿安全生产监察局大力支持下，中国煤炭工业协会主办，中国煤炭加工利用协会承办的首届“2010 年中国国际煤炭加工利用暨煤化工展览会”在北京中国国际展览中心开幕（图 6－1）。共有来自国内外煤炭企业、煤炭洗选设备制造企业、煤化工企业及相关科研院所的 132 家单位参展，展示面积近万平方米。展会期间，举办了第四届选煤厂现代化管理论坛和煤炭工业节能减排与循环经济发展论坛。

图 6－1　2010 年首届中国国际煤炭加工利用暨煤化工展览会开幕式

二、第二届“中国国际煤炭加工利用暨煤化工展览会”

2012 年 6 月 18—20 日，第二届“2012 中国国际煤炭加工利用及煤化工展览会”在北京农业展览馆举行（图 6－2）。共有国内外 216 家企业参展，其中国外企业 13 家，展览总面积达到 15380 m^2。6 月 18 日，中国煤炭加工利用协会五届五次理事扩大会议在北京二十一世纪饭店召开。展会期间，“2012 中国选煤发展论坛”“2012 中国煤化工及石化产品市场发展论坛”“2012 煤炭工业节能减排与循环经济发展论坛”在北京二十一世纪饭店举行。

图 6－2　2012 年第二届中国国际煤炭加工利用暨煤化工展览会开幕式

三、第三届“中国国际煤炭加工利用暨煤化工展览会”

2014 年 5 月 6 日，“2014 第三届中国国际煤炭加工利用及煤化工展览会”在全国农业展览馆隆重开幕（图 6－3），160 余家国内外厂商参展。据统计，参观展会的专业观众达 1.1 万余人，共签订意向成交额 3.6 亿元人民币。同期举办了“中国选煤发展论坛”“节能减排与生态文明矿山建设论坛”和“中国煤炭深加工产业发展论坛”。

四、第四届“中国国际煤炭清洁能源产业博览会”

2016 年 10 月 26—28 日，“2016 第四届中国国际煤炭清洁能源产业博览会”在北京举行（图 6－4）。此次博览会是在原“中国国际煤炭加工利用及煤化工展览会”的基础上，为顺应煤炭清洁高效利用的发展趋势和煤炭行业转型发展需要而扩展更名。展会期间，举办了“2016 中国煤炭洗选加工论坛”“第五届中国煤炭清洁高效利用技术及产业发展国际论坛”“2016 中国煤炭工业生态文明建设论坛”。同

图 6-3　2014 年第三届中国国际煤炭加工利用及煤化工展览会开幕式

图 6-4　2016 年第四届中国国际煤炭清洁能源产业博览会开幕式

期还召开了中国煤炭加工利用协会六届五次理事扩大会议。

五、第五届“中国国际煤炭清洁高效利用展览会”

2018 年 11 月 21—23 日，“第五届中国国际煤炭清洁高效利用展览会”在西安曲江国际会展中心举行（图 6 – 5）。共有来自国内外煤炭企业、煤炭洗选设备制造企业、煤化工企业及相关科研院所、国际机构 235 家参展，展示面积 22000 余平方米，上万人次参观了展览。此次展会恰逢我国改革开放四十周年，展会辟出专区，举办了“绿色低碳发展，引领行业未来”——纪念改革开放四十周年煤炭行业洗选加工、综合利用主题展览。展会首次设置煤炭院校大学生煤炭清洁高效利用创新成果展台，共有 23 项大学生科技创新成果参展，并评选出金质奖一项、银质奖两项、铜质奖五项。展会期间还组织召开了“2018 中国煤炭洗选加工论坛”“2018’煤矿生态文明建设论坛”“2018’中国煤炭深加工发展及清洁能源高端论坛”“第 11 届低阶煤分质高效利用技术及兰炭（半焦）综合利用发展论坛”“煤炭清洁高效利用和转化投融资暨项目路演论坛”，上百位相关领域的专家分别发

图 6 – 5　2018 年第五届中国国际煤炭清洁高效利用展览会开幕式

表了演讲。

通过举办中国国际煤炭清洁高效利用展览会及系列论坛活动，众多国内大型煤炭企业集团、设备制造企业以及美国、澳大利亚、印度、乌克兰、韩国等国外厂商参展，展会的影响力不断提高。两年一届的“中国国际煤炭清洁高效利用展览会”已经逐步形成自己的特色，成为煤炭行业开展国内外交流合作的重要平台，一张展示中国煤炭清洁高效利用、煤炭生态文明建设成果的亮丽名片。

除举办展览外，还通过邀请国外同行参观考察，广泛开展技术交流。2012 年 6 月邀请印度和乌克兰选煤协会代表团等国外选煤同行到陕西煤化集团红柳林选煤厂、东梁煤矿选煤厂等参观和开展技术交流活动，参观考察大型动力煤湿法重介分选和复合干法分选情况（图 6 – 6）。2016 年 10 月，印度煤炭部原副部长阿洛克和印度选煤协会会长萨奇戴维率领的印度代表团到河北唐山考察调研选煤技术设备，参观了神州机械公司生产基地、中煤科工集团唐山研究院研发基地，双方开展了技术交流。

图 6 – 6　2012 年 6 月印度、乌克兰选煤专家在
神南红柳林选煤厂参观考察

第二节　国　际　合　作

一、技术装备对外合作

煤炭工业的对外开放是从引进国外新技术、新装备开始的。1973年从德国、英国、法国、波兰等国进口43套先进的综合机械化采煤设备。1978年改革开放以后，以我国引进100套煤炭综采设备、100套掘进设备为标志，煤炭行业对外开放格局基本形成。从开滦范各庄选煤厂引进德国成套设备、兖州兴隆庄选煤厂引进美国设备，再到20世纪80年代中美合资建设并由美方进行经营管理的第一座特大型选煤厂——平朔安太堡露天矿选煤厂，开启了煤炭洗选加工对外开放的大门。1983年4月，中日合作开发的我国第一套煤炭直接液化试验装置在北京煤炭科学研究总院建成。该实验装置日处理能力100 kg，可得到40 kg液化产品。此后，1986年10月根据中国政府和联邦德国政府科技合作协议，在北京煤炭科学研究总院又建成一套日处理能力120 kg的煤炭直接液化试验装置。1990年2月，兖州矿务局、日本日商岩井株式会社、日挥株式会社在北京人民大会堂签署合资经营兖州水煤浆有限公司合同，同年5月，设计年生产能力为25万t的水煤浆试验厂前期建设开工。1998年5月，经国家计委批复同意，平顶山煤业集团公司与德国费巴鲁尔国家电力开发有限责任公司联合成立平顶山中德联合电力有限责任公司，合资建设总装机容量100 MW的坑口电厂，其中平煤集团出资40%，德方出资60%，项目合资期限20年。

20世纪90年代，在国家发改委统一部署下，通过日本对华绿色援助计划，煤炭行业引进了一批先进的煤矸石、煤泥综合利用电厂锅炉设备。1998年5月24日，中日合作示范项目枣庄矿务局柴里煤矿煤泥电厂35蒸t/h循环流化床锅炉（采用芬兰福斯特惠勒公司技术）

一次点火成功。淄博矿务局岭子煤矿煤矸石电厂 35 蒸 t/h 循环流化床锅炉，也是这一时期通过绿色援助计划安装运行的。

20 世纪 70 年代初，我国选煤开始走出国门。1971 年 4 月 28 日我国援助阿尔巴尼亚的梅玛利亚选煤厂建成投产，是我国为国外提供设计、提供成套国产新设备、监督施工和培训人员、调试投产的第一座选煤厂。1976 年底我国援助阿尔巴尼亚第二座选煤厂——瓦列斯选煤厂建成投产，得到阿国政府在报纸上登载赞扬。此后，随着我国选煤技术装备的快速发展，对外技术交流与合作日益加强。“一带一路”建设为煤炭清洁高效利用对外交流合作进一步拓展了空间，我国自行开发的一大批先进选煤技术设备出口国外。已有三产品重介质旋流器、复合式干法选煤成套设备、火力干燥装置、筛分机及跳汰机、压滤机等批量出口到美国、澳大利亚、俄罗斯、乌克兰、土耳其、南非、越南、印度、印尼等国家。

二、组团参加国际选煤大会

根据可查到的资料显示，1975 年我国首次派员参加第七届国际选煤大会。1982 年 11 月 24 日，我国代表在参加印度新德里举行的第九届国际选煤大会上首次向国际选煤界详细地介绍了我国选煤厂设计和建设等情况。2006 年 10 月，由我国主办的第十五届国际选煤大会暨展览会在北京召开，来自世界各地的 600 多位代表和展商参加会议。2010 年 4 月 26—30 日，中国代表团出席在美国肯塔基州莱克辛顿市展览中心召开的第十六届国际选煤大会和设备展览会，代表团成员来自国内煤炭洗选、设备制造企业，科研设计单位、高等院校等单位共 80 多名，通过宣读论文、展位展示，向国外选煤界宣传介绍中国先进的选煤技术工艺和设备。2019 年 11 月 13—15 日，由中国煤炭加工利用协会组织牵头，组织山东兖矿集团、山西焦煤集团、晋城矿业集团、淮南矿业集团、开滦集团、宁夏煤业集团等赴印度首都新德里出席第 19 届国际选煤大会（ICPC）。大会收录了中方论文 17

篇，宣讲 11 篇，共有 8 家国内企业参展。从 1975 年至 2019 年底，我国连续参加了 13 届国际选煤大会。

三、与相关国际能源组织开展合作

1993 年 10 月 26 日，由联合国经社发展部和我国煤炭部共同主办的联合国煤炭洗选加工跨区域研讨会在山东省兖州矿务局召开，共有来自美国、澳大利亚、巴西、秘鲁、韩国、蒙古、日本、越南、泰国、匈牙利、菲律宾、印度尼西亚、巴基斯坦、波兰、捷克、罗马尼亚、英国、莫桑比克、坦桑尼亚等 19 个国家及国际机构的代表出席会议。

经国家能源局批准，中国煤炭加工利用协会成为“中国参与 APEC 能源合作伙伴网络”首批成员单位；与 APEC 可持续能源中心（APSEC）签订《战略合作协议》；与国际自然资源保护协会（NRDC）合作，承担《中国煤炭消费总量控制方案和政策研究》相关内容，对煤化工降低煤耗、废水处理开展研究等。

第七章　回顾与展望

新中国成立70年来，与煤炭行业其他领域一样，我国煤炭生态文明建设、煤炭清洁高效利用也经历了不平凡的发展岁月。70年来，在国家政策扶持下，经过煤炭战线广大干部职工的努力拼搏，煤炭生态文明建设、煤炭清洁高效利用领域取得了辉煌成就。整个行业对于煤炭生态文明建设和煤炭清洁高效利用的认识已经大大提高，从过去的认识不足、少数企业、个别领域、粗放加工、规模较小、水平不高的状况逐步发展到行业共识、全产业链、深度加工、规模发展、技术不断升级；涌现出一大批绿色发展、生态文明的企业，行业面貌发生了深刻变化。概括起来就是，理念得到升华、体系初步建立、技术进步显著、发展内涵提升、行业内地位提高，成为新时代煤炭行业高质量发展的重要支撑。

经过70年发展，我国煤炭生态文明建设、煤炭清洁高效利用虽然取得了辉煌成就，但与新时代煤炭工业高质量发展要求相比，仍然存在不小的差距。在煤炭生态文明体系建设方面，还有许多工作要完善，煤矿生态环境方面历史欠账还较多，企业之间在发展理念和工作推进上还不平衡，行业整体发展水平还有待进一步提高。在煤炭清洁高效利用方面还存在一些问题：选煤技术发展不平衡，原煤入选比重特别是动力煤入选率还有较大提升空间，选煤设备的智能化水平有待进一步提高；适用于煤炭资源综合利用、节能环保的新技术较少，科技创新能力还有待加强；近年来行业的“三废”综合利用率、土地复垦率、主要节能指标等增长缓慢或在一定区间内徘徊，有些指标还处于较低水平，继续大幅增长的“瓶颈”需要攻克。促进行业发展的体制机制等还有不满足、不适应的地方，需要不断改革创新和理顺。提高煤炭生态文明建设、煤炭清洁高效利用发展的质量和效益的任务依然十分繁重。

纵观建国70年来煤炭消费的变化，尽管消费总量持续增长，但消费占一次能源的比重基本呈一条下降曲线，特别是近年来这一比重下降得更快，2010年占69.2%，2015年占63.7%，2017年占60.4%，2018年首次低于60%，降为59%。当前，我国经济社会已经进入新常态发展时期，高质量的经济发展方式对能源消耗要求更加高效、节能、环保，能源供给侧改革、煤炭淘汰落后产能和结构性调整仍有待深入开展。据有关专家预测，尽管今后相当长时期内煤炭需求量仍将保持增长，但煤炭消费在一次能源消费中的比重还将进一步下降，预计2025年煤炭消费在一次能源消费中的占比将下降到50%~52%。客观形势对煤炭行业提出了更为严峻的挑战，也对煤炭生态文明建设和煤炭清洁高效利用提出了更高更迫切的要求。

我国经济社会发展已经由高速发展转向高质量发展，对煤炭清洁高效利用、生态环境保护的要求不断提高。展望未来，我国即将进入“十三五”收官、迈入“十四五”的历史时期，我们必须迎难而上，抓住机遇，迎接挑战，努力做好自己的工作。以党的十八大、十九大精神为指导，继续深入贯彻生态文明建设战略部署，落实习近平总书记在中央财经领导小组第六次会议讲话关于推动能源生产和消费革命精神，扎实深入开展煤炭生态文明建设、煤炭清洁高效利用，为推动能源生产和消费革命助力。

结合煤炭行业实际，在煤炭供给革命领域，重点推进煤炭清洁高效利用，建设好绿色矿山；在煤炭消费革命领域，重点控制煤炭消费总量，抑制不合理能源消费，有效落实节能优先方针，推动煤电一体化、煤炭—化工原料一体化等发展新模式以及燃煤电厂超低排放、散煤治理等煤炭消费侧环境污染治理。继续探索煤炭生态文明建设和煤炭清洁高效转化利用的发展路径，加快推进中国煤炭工业“升级版”的进程，为新时期煤炭工业绿色、低碳、循环发展和转型升级做出自己的贡献。

附录 中国煤炭加工利用大事记 (1978—2019)

1978 年

3 月 22 日 煤炭工业部成立综合利用局。

6 月 6 日至 11 日 冶金部、铁道部、煤炭工业部联合在北京召开洗煤、矿粉运输防冻工作会议，总结交流洗煤、矿粉运输防冻工作经验，表彰先进，讨论《洗煤、矿粉运输防冻暂行规定》，研究今后工作。

9 月 13 日至 19 日 煤炭工业部在北京召开专业科技情报中心站建站会议。会上宣布组建煤矿设计、安全、自动化、选煤、综采、机械制造等 11 个中心站和 28 个分站。

12 月 5 日至 14 日 国家经济委员会、煤炭工业部、国家建材总局在湖南常德联合召开煤矸石、石煤综合利用经验交流会。

12 月 23 日 煤炭工业部在北京召开煤炭工作会议，学习贯彻中共中央十一届三中全会精神，研究煤炭工业工作重心尽快转移到社会主义现代化建设上来，提出发展煤炭工业经济政策。会议于 1979 年 1 月 10 日结束。

本月 煤炭工业部选煤设计研究院完成《选煤厂设计手册》(工艺部分)。

本月 永荣矿务局发电厂沸腾炉渣综合利用砖厂动工建设，设计年产砖 700 万块。

是年 煤炭工业部重新修订颁布《煤炭质量、数量管理规程》。

1979年

4月30日 大屯选煤厂开工建设,设计年入洗原煤能力180万t,1982年建成投产。

6月7日 煤炭工业部召开煤炭综合利用工作会议,决定今后矿区规划,矿井设计、改造,都要把保护环境、综合利用作为一个重要方面来抓。

6月25日 煤炭工业部在江西九江召开南方石煤综合考察工作座谈会。会议通过了《省区石煤资源综合考察报告编制提纲》和《南方石煤资源综合考察若干技术要求》。

7月1日 萍乡矿务局高坑煤矸石发电厂破土动工,总装机容量18 MW,3台35 t/h沸腾炉带3台6 MW汽轮发电机。

7月1日至8月23日 煤炭工业部组织煤矿采、制、化工作省际大检查,对19个省(区)、40个局(矿)、68个矿井和14个洗煤厂的煤质机构、采样、制样、化验专业人员技术培训和执行标准情况进行检查,针对存在问题提出整改措施。

9月24日 煤炭工业部在南票矿务局召开煤矸石综合利用座谈会。会议交流了经验,对成立煤矸石综合利用公司和制定1980—1985年综合利用规划问题进行了研究。

是年 陈清如院士开展了潮湿细粒煤概率分级筛的研究工作,次年其主持的“概率分级筛的研制”项目获煤炭部批准。陈清如院士建立了“粒群透筛概率”筛分理论,并研制出世界上第一台煤用概率分级筛,其样机于1982年通过工业性试验。

1980年

1月19日 煤炭工业部部长高扬文到北京煤炭干部学校,给全校师生做报告,重要的有5条:①采用新工艺、新设备,加快煤炭工业现代化；②要挖掘煤炭潜力，搞气化、液化和煤化学；③积极利用外资和国外新技术；④从根本上解决煤矿安全问题，改变煤炭工业的形象；⑤在党委领导下，依靠专家，实行三结合，办好煤炭工业。

本月 邓小平在谈到煤炭工业长远计划问题时指出："开发煤炭，首先应当做也必须做的，是要提高洗煤比重。现在我们只有百分之十几，日本、美国占有90%以上，仅此一项，我们现在每年要丢掉好几个亿。煤洗与不洗不一样，洗了以后可以提高热效能，节约运输，剩下的可以发电，搞蜂窝煤供应农村需要。煤渣可以搞水泥，增加建筑材料。"在此思想的指导下，煤炭部解放思想，加大工作力度，采取自制、引进和中外合作等方式，在人力、物力、财力上积极扶持重点煤矿企业建设煤炭洗选项目，一大批洗选设备性能好、规模大、自动化程度高且达到世界先进水平的选煤厂先后开工建设并建成投产。

4月22日至26日 煤炭工业部、中国煤炭学会在山西汾西县召开中国第一次泥炭学术会议，研究讨论今后的工作方针和任务。会上宣布成立中国煤炭学会泥炭专业委员会。

11月4日 煤炭部、中国制冷协会在平煤召开降温技术交流会。

11月17日 煤炭工业部在江苏大屯召开第一次全国煤炭质量化验工作会议。会议要求加强采制化工作，保证和提高煤炭产品质量。

11月23日至12月4日 应中日经济协会邀请，煤炭工业部副部长贺秉章率团访问日本，商谈煤炭液化合作事宜。

是年 煤炭工业部重新修订发布《煤矿采样、制样、化验管理暂行办法》。

1981年

1月 煤炭工业部印发了《生产矿区洗选工程管理试行办法》。

6月2日 太原煤炭气化公司成立。太原煤炭气化公司由煤炭工业部和山西省合营建设，日常业务由山西省煤炭工业管理局代管。

8 月 28 日　煤炭工业部颁布《加强煤矿防尘工作，消除粉尘危害》（第五号安全指令）。

9 月 1 日　国务院批复煤炭工业部机关机构设置办公厅、计划司、劳动工资司、运销司、干部司、教育司、安全监察局、供应局、机械制造局、地方煤炭局、综合利用局、技术委员会。部机关行政编制 1026 人（另国家物资总局划给 17 人，共 1043 人）。

11 月 30 日至 12 月 4 日　全国煤矿选煤工作会议在北京召开。会议总结了选煤工作的成绩和存在的问题，强调加速发展煤炭洗选加工，改变产品结构，合理利用煤炭资源势在必行，具体落实发展煤炭洗选加工的方针政策和规划安排。

是年　煤炭工业部制订发布《煤炭优质产品评比办法》。

1982 年

1 月　兖州矿务局兴隆庄煤矿选煤厂开工建设，设计年选煤生产能力为 300 万 t。（兴隆庄矿井是中国建设的第一对年生产能力 300 万 t 的大型矿井，于 1981 年 12 月下旬通过国家验收）

2 月　煤炭工业部发布《关于合理开采煤炭资源提高回采率的若干规定（试行）》，对提高煤炭回采率的技术政策、储量管理、责任制度、奖惩办法等做出规定。

本月　新汶矿务局孙村煤矿被煤炭部命名为文明生产煤矿，这是山东省最早被命名为这一荣誉称号的煤矿。

本月　鹤壁六矿小庄风井消音设施安装完工，噪声由 103 dB 下降到 73 dB，获省、市科技成果奖和国家环保局《全国环境保护科技成果证书》。

本月　在全国煤炭系统综合利用会上，高扬文部长倡议建立一个面向全国的煤炭加工利用协会。

9 月 22 日　煤炭工业部向国家经委正式上报《关于成立中国煤炭加工利用协会的报告》（煤加字〔82〕第 1011 号）。

10 月 1 日 国务院颁布《关于发展煤炭洗选加工合理利用能源的指令》，指出："为了节约能源，减少矸石运输，防止环境污染，并提高工业产品质量，必须积极发展煤炭洗选加工，合理利用煤炭，逐步由主要燃用原煤改为主要燃用加工商品煤"。并根据煤炭洗选加工和运输等具体条件，提出了分期奋斗目标，要求"逐步落实新的煤炭供应政策"。

10 月 23 日 国家经委印发《关于同意建立中国煤炭加工利用协会的复文》（经工〔1982〕467 号）。

10 月 26 日至 30 日 中国煤炭加工利用协会在北京召开成立大会，与会代表 250 多人。大会选举产生了第一届理事会和常务理事会；同时召开了第一次理事扩大会议，推举原中国矿业大学党委书记张学文同志担任理事长，张学林为秘书长。高扬文同志为名誉理事长。

11 月 15 日 全国煤炭工业计划会议召开。会议确定了 20 世纪末煤炭产量达到 12 亿 t，实现煤炭产量翻一番，保全国工农业总产值翻两番的战略目标（即一番保两番），明确了煤炭工业迈向 2000 年发展的蓝图。会议提出的"四项基本要求"中提到："煤炭质量要提高，品种要增加，煤炭加工综合利用要发展"；"实现五个转变"中提到："从单一经营转变为多种经营"；"十二条具体方针"中提到："发展煤炭洗选加工，改变煤炭产品结构"。

11 月 24 日 第九届国际选煤会议在印度新德里举行，我国选煤设计院陈昭宁参会宣读题为"中国的选煤厂设计"的论文，首次向国际选煤界介绍了我国选煤厂设计和建设等情况。

本月 中国煤炭加工利用协会开始组织有关单位开发研究水煤浆技术。1983 年水煤浆制备与燃烧技术正式列入国家重点科技攻关项目，协会牵头组织了技术攻关小组，对制浆、添加剂、运输、燃烧等技术进行攻关。

12 月 中国煤炭加工利用协会开始编辑出版《煤炭加工利用通

讯》，每月一期。刊物主要介绍煤炭加工利用方面的科技信息和动态，报道协会活动情况。发行范围为国务院各部、委、局、煤炭企业、理事单位和团体及个人会员，发行2200份以上。

是年　煤炭工业部印发《煤矿企业质量管理小组活动管理办法》，推动全面质量管理工作的开展。

1983年

1月　煤炭工业部成立环境保护领导小组和环境保护办公室。

2月　中国煤炭加工利用协会组织“煤炭加工利用与节能考察团”对日本进行了为期三周的技术考察，了解日本近一、二十年来节能方面的新做法、新经验。

3月　中国煤炭加工利用协会组织有关技术人员，先后到广东省茂名市和河北省丰宁县调研油母页岩利用情况，经分析研究，证明可将其制成蜂窝煤。在当地政府要求下，组织科技人员共同研究，制出了符合要求的油母页岩蜂窝煤，并通过技术鉴定。

本月　中国煤炭加工利用协会针对我国民用炉具燃烧效率低等状况，组织中国矿业大学有关技术人员对民用蜂窝煤炉进行改造，研制出以强化硅酸铝纤维为主要保温材料的节能炉瓦，并组织推广试用，受到北京市委、科委和环保部门的高度重视，在北京普遍推广。

本月　中国煤炭加工利用协会与煤炭部加工利用局联合在北京组织召开了“工业型煤技术经济座谈会”。

4月21日　中日合作开发的中国第一套煤炭直接液化试验装置在北京煤炭科学研究总院落成。试验装置日处理能力为100 kg，属于小型装置，可以得到40 kg液化产品。

5月　受原国家物资局委托，中国煤炭加工利用协会牵头组织对全国民用煤的消费状况、加工利用技术现状和方向、技术经济政策及管理体制等进行了调研。

6月3日至4日　中国煤炭加工利用协会在北京组织召开“劣质

煤燃烧及流化床锅炉应用与酸雨防治及工业烟尘控制学术交流会”。

6月4日 煤炭工业部听取中国煤炭加工利用协会关于水煤浆研制的工作汇报，提出与国外合作的具体意见。

6月10日 煤炭工业部在平顶山矿务局召开全国煤矿第一次环境保护工作会议。会议讨论了煤炭工业环境保护的战略目标、措施和环保设计、预评价等问题。

6月27日 中国第一座从联邦德国成套引进设备的大型现代化选煤厂——开滦范各庄煤矿选煤厂第一期工程带煤试运转。选煤厂于1977年开工建设，主厂房设备由联邦德国引进。建筑面积41047 m^2，有16个闭环系统用计算机自动控制，年入选原煤能力为400万t，是当时中国最大的选煤厂。

本月 煤炭工业部在淮北召开全国选煤厂整顿工作会议。会议讨论修改了《关于在选煤厂推行经济承包和扩权初步决定》，确定在选煤厂推行经济承包和扩大企业自主权。

本月 受原国家计委、国家经委、国家物资局委托，中国煤炭加工利用协会与原国家物资局燃料局共同组成调研组，分赴12个重点省、市进行调研，提出了《我国民用煤的若干情况和建议》《我国民用煤需求预测》《关于民用煤体制改革的建议》《民用煤技术发展建议》，为国家制定我国民用煤有关政策提供了重要依据。

9月20日至25日 中国煤炭加工利用协会在济南市组织召开“民用煤技术政策讨论会”。

10月17日 煤炭工业部在萍乡矿务局召开全国煤炭系统节能工作会议，讨论并制定了《煤矿自用煤试行管理办法》《节能项目暂行管理办法》。

本月 中国煤炭加工利用协会出版会刊《煤炭加工利用》第一期（试刊）。

11月8日 煤炭工业部、城乡建设环境保护部与美国东西方政策研究中心在河北涿县联合召开煤炭运输环境保护会议。美国、加拿大、澳大利亚和印度等国代表出席会议。

1984 年

3 月　中国煤炭加工利用协会在北京召开一届二次理事（扩大）会议。

5 月 12 日　开滦矿务局范各庄选煤厂正式建成投产。该厂由煤炭部选煤设计研究院和联邦德国洪堡—维达克公司联合设计，其洗煤车间和浓缩车间从联邦德国 KHD 洪堡—维达克公司成套引进，其他部分由国内配套，设计能力为 4.0 Mt/a，采用重介、跳汰、浮选联合工艺，是 20 世纪 80 年代我国规模最大、技术装备具有当时世界先进水平的炼焦煤选煤厂。

6 月　在北京召开的煤炭工业厅局长座谈会上，提出了《关于选煤厂的改革方案（讨论稿）》，并以淮北选煤厂试点为基础，对各选煤厂全面推行经济责任制，在明确责、权、利方面提出了一系列具体改革意见。

本月　中国煤炭加工利用协会组织有关专家为选煤厂提供 PC—1500 计算机功能扩展的技术咨询服务。

7 月　中国煤炭加工利用协会在北京组织召开“煤用概率分级筛生产厂家及煤矿用户座谈会”。

本月　沈阳彩屯洗煤厂使用重介旋流器，从洗矸中回收硫精砂获得成功。

8 月　由煤炭工业部和北京市经济委员会共同组织的水煤浆在工业锅炉实际应用实验在北京造纸一厂获得初步成功。

本月　煤炭行业举办选煤厂管理用 PC—1500 计算机技术培训班。

10 月 16 日　煤炭部在鸡西矿务局召开滴道矸石电厂 130 t/h 流化床锅炉攻关技术鉴定会，通过了《鉴定意见书》。

10 月 20 日至 25 日　中国煤炭加工利用协会与中国环境工程学

会在南京联合召开“全国 SO_2 综合防治学术讨论会”。

11 月 21 日至 23 日 中国煤炭加工利用协会在北京组织召开“乌海地区煤炭合理加工利用论证座谈会”。

12 月 中国煤炭加工利用协会组织科技人员研制的上点火型煤茶炉及炉灶技术通过了技术鉴定，并积极推广先进的民用蜂窝煤及炉具、工业型煤、机车用型煤、火车餐车及茶炉用型煤技术。

是年 中国工程院院士、中国矿业大学陈清如教授开始研究空气重介流化床选煤，1989 年研制出第一台处理能力为 5 t/h 的“空气重介质流化床干式分选中试系统”，分选精度达 0.05 g/cm^3，1994 年 6 月在黑龙江七台河桃山矿完成工业性试验。

是年 煤炭工业部煤炭科学研究总院唐山分院成功研制我国第一台自主知识产权的 SKT－24 型数控跳汰机，并在水城矿务局汪家寨选煤厂投入使用。

是年 中国煤炭加工利用协会与《光明日报》《科技日报》《中国煤炭报》联合举办庆祝中华人民共和国成立 35 周年煤炭加工利用征文活动，共收到 18 个省、市、自治区及我国海外留学人员的论文 182 篇，评出获奖文章 37 篇，颁发了证书及奖金。

1985 年

1 月 中国煤炭加工利用协会与煤炭部地方煤矿联合服务总公司在安阳联合召开“全国地方煤矿推广煤用概率分级筛现场会”。

3 月 煤炭工业部在峰峰矿召开全国煤质工作会议，集中研究讨论在煤矿经济承包中，围绕提高企业效益和社会效益，用改革的精神开创煤质工作新局面的等问题，明确了煤质工作的奋斗目标。

4 月 受国家科委的委托，中国煤炭加工利用协会组织了“关于城市煤气及电炊现状和问题的调研”。

7 月 3 日至 5 日 中国煤炭加工利用协会与中国煤炭科技咨询服务中心、日本芙蓉集团在北京举行了“中日两国水煤浆技术交流会”。

7 月 10 日　受国家经济委员会和煤炭工业部委托，中国煤炭加工利用协会和东煤公司共同组织的东北及内蒙古东部地区煤炭合理利用调查总结汇报会在北京召开。

9 月　国务院批转国家经委《关于开展资源综合利用若干问题的暂行规定》的通知（国发〔1985〕117 号）。提出普查勘探矿产资源、新建或改造共生、伴生矿产资源的矿山（包括煤矿）都必须按照国家矿产资源法规的有关规定，执行“综合勘探、综合评价、综合开发、综合利用”和“企业必须执行治理污染和综合利用相结合”的方针。

10 月　“煤炭加工利用”编辑部在苏州召开了第一次通讯员会议。

本月　中国煤炭加工利用协会举办了第一期民用煤技术培训班，来自 17 个省、市、区的 46 名学员通过一个多月的培训，均取得结业证书。

本月　中国煤炭加工利用协会与厦门市煤气公司筹备处联合在厦门召开了“厦门市煤气工程优化论证会”。

11 月　枣庄矿务局八一洗煤厂与中国矿业大学（北京）研究生院合作，开发利用选煤厂浮选精煤滤饼制备高浓度水煤浆生产工艺，建成年生产能力 2 万 t 的水煤浆生产制备线。

本月　中国煤炭加工利用协会在北京召开一届三次理事（扩大）会议。

1986 年

1 月 24 日　由中国煤炭加工利用协会牵头组织的国家“六五”期间重点科技攻关项目“水煤浆制备与燃烧技术”通过国家科委组织的技术鉴定，并于当年获得“六五”国家科技攻关奖。

3 月 22 日　淮北矿务局临涣煤矿选煤厂动工兴建，设计年入选原煤300万t，1990年6月26日建成投产。

4月11日 中共中央总书记胡耀邦在中南海主持召开座谈会，研究煤的就地使用、转化、加工、综合利用问题。煤炭工业部于洪恩部长、叶青副部长等出席座谈会。

本月 中国煤炭加工利用协会在北京先后组织召开“煤用概率分级筛推广应用座谈会”、“洗矸发电及灰渣综合利用专题座谈会”。

7月 受国家经委委托，中国煤炭加工利用协会组织开展了“关于洗矸发电及灰渣综合利用问题的调研”。

9月1日 由西安煤矿设计研究院设计的太西选煤厂正式投产，年处理原煤能力210万t。该厂是全国第一座无烟煤洗选加工厂，也是全国第一家无烟煤出口基地。

9月17日至19日 中国煤炭加工利用协会与中国硅酸盐学会在湖南常德联合召开“全国石煤煤矸石综合利用学术研讨会”。

本月 中国煤炭加工利用协会在北京召开了理事长办公扩大会议，根据煤炭工业部党组的建议，原煤炭部物资供应局局长周毅民担任中国煤炭加工利用协会常务理事、理事长。

本月 中国煤炭加工利用协会煤转化专业委员会在山东龙口召开成立大会暨学术研讨会。

10月13日 根据中国政府和联邦德国政府科技合作协议，中国煤炭科学研究总院同联邦德国萨尔矿业公司和菲佰石油公司共同建设的日处理120 kg的煤炭直接液化试验装置在北京落成并举行典礼。

10月20日至24日 煤炭工业部在抚顺矿务局召开全国煤矿多种经营集体经济工作会议。于洪恩、张宝明分别做报告，明确提出把多种经营与煤炭生产、基本建设作为“三大主体”之一，强调“一业为主，多种经营”。会议研究了发展多种经营集体经济的若干政策和措施。

10月25日 平顶山矿务局一矿补建动力煤洗煤厂。设计年入洗原煤能力为180万t，1990年12月25日建成投产，后设计年入洗能力改为340万t。

11月12日至14日　中国煤炭加工利用协会与煤炭部加工利用局在北京联合召开“石煤提钒联合开发协调工作会议”。

是年　受原国家经委能源局委托，中国煤炭加工利用协会对全国重点煤炭矿区洗矸发电及灰渣综合利用进行调研，对煤矿洗矸发电和灰渣利用的经济效益、环保效益和社会效益进行定性分析，提出合理利用洗矸和灰渣的政策建议。调研报告为我国制订洗矸和灰渣合理利用的方针政策提供了重要依据。

是年　洛阳矿山机械研究所从日本神户制钢所引进了HLW型振动筛技术，转化为国内型号ZK系列振动筛。该振动筛结构紧凑、质量轻，最大规格的筛分面积达27 m^2，是当时国内最大的直线振动筛。

1987年

4月　“煤炭加工利用”编辑部在湖南大庸召开了第二次通讯员会议。

6月2日至4日　中国煤炭加工利用协会与水煤浆技术联合体在北京联合召开“全国第一次水煤浆技术研讨会”。

本月　中国煤炭加工利用协会组织有关单位对我国无烟煤的加工利用情况进行了调研。

本月　中国煤炭加工利用协会与煤炭部加工利用局在宁夏银川联合召开“全国无烟煤加工利用经济技术座谈会”。

7月　根据国家科委有关“如何用好14亿t煤”综合性软课题的要求，中国煤炭加工利用协会组织有关单位对我国煤炭合理加工利用情况进行了调研。

10月20日至23日　全国选煤厂煤泥水处理座谈会在枣庄矿务局召开，有关矿务局、选煤厂代表140多人参加会议。

是年　安太堡露天煤矿选煤厂建成投产。

是年 中国矿业大学（北京）王祖讷教授任联合国开发技术总署“煤浆制备与燃烧技术”项目主任、世界实验室中意合作科研项目“煤浆技术的应用”及“环境友好型柴油代用燃料精细水煤浆的研究”中方主任。完成大规模制浆、远距离管道输浆、大型燃油站改造的试验研究和工业可行性研究，借助中意合作项目，成立了世界实验室水煤浆技术研究中心。

是年 中国煤炭加工利用协会组织力量到宁夏等地对我国无烟煤滤料的加工技术、应用和市场容量等情况进行调研并对其发展前景进行了预测，提出了《关于无烟煤滤料生产和应用情况的调查报告》。

1988 年

2 月 21 日 经国家经委批准，中国煤炭综合利用开发公司成立。

4 月 受国家计委、国家科委委托，中国煤炭加工利用协会先后组织了“关于统配煤矿三年多来原材料涨价和承受能力的调研”及“全国统配煤矿两年总承包情况调研”。

5 月 4 日至 6 日 中国煤炭加工利用协会与中国矿业大学在江苏省徐州市联合召开“首届全国煤炭加工利用青年学术讨论会”。

7 月 24 日 北京矿务局水煤浆生产示范厂开工建设，设计年生产水煤浆 25 万 t。

是年 受能源部委托，中国煤炭加工利用协会对我国粉煤灰利用情况及前景进行了专题调研，给出了调研报告。

1989 年

2 月 中国煤炭加工利用协会在北京召开了理事长办公扩大会议，根据煤炭工业部党组的建议，原煤炭部办公厅主任苑荫桐同志被推举为协会常务理事、理事长，周毅民同志卸任。

4 月 中国煤炭加工利用协会在山东兖州组织召开“地方煤炭加工利用协会工作经验交流会”及“首届煤炭加工利用技术交流会”。

5月　经国家科委情报局批准，《煤炭加工利用》杂志更名为《煤炭加工与综合利用》并正式创刊，由北京市新闻出版局核发报刊登记证，刊号为CNH-2627。

9月5日　石煤综合利用协会在广西南宁召开成立大会。

10月18日至19日　中国煤炭加工利用协会召开第二次会员代表大会，会议选举张宝明为名誉理事长，苑荫桐为理事长，郝风印等7人为副理事长。

11月8日　国家计划委员会发布《关于资源综合利用项目与新建和扩建工程实行"三同时"的若干规定》，规定企业新建和扩建的基本建设项目，必须认真执行治理污染与资源综合利用相结合方针。

11月17日　开滦矿务局钱家营煤矿洗煤厂竣工，设计入洗能力为400万t/a，为当时全国最大的全重介炼焦煤洗煤厂。

11月18日至20日　《煤炭加工与综合利用》编辑部在山东泰安煤矿机械厂召开杂志第三次通讯员会议，是该杂志更名后的第一次通讯员会议。

11月24日　国务委员邹家华到北京造纸一厂视察水煤浆新技术应用情况，听取水煤浆研制、试烧情况汇报。

本月　开滦矿务局钱家营选煤厂建成投产，设计原煤处理能力400万t/a，该厂采用钢框架大厅式布置，为国内现代化选煤厂布置的雏形。该厂设计获煤炭行业优秀设计一等奖。

是年　选煤厂厂长联谊会成立。

是年　煤科总院唐山分院研制出块末煤分级联选跳汰机并应用于北票矿务局东升矿选煤厂，比传统不分级跳汰机提高分选效率2%以上，处理能力提高20%以上。同年，该院还研制成功我国第一台复合式干选机试验样机。

是年　中国统配煤矿总公司发布了《选煤厂技术检查规程》并在全国范围内推广，同时废除了1959年颁布的《矿井煤质检查和选煤厂技术检查规程（草案)》。

是年 中国煤炭加工利用协会与《光明日报》《科技日报》《中国煤炭报》煤炭工业出版社、中国煤炭综合利用开发公司联合举办庆祝中华人民共和国成立40周年煤炭加工利用征文活动，出版了《煤炭加工利用论文集》。

1990年

1月12日至15日 全国首届水煤浆工作会议在北京召开，参会代表230多人。华煤水煤浆中心受国家有关部门委托主办了这次会议。

1月16日 中国煤炭加工利用协会节能炉具分会召开在京常务理事座谈会，就节能高效炉具生产配套问题进行了座谈。

2月17日 兖州矿务局、日本日商岩井株式会社、日挥株式会社在北京人民大会堂签署合资经营兖州水煤浆有限公司合同。国务委员兼国家科委主任宋健、能源部部长黄毅诚、中国统配煤矿总公司总经理胡富国出席签字仪式。

本月中旬 石煤综合利用协会在北京召开理事长和专家组联席会议。会议总结了石煤协会成立五个月来的工作，讨论了今后的主要任务。

4月25日至27日 中国煤炭加工利用协会在山东兖州组织召开七省区煤炭加工利用协会（分会）工作座谈会，会议由中国煤炭加工利用协会理事长苑荫桐主持。

5月15日 设计年生产能力为25万t的兖州水煤浆试验厂前期建设开工。

6月4日 伊敏河煤电联营工程经国务院批准立项。一期工程年生产煤炭500万t，发电装机1000 MW，投资29.5亿；二期工程生产煤炭1000万t，发电装机2000 MW。

6月5日至7日 《煤炭加工与综合利用》第二届编委会第二次会议在苏州市召开。

7 月 26 日至 30 日　中国煤炭加工利用协会在北戴河召开第二届常务理事会第二次（扩大）会议，出席会议的有各常务理事、部分团体会员代表共 73 人。

本月　四川松藻矿务局打通二矿被定为中国首家瓦斯抽放现代化矿井试点矿。

10 月　受原国家计委和能源部委托，中国煤炭加工利用协会经过一年时间工作，完成了“关于煤系五种共伴生矿产资源开发利用”软课题研究，通过了国家计委和能源部联合组织的技术鉴定。课题组共调研了 24 个省、自治区，搜集了上百份资料，提出的有关建议对国家决策部门和有关厂矿企业开发利用煤系共伴生矿产资源具有重要参考价值。

11 月 6 日至 10 日　中国煤炭加工利用协会在厦门组织召开“全国煤炭加工利用实用技术交流会”。

11 月 19 日　我国第一家煤泥电厂——兖州矿务局兴隆庄煤矿煤泥电厂首台机组一次点火成功。该煤泥电厂总装机容量 6 MW，用 35 t/h 流化床煤泥沸腾炉，燃用选煤厂的尾矿煤泥（灰分 40% ~50%，水分 25%，粒度 0.5 mm 以下，发热量 1800 kJ/kg），燃烧效率 96%，热效率 83.5%，达到和超过了“七五”攻关合同规定目标，是当时世界上容量最大的燃用煤泥发电锅炉。

11 月 22 日至 24 日　《煤炭加工与综合利用》编辑部在北京召开第四次通讯员会议。

是年　煤炭科学研究总院唐山分院研制成功的 ϕ710/500 型有压给料三产品重介质旋流器在原鸡西市选煤厂投入生产并通过技术鉴定。

1991 年

1 月　中国煤炭加工利用协会组织有关矿务局赴美国对有关型煤技术和高岭土深加工技术进行了考察。

2 月 19 日　能源部颁发《关于加强地方煤矿产品质量管理的若干规定》，对加强地方煤矿煤炭产品质量管理提出了明确要求。

5 月 7 日至 10 日　中国统配煤矿总公司在山东新汶矿务局召开集体经济工作会议，提出集体经济今后 10 年的发展规划目标和“八五”计划目标。

7 月 23 日至 26 日　由能源部煤炭司主办的全国统配煤矿煤质资料汇编工作会议在吉林省通化矿务局召开，参会代表 373 人。

7 月 25 日至 29 日　中国煤炭加工利用协会在北戴河召开第二届理事会第三次常务理事（扩大）会议，参会代表 78 人。

8 月　我国第一座以三产品重介质旋流器为主导工艺的大型选煤厂——铁东选煤厂建成投产，获得国家优秀设计金质奖。

10 月 9 日至 13 日　中国煤炭加工利用协会在西安组织召开“第三届全国煤炭加工利用实用技术交流会”，参会代表 105 人。

12 月 21 日　使用煤矸石粉煤灰制取硅铝铁合金技术成果通过中国统配煤矿总公司鉴定。

10 月 23 日　南票矿务局化工厂在沸腾炉飞灰中成功提取炼钢脱氧剂——硅铝铁合金。

11 月 1 日至 3 日　应美国烧烤工业协会邀请，中国煤炭加工利用协会派出 6 人组成的代表团参加了在美国佛罗里达州佛特 · 迈尔斯召开的美国烧烤工业协会年会。在美期间，代表团访问了休伯公司和伊文斯黏土公司，考察了美国高岭土的生产情况。

11 月 4 日　《山西日报》以“阳泉矿务局瓦斯利用节煤 30 万 t”为题，刊登了阳泉矿务局开发利用瓦斯为民造福、变害为宝的报道。该局建成 2 座 5 万 m^3 和 1 座 3 万 m^3 的储配站，总容量达到 13 万 m^3，每年节约 30 万 t 煤炭，减轻了 35000 户家庭的家务劳动。

本月　“煤炭加工与综合利用”编辑部在西安召开“刊物工作会议”。

12 月 10 日　萍乡矿务局高坑煤矸石电厂一号沸腾炉自 1991 年 7

月 11 日以来，连续安全运行 3469 h，创同类锅炉全国纪录。

是年　沈阳矿山机器厂研制生产了国内第一台直径 100 m 的浓缩机。

1992 年

1 月 6 日　北京矿务局水煤浆示范厂利用瑞典贷款、引进瑞典制浆设备新建的 25 万 t/a 生产线调试出浆，首批成品浆运往北京造纸一厂燃烧应用。3 月 18 日，水煤浆生产线签字验收。

4 月 23 日至 26 日　中国煤炭加工利用协会在杭州组织召开了“全国小型洗煤技术经验交流会”。

4 月 27 日　国家计委和国务院生产办以计资源（1992）第 2195 号文件公布了第四批国家级节能企业升级（定级）名单。中国统配煤矿总公司系统被批准为第四批国家级节能企业的单位共 88 个。其中开滦矿务局唐山矿、大同矿务局云冈矿等 14 个单位为国家一级节能企业；平顶山矿务局大庄矿等 74 个单位为国家二级节能企业。1987 年（第三批）晋升为国家节能企业的淮南矿务局谢家集一矿等 9 个单位，经复查重新定级为国家节能一级企业。

5 月 7 日至 9 日　中国统配煤矿总公司在四川省广旺矿务局发电厂召开煤炭系统低热值燃料发电经验交流会，来自全国 10 个省区 46 座电厂的厂长或总工共 87 人参加会议。广旺局发电厂、萍乡局高坑发电厂、永荣局发电厂、兖州局南屯电厂、萍乡局安源电厂等 6 个单位在大会上介绍了经验。

5 月 20 日至 28 日　国务院副总理朱镕基到山西省大同、西山、阳泉 3 个矿务局考察，对煤矿扭亏增盈和晋煤外运等问题进行调查研究。朱镕基要求煤炭工业狠抓扭亏增盈，减轻国家对亏损补贴的负担；煤矿最大的潜力是减人，提高劳动生产率是扭亏增盈的重要措施；发展多种经营，综合利用，搞深加工，特别是发展第三产业。

5 月 27 日至 30 日　能源部煤炭司在山东威海市召开了煤炭行业

第一次质量监督检验站工作会议，标志着能源部管理的在 28 个省（区）境内的煤炭质量监督检验机构正式成立。

本月 中国煤炭加工利用协会与中国矿业大学联合组织召开“第二届全国煤炭加工利用青年学术讨论会”。

7 月 1 日 国务院副总理邹家华主持会议，听取中国统配煤矿总公司关于煤矿企业发展多种经营的汇报。会议议定：①煤矿要坚持“以煤为本，多种经营”的发展方针，国家要从体制上、政策上给予必要的扶持；②煤矿发展多种经营，应主要面向发展以煤为原料、燃料的深度加工和综合利用，面向发展煤炭以外经济效益好的其他产业，特别是第三产业；③要不断增加原煤洗选比重，提高煤炭质量和经济效益，促进煤的综合利用。

7 月 23 日至 28 日 中国煤炭加工利用协会在吉林省通化矿务局组织召开“第四届全国煤炭加工利用实用技术交流会”。

8 月 8 日 《中国煤炭报》报道，阳泉矿务局材料科油库管理员、共产党员张跃恒，凭借一根扁担、两个油桶，长年累月奔波在 30 多个用油单位，义务回收废油。退休的 5 年中，又为矿山回收废油 10 万多公斤，乳化油 1805 公斤。26 年来，累计为国家节油价值 70 余万元，被矿山誉为“节油大王”。1992 年 5 月，荣获全国“五一劳动奖章”。

8 月 25 日至 30 日 中国煤炭加工利用协会在北戴河召开团体会员工作会议，协会理事长苑荫桐主持会议，国家计委资源节约与综合利用司副司长朱良栋到会并讲话。

8 月 25 日至 9 月 1 日 首届全国煤炭企业多种经营产品展销会在北京展览馆举行。此次展销会是新中国成立以来煤炭行业最大的一次盛会。8 月 30 日国务院副总理邹家华、朱镕基参观了展览。邹家华在参观中国煤炭综合利用开发公司的展台时题词：“综合利用，大有作为”“以煤为本，多种经营；综合利用，吃干榨净；分类指导，扭亏增盈；煤炭工业，前景光明”。朱镕基在参观淮北矿务局灯具展位时题词：“设计要改进，模具加工要加强”。全国煤炭企业共有1462家参展，展品达13类4415种，科研、技术成果5000多项，其中名优产品603种，出口创汇产品712种。在八天的展销中，参观展销会人员达10万人次，总成交额14.5亿元。

11月21日至12月6日　中国煤炭加工利用协会组织赴美烧烤型煤考察团，代表团一行7人在团长、通化矿务局副局长王延平率领下，考察了美国烧烤型煤的技术、生产及市场等。

是年　煤炭科学研究总院唐山分院与黑龙江鸡西滴道矿选煤厂合作试验成功的我国第一台无压给料三产品重介质旋流器（NWSX700/500型）通过技术鉴定并获得国家专利。

1993年

3月1日　中国和瑞典技贸合作北京矿务局水煤浆示范厂投入试生产。

3月9日　能源部印发“关于奖励煤矿节能技术改造优秀项目的通知”（节能〔1993〕220号），开滦矿务局发电厂集中供热技术改造项目等获一等奖，煤科总院唐山分院与井陉矿务局机械总厂完成的工业系列渣浆泵等获二等奖。

5月　中国煤炭加工利用协会承担并组织完成了国家计委委托的“关于煤矿区六种有益矿产资源开发利用调查研究”软课题，撰写了调研报告，并通过技术鉴定。

7月16日　中国煤炭加工利用协会在北京召开理事长办公扩大会议，宣布了煤炭工业部党组的建议，原中国统配煤矿总公司生产局副局长单忠健（女）任协会常务理事、理事长，苑荫桐同志因年龄原因，由理事长改任顾问。

本月　焦作市方庄煤矿建成煤矸石石棉制品厂。1994年该厂产品获乌兰巴托新产品博览会国际金奖。

8月25日至30日　中国煤炭加工利用协会在北戴河召开“第五

届全国煤炭加工与综合利用实用技术交流会”，参会代表128人。

9月27日 枣庄矿务局八一煤矿水煤浆厂一期工程正式通过国家验收。八一煤矿水煤浆厂一期工程的建成，利用选煤厂生产的浮选精煤、滤饼自备高浓度水煤浆。

10月16日至18日 煤炭工业多种经营政策研讨会在龙口矿务局召开。会议主要讨论了《关于加快发展煤炭工业综合利用、多种经营若干问题的政策意见》和《煤炭工业综合利用、多种经营、第三产业发展规划（1994—2000年)》。

10月26日至31日 由联合国经社发展部和我国煤炭部共同主办的联合国煤炭洗选加工跨区域研讨会在山东省兖州矿务局召开，共有来自美国、澳大利亚、巴西、秘鲁、韩国、蒙古、日本、越南、泰国、匈牙利、菲律宾、印度尼西亚、巴基斯坦、波兰、捷克、罗马尼亚、英国、莫桑比克、坦桑尼亚等19个国家及国际机构的代表参会，我国政府有关部门、煤炭企业代表共89人出席会议。煤炭工业部副部长张宝明出席开幕式并致辞。

10月28日至29日 由莱芜煤机厂制造的国内首台GPJ60/3型加压过滤机在枣庄矿务局八一煤矿选煤厂通过部级鉴定。我国成为继德国、奥地利之后第三个能自行研制加压过滤机的国家。

本月 煤炭工业部发出《关于中国煤炭综合利用开发公司更名的通知》。中国煤炭综合利用开发公司更名后为中国煤炭综合利用节能开发总公司。

11月2日至3日 中国煤炭加工利用协会在北京召开“过滤技术交流和推广会议”，参会代表50余人。

11月17日至20日 全国煤炭工业多种经营工作会议在北京召开。这是新的煤炭工业部组建后召开的第一次多种经营工作会议。国务院副总理邹家华到会并作重要讲话。会议宣布“关于表彰一百个多种经营先进单位的决定”，向受表彰单位颁发奖状和奖品。

1994 年

3 月 11 日至 12 日　由中国煤炭学会和中国能源研究会共同主办的“中国洁净煤技术发展研讨会”在北京召开。国家计委副主任叶青、国家科委副主任黄齐陶、煤炭部副部长兼中国煤炭学会理事长范维唐等领导出席。

本月　中国煤炭加工利用协会在包头矿务局举办第一期选煤技术培训班。参加学习的学员 48 人。

4 月 12 日至 15 日　由煤炭部综合利用多种经营司组织的“全国煤炭行业综合利用处长座谈会”在平顶山矿务局召开，会议代表 86 人。

4 月 27 日至 30 日　由煤炭工业部、中国科学院和国际科学文化交流中心实验室联合组织召开的《水煤浆在中国的应用》科研项目研讨会在北京举行。

5 月 11 日　国务院副总理邹家华对煤炭工业部王森浩部长《关于建设盂县至潍坊管道输煤的请示》做了重要批示：“请镕基、李鹏同志阅示。请计委进行可行性研究。管道输煤都是水煤浆，能否出口，有无市场要研究。现在的新技术是不脱水，直接送入锅炉，如烧重油一样。”朱镕基副总理、李鹏总理分别于 5 月 13 日和 6 月 8 日对邹家华副总理关于“请计委进行可行性研究”的意见圈阅同意。

5 月 23 日至 27 日　第 12 届国际选煤会议在波兰克拉科夫市召开，参加会议的共有 28 个国家的代表 604 人。我国煤炭部生产协调司副司长杨永仁率 5 人代表团参加了会议。

6 月　煤炭工业洁净煤工程技术研究中心洗选加工利用部在煤科总院唐山分院成立。

8 月 22 日至 25 日　全国多种经营企业引进技术成果洽谈会在北京煤炭管理干部学院体育馆举行。这次洽谈会是煤炭部首次组织多种经营企业与科研院校等部门进行经济技术合作。

本月 中国煤炭加工利用协会在北京召开理事长办公扩大会议，宣布了煤炭工业部党组的建议，原煤炭部计划司司长汪积墀同志任协会常务理事、理事长；单忠健（女）同志不再担任理事长，另有任用。

9月 单忠健（女）同志任选煤厂厂长联谊会理事长，张殿增同志任秘书长。

11月2日 煤炭工业部颁布《煤炭工业环境保护暂行管理办法》。

是年 煤炭行业标准《煤炭工业选煤厂设计规范》(MT 5007—1994）发布。

是年 中国矿业大学教授欧泽深和刘炯天研发的首台 FCMC－1000I 型旋流微泡浮选柱在中梁山矿务局中梁山选煤厂得到应用。

1995年

2月13日 全国人大环境与资源保护委员会听取煤炭工业部关于煤炭工业环境保护工作的汇报。

2月21日 国务院副总理邹家华在京听取中国矿业大学余力教授关于煤炭地下气化问题的汇报。

9月8日至12日 （首届）福建投资贸易洽谈会在厦门举行。煤炭工业部组织煤炭综合利用、多种经营产品参会。在此次洽谈会上煤炭行业共签署各种意向或合同20多个，累计金额逾50亿元。

10月5日 煤炭工业部节能领导小组在北京召开全体成员会议。会议通过关于表彰“八五”期间煤炭工业41个节能先进单位的决定，并对“九五”节能宣传周活动进行安排。

10月9日至10日 由煤炭部华煤水煤浆技术联合中心主办的第二次中日水煤浆技术交流会在北京召开，双方就水煤浆的最新研究成果与应用情况进行了交流，会议共宣读论文19篇。

11月27日 煤炭工业部印发《关于成立煤炭综合利用多种经营

技术咨询中心的通知》。

11月30日　煤炭工业部副部长范维唐在北京会见日本通产省工业技术院新阳光本部总括研究开发官森信昭先生。双方就促进中日在煤炭液化方面的合作及煤炭液化在中国开发的可行性进行了讨论。

是年　选煤设计院中选自控公司开发的、国内选煤行业最早的PLC及微机监控应用系统在兴隆庄矿选煤厂正式应用，荣获“煤炭科技进步二等奖”。

1996年

1月19日　中共中央总书记、国家主席江泽民和中共中央政治局委员、国务院副总理吴邦国、中共中央办公厅主任曾庆红，视察煤炭工业水煤浆和煤炭液化科技开发工作，先后到中国矿业大学北京研究生部参观水煤浆试验装置、到北京造纸一厂实地视察水煤浆燃烧装置，到煤科总院参观煤炭液化试验装置，与煤炭工业部领导和科技人员进行了座谈。

4月18日　煤炭部印发《关于同意成立煤炭工业环境保护安全培训中心的批复》，批复兖州矿务局，同意中日合作建立该中心。

6月4日至7日　中国煤炭加工利用协会在太原组织召开“全国煤炭资源综合利用技术研讨会议”，同期召开“煤炭加工与综合利用”刊物通讯员会议。

6月7日　全国煤炭工业综合利用多种经营工作会议在北京召开，出席会议代表460余人。会议总结了“八五”期间煤炭行业综合利用多种经营工作，研究确定了“九五”发展思路和奋斗目标。煤炭部王森浩部长，张宝明、濮洪九、王显政、朱登山副部长等出席会议。

7月　煤炭工业第二批技术改造双加工程（加大技术改造投资力度、加快企业改革步伐）项目初步确定为129个，贷款规模44亿元。其中，矿井25项，选煤厂47项，劣质煤电厂38项，综合利用19

项，平顶山矿务局整体改造项目作为示范工程。

8 月 29 日 第八届全国人大常委会第 21 次会议表决通过《中华人民共和国煤炭法》，对煤炭洗选加工、综合利用及环境保护等进行了规定。提出“国家鼓励煤矿企业发展煤炭洗选加工，综合开发利用煤层气、煤矸石、煤泥、石煤和泥炭”。

11 月 4 日至 6 日 全国煤炭工业环境保护会议在北京召开。国务院副总理吴邦国发来贺信。煤炭工业部副部长王显政作题为《坚持基本国策、加强环境治理，实现煤炭工业与环境保护的协调发展》的报告。会议宣布表彰煤炭工业环境保护先进企业的决定。

1997 年

1 月 9 日 国家经济贸易委员会发布《关于表彰国家“八五”技术改造优秀项目和技术改造先进工作者的通报》。受表彰的煤炭行业项目 3 项，其中 2 项为煤炭加工利用项目：抚顺矿务局老虎台煤矿选煤厂选煤技术改造、资兴矿务局煤电焦化总厂煤炭综合利用技术改造。

2 月 4 日 兖州矿业（集团）有限责任公司东滩煤矿煤泥热电厂开工建设，设计装机容量 24 MW，总投资 15 亿元。

4 月 唐山市选煤成套设备厂自主开发研制的第一台工业化复合式干法选煤设备 FGX－3 型设备在吉林珲春矿务局运销公司成功应用，同年 5 月 FGX－1 型设备在山西古交煤矿投入使用。

6 月 17 日至 19 日 中国煤炭加工利用协会低热值燃料发电分会在湖南召开第三次全体会员大会，出席会议代表 80 余人。

8 月 5 日 《人民日报》以《重点国有煤矿提前扭亏》为题报道国有重点煤矿在 1992 年亏损近 60 亿元的情况下，通过减人提效、转产发展多种经营，1997 年上半年实现利润 1.1 亿元，比 1996 年同期减亏近 5 亿元。

8 月 21 日 国家经贸委资源司与煤炭部综合利用多种经营司联

合召开“煤矸石综合利用政策研讨会”，会议重点就“煤矸石综合利用管理办法（草稿）”进行了讨论。

10 月 3 日至 5 日　煤炭工业部副部长王显政出席在北京召开的中国环境与发展国际合作委员会第二届一次会议。会上，中国环境与发展国际合作委员会授予王显政环境与发展国际合作奖的最高奖。

10 月 7 日至 12 日　由国家经贸委主办的“首届全国资源节约综合利用成果展暨国际技术交流洽谈会”在北京举行，煤炭行业组团参展。

本月　国家计划委员会煤代油专用资金办公室同意神华洁净煤技术开发有限责任公司与美国碳氢化合物技术公司合作进行神府矿区煤炭直接液化可行性研究工作。

11 月 18 日　洁净煤技术国际研讨会在福建厦门开幕。煤炭工业部部长王森浩致开幕词。全国人大常委会副委员长田纪云、全国人大财经委员会副主任黄毅诚出席并讲话。来自 16 个国家和地区的 200 多位代表出席会议。

12 月 3 日至 6 日　中国煤炭加工利用协会在浙江省宁波市组织召开煤炭资源综合利用技术交流研讨会，主要围绕煤矸石和灰渣的综合利用等进行研讨。煤炭部综合利用司洪绍和副司长、朱建荣处长，中国煤炭加工利用协会苑荫桐顾问、李兰田副理事长出席会议。

12 月 22 日　《人民日报》报道了中国矿业大学教授余力进行煤炭地下气化试验取得的新成果。

12 月 31 日　国家计委、国家经贸委、外经贸部发布《修改后的“外商投资产业指导目录”》（第 7 号）。目录中包括煤炭采掘运选设备设计与制造，煤炭开采与分选（特种、稀有煤种由中方控股或占主导地位），水煤浆、煤炭液化生产，煤炭综合开发利用，低热值燃料及伴生资源综合开发利用，煤炭管道运输以及煤层气勘查、开发。

1998 年

2 月 12 日 国家经济贸易委员会、煤炭工业部、财政部、电力工业部、建设部、国家税务总局、国家土地管理局、国家建筑材料工业局等八部委联合发布《煤矸石综合利用管理办法》，提出煤矸石综合利用应坚持“因地制宜、积极利用”和“谁排放、谁治理、谁利用、谁受益”的原则。

3 月 15 日 煤炭工业部命名西山煤电（集团）有限责任公司太原选煤厂等 10 座选煤厂为 1997 年度煤炭工业优质高效选煤厂。

本月 煤炭工业部通报表彰：开滦矿务局等 26 个单位为煤炭质量信得过单位，开滦矿务局林西矿等 210 个单位为煤质管理工作部级质量标准化矿井，开滦矿务局化验室等 62 个单位为部级标准化局化验室，开滦矿务局赵各庄煤矿选煤厂等 110 个单位为部级质量标准化选煤厂，大同矿务局四台煤矿选煤厂等 9 个单位为洗水闭路循环达标选煤厂。

5 月 24 日 中日合作示范企业枣庄矿务局柴里煤矿电厂每小时 35 蒸吨燃煤泥循环流化床锅炉一次点火成功。

本月 中国煤炭加工利用协会在北京召开常务理事扩大会议，根据煤炭工业部党组的建议，原煤炭部生产司副司长杨永仁被推举为中国煤炭加工利用协会常务理事、理事长，汪积墀同志卸任。

本月 枣庄矿业集团八一煤矿投资 5000 万元建成年产 25 万 t 水煤浆生产线，成为我国拥有自主知识产权，使用国产设备建成的首条年产 25 万 t 水煤浆生产线。

10 月 26 日至 27 日 中国煤炭加工利用协会在徐州中国矿业大学召开 FCM 直径 3 m 型微泡浮选柱评议交流会。

11 月 30 日至 12 月 1 日 中国煤炭加工利用协会在北京召开第三次会员代表大会。杨永仁代表第二届理事会向大会做工作报告。高扬文、叶青为第三届理事会高级顾问，濮洪九为名誉理事长。第三届理事会理事388人，常务理事79人，杨永仁当选为理事长，高有雷等7人为副理事长，吕英为秘书长。

12月　太原煤气化集团公司被国务院发展研究中心评为“中国第一个煤炭综合加工利用的大型联合企业”，并授予“中华之最”奖牌。

本月　受国家经贸委委托，中国煤炭加工利用协会组织完成了“煤矸石综合利用技术政策”“全国煤炭行业动力配煤调研报告”“全国矿区土地破坏与利用情况调研报告”等课题研究。

1999年

2月4日　国土资源部发出《关于加强矿山生态环境保护工作的通知》。

3月18日　中国煤炭工业协会在北京召开第一次全国会员代表大会，通过协会章程，选举产生第一届理事会。此后，选煤厂厂长联谊会变更为中国煤炭工业协会选煤分会。

本月　编辑出版《中国选煤50年》画册。

4月16日　中国煤炭加工利用协会在北京召开《煤矿环境保护》《煤炭加工与综合利用》《选煤技术》《煤质技术》四种期刊负责人会议。

4月20日至22日　中国煤炭加工利用协会在重庆召开1998年度环境统计汇总会和工业污染源治理达标研讨会。

本月　中国煤炭加工利用协会在北京召开“煤炭加工与综合利用”刊物编委会及协办单位工作会议。

5月20日至24日　中国煤炭加工利用协会低热值燃料发电分会在浙江省宁波市召开1999年年会，会议代表50余人。

5月26日至27日　中国煤炭加工利用协会在宁夏石炭井矿务局召开西部地区煤质选煤技术推广交流会，会议代表50余人。

本月　中国煤炭加工利用协会在兖州中国煤炭环保安全培训中心

举办“全国煤矿环保与洁净煤技术培训班”。

7月3日至5日 中国煤炭加工利用协会在云南汤池镇可保煤矿召开“全国煤矿土地破坏与复垦利用情况调研报告”及“煤矿土地复垦管理办法（草案）审查会”。

本月 中国煤炭加工利用协会在呼和浩特市组织召开“煤炭洗选加工规划汇总和技术推广会”。

本月 中国煤炭加工利用协会在乌鲁木齐市召开“中国煤炭加工利用协会第三届常务理事扩大会第二次会议”。新增理事110人。

10月25日 中国煤炭加工利用协会在北京召开“沉降过滤式离心脱水机技术交流会”。

11月8日 第二届洁净煤技术国际研讨会在北京举行。来自中、英、美、澳、俄等11个国家和地区的代表出席研讨会。

是年 作为“九五”国家科技重点攻关项目，由煤炭科学研究总院唐山分院和贵州盘江老屋基选煤厂合作试验成功了我国第一台大型无压给料三产品重介质旋流器（3NWX1200/850A型），在国内逐渐形成了各种规格的有压给料及无压给料三产品重介质旋流器系列。

2000年

4月19日至22日 中国煤炭加工利用协会在珠海市召开1999年度环境统计年报审查汇总会暨环境统计指标体系研讨会，同期召开组建环境保护专家咨询组座谈会。

4月21日 国务院总理朱镕基视察抚顺矿务局老虎台煤矿选煤厂。

5月26日至27日 中国煤炭加工利用协会在重庆市召开模块选煤技术经验交流座谈会。

6月5日至10日 受国家经贸委资源节约综合利用司委托，中国煤炭加工利用协会在浙江省杭州市举办第一期煤矸石综合利用培训研讨班。

本月　受国家煤炭工业局委托，中国煤炭加工利用协会完成了《煤炭洗选加工“十四五”规划和2015年发展计划》《中国煤炭开发利用与环境保护的研究》两项课题。提出了《煤炭工业环境保护“十五”规划和2015年发展计划（建议稿）》，供有关部门决策参考。

7月5日　全国政协副主席孙孚凌率全国政协人口资源环境委员会20多位委员视察煤炭科学研究总院，听取中国工程院能源咨询项目组关于“减排二氧化硫合理技术经济途径及其综合效益评估”课题汇报和煤炭直接液化技术、水煤浆技术最新进展情况介绍，参观煤炭直接液化试验装置。

7月18日至22日　中国煤炭加工利用协会在山东威海举办“煤矸石综合利用培训研讨班”。

7月27日　经国务院批准，国家经济贸易委员会发布《当前国家重点鼓励发展的产业、产品和技术目录（2000年修订）》，大中型高效选煤厂建设，瓦斯、煤尘、矿井水、井下火灾防治，工业及生活用环保型煤制造，水煤浆技术开发，煤炭气化、液化，煤层气勘探及开发利用，管道输煤，洁净燃煤技术开发等被列入国家重点鼓励发展项目。

8月　我国第一座国产高效装配式选煤厂——兰花集团伯方选煤厂投产。该厂是实施总承包建设、全部设备国产化的高效装配式选煤厂，其设计能力0.60 Mt/a，分选粒度25~0 mm。选煤工艺采用有压三产品重介质旋流器、煤泥浮选、尾煤压滤联合流程。

10月16日至19日　由国家煤炭工业局主办，中国煤炭加工利用协会和煤炭科学研究总院杭州环境保护研究所等单位承办的“煤炭环保产业实用技术交流推广会”在浙江省杭州市召开，会议代表300余人。

12月5日　由平顶山选煤设计院设计、在平煤集团田庄选煤厂进行工业性试验的国家“九五”科技攻关项目——2ZKP3660型直线振动筛项目通过国家验收。振动筛筛板面积21 m^2，时为国内最大的振动筛项目。

12 月 9 日　大同新源水煤浆制备厂在山西大同建成投产。该厂年设计生产能力为 10 万 t 水煤浆，为国内首家民营水煤浆制备厂。

12 月 19 日至 21 日　受国家煤炭工业局委托，中国煤炭加工利用协会在重庆召开全国煤炭行业低热值燃料电厂厂长工作座谈会，参加会议代表 80 余人。

是年　神东第一座选煤厂，设计入洗原煤 1200 万 t/a 的大柳塔选煤厂建成投产。该厂采用 100 ~ 13 mm 块煤三产品跳汰选煤，精煤外销，中煤供应矿区低热值煤热电联产。该项目获得国家 2002 年度优秀设计银奖。

2001 年

1 月 16 日　国家经济贸易委员会印发的《国家经贸委主管的行业协会管理意见》中明确：委托中国煤炭工业协会代管中国煤炭运销协会、中国煤炭建设协会、中国煤炭加工利用协会等煤炭行业各专业协会以及中国煤炭学会。

本月　我国煤炭行业处理能力最大的选煤动筛排矸系统在兖矿集团兴隆庄煤矿建成投产。

2 月 15 日　神华煤直接液化项目经国务院批准正式立项。

2 月 20 日至 21 日　受国家经贸委资源节约与综合利用司委托，中国煤炭加工利用协会在河北邢台召开“全国煤矸石扩大利用工作座谈会”，布置编制“十五”煤矸石扩大利用计划工作，会议代表 70 余人。

4 月 5 日至 7 日　中国煤炭加工利用协会在福建厦门市召开“全国煤矿多种经营工作座谈会”。

5 月 22 日至 24 日　中国煤炭加工利用协会在西安召开 2000 年度煤炭工业能源统计年报审查汇总会及能源统计软件升级培训班。

5 月 23 日至 26 日　中国煤炭加工利用协会在成都召开风力选煤

和动筛跳汰选煤技术交流会。

6 月 12 日至 15 日　中国煤炭加工利用协会在湖南长沙召开“2000 年度环境统计年报审查汇总会暨环境统计指标体系研讨会”。

8 月 21 日至 22 日　国家经贸委在黑龙江省双鸭山市召开“全国煤矸石综合利用工作会议”，来自全国各地经贸委、墙改办、行业协会及煤炭企业的代表近 200 人参加会议。

本月　中国煤炭加工利用协会在成都组织召开“煤炭行业建设项目环境保护分类管理座谈会”和“煤炭行业部分低热值燃料电厂可持续发展座谈会”。

12 月 15 日至 18 日　中国煤炭加工利用协会在海南召开“重介质选煤技术交流会”。

12 月 18 日至 20 日　煤炭工业环境保护办公室在西安召开“煤炭行业环境保护工作处长座谈会”，参加会议代表 50 余人。

本月　中国煤炭加工利用协会在北京组织召开“部分选煤厂厂长座谈会”。

是年　我国自行设计的第一座特大型选煤厂安家岭选煤厂建成投产。该厂在国内首次采用储量 10 万 t 的半地下式槽仓、ϕ50 m 的预应力浓缩池、百米大跨度带式输送机拱桥、57 m 大跨度无下弦钢桁架等多种特殊土建结构，是同期我国自行设计、施工、管理的规模最大的选煤厂。

2002 年

1 月　中国煤炭加工利用协会与水利部水保司在北京联合组织召开“晋城煤业集团水土保持方案报告书预审会”。

本月　中国煤炭加工利用协会完成了国家计委下达的“中国选煤”课题，约 40 万字的研究报告上报国家计委。

3 月 9 日　中国煤炭工业协会副会长陶风鸣率团访问南非，出席第 14 届国际选煤会议，同南非采矿协会进行会谈。选煤分会理事长单忠健一同出席会议。

5 月 18 日　中国煤炭加工利用协会在山东省莱芜市召开煤炭行业加压过滤机技术推广会，来自全国各大矿务局、选煤厂、设计院和国外公司的代表 180 多人参加会议。

5 月 28 日至 30 日　中国煤炭加工利用协会在重庆召开“全国煤炭资源综合利用工作座谈会”，传达国家经贸委有关会议精神，参会代表 100 余人。

本月　“全国 1996—2000 年煤质资料汇编会”在江苏无锡召开，布置了 1996—2000 年煤质汇编工作具体事宜。

6 月 11 日至 15 日　中国煤炭加工利用协会在广西南宁召开“全国重点选煤厂厂长会议”，重点讨论了“21 世纪的中国选煤工业”；表彰了 2000 年度优质高效选煤厂，并公布了 2000 年度行业级质量标准化选煤厂、煤质管理质量标准化矿井和质量标准化局化验室名单。

本月　中国煤炭加工利用协会组织编写《煤炭工业基本知识讲座》，并在石家庄举办了 30 余人的培训班。

本月　中国煤炭加工利用协会组织有关企业就电厂脱硫问题进行了国外考察。

本月　中国煤炭加工利用协会在郑州组织召开“煤矿 2001 年度能源统计汇总工作会议”。

8 月　中国煤炭加工利用协会与中国煤炭工业协会、国家煤炭质量监督检验中心共同组织了《商品煤抽查和验收办法》国家标准宣传贯彻培训会。

9 月　中国煤炭加工利用协会在宁夏银川组织召开“清华 ZZ－89 系列测灰仪应用技术交流会”。

10 月 23 日至 27 日　中国煤炭加工利用协会在北京召开“煤炭行业环境保护工作座谈会”，参会代表 60 余人。

10 月 28 日　中国煤炭加工利用协会在北京组织召开第三届常务理事会第三次扩大会议，庆祝中国煤炭加工利用协会成立 20 周年，总结工作，交流经验，研讨协会今后工作。大会还表彰了97个先进会员（理事）单位，增补理事118名、常务理事33名。

10月29日至31日　由中国煤炭工业协会和中国煤炭加工利用协会共同主办，世界能源理事会协办的“中国国际煤炭加工利用与环境保护大会暨展览会”在北京召开。来自国内及德国、美国等12个国家和地区的企业、科研院所的600多名专家、学者和企业代表出席会议，国内43个厂商和企业展出了在煤炭洗选加工及综合利用领域先进适用的技术和设备。期间举行了中韩、中德煤炭工作组会议、德国采矿技术专题研讨会和招商引资洽谈会。

本月　中国煤炭加工利用协会组团参加了“第十届矿物能源产品环境保护及废料管理国际会议”。

本月　中国煤炭加工利用协会在北京分别组织召开了“全国选煤工作座谈会”“全国选煤设备制造厂厂长座谈会”“煤矸石电厂安全经济运行研讨会”。

11月7日至8日　中国煤炭工业协会、中国石油和化学工业协会在北京联合召开“2002中国国际煤化工及煤转化高新技术研讨会”。全国人大常委会副委员长成思危向大会发来贺信。

2003年

4月3日至5日　中国煤炭加工利用协会在陕西省西安市召开全国煤炭多种经营统计年报审查汇总会议。

4月9日至10日　中国煤炭加工利用协会在北京召开选煤设备厂长座谈会。

4月17日至19日　中国煤炭加工利用协会与中国环境保护产业协会在湖南长沙联合召开复合式干法洗煤技术推广会。

5月13日至16日　中国煤炭加工利用协会在浙江省宁波市召开“选煤厂结构长效防腐技术及原煤筛分新技术”推广会。

7月21日　受国家发改委环资司委托，中国煤炭加工利用协会组织编制《煤矸石综合利用规划》。

8月5日至8日 中国煤炭加工利用协会在兰州市召开煤炭环保处长及煤炭环境监测站站长座谈会。

8月20日至22日 中国煤炭加工利用协会在浙江省温州市召开先进煤矸石电厂、砖厂、水泥厂及先进厂长表彰暨研讨和经验交流会，共表彰先进单位40个，先进厂长42名。

8月27日至29日 中国煤炭加工利用协会在江西省吉安市召开加压过滤机技术推广和用户座谈会。

10月26日至27日 中国煤炭加工利用协会在北京21世纪饭店召开第四次会员代表大会。会议听取了第三届理事会五年来的工作，研究协会今后发展工作思路和重点工作；修改《中国煤炭加工利用协会章程》；选举产生第四届理事会、常务理事会、理事长、副理事长、秘书长。其中理事会理事380人，常务理事115人。杨永仁当选为理事长，吕英等12人为副理事长，张绍强为秘书长。大会期间，交流了煤炭资源综合开采、深度加工、高效利用、循环发展的典型经验，组织出席和参观了第十届中国国际煤炭采矿技术交流与设备展览会。

11月8日至10日 煤炭工业环境保护办公室在北京召开煤炭企业排污收费问题座谈会，主要就2003年7月1日起实施的《排污费征收管理条例》在实施过程中存在的问题进行讨论，提出可行性解决办法和建议。

本月 受电力企业联合会委托，中国煤炭加工利用协会组织编制煤矿火力发电厂二氧化硫排放治理“十一五”规划及2020年远景治理目标。

是年 中国煤炭加工利用协会完成了《煤炭企业清洁生产与环境保护战略研究》《贵州六盘水特区能源工业发展战略研究》《我国选煤工业主要技术装备现状与发展对策》《推进洁净煤技术的对策》等6个课题研究报告，在进行大量调查研究的基础上，提出了发展思路和政策建议；建立了1996—2000年全国煤质资料库；编印了《推荐选煤设备选型手册》等。

2004年

3月31日至4月3日　中国煤炭加工利用协会在北京召开《2001—2002年度优质高效选煤厂、质量标准化先进单位命名表彰暨修改标准》会议。表彰了开滦精煤股份有限公司范各庄等28座优质高效选煤厂、中国中煤能源集团公司平朔煤炭工业公司安太堡等73个行业级质量标准化选煤厂，以及山西潞安矿业集团公司王庄等98个行业级煤质管理标准化矿井和25个行业级标准化化验室。

5月18日至19日　中国煤炭加工利用协会在广西北海召开煤矿资源综合利用优惠政策研讨会。

6月3日至4日　中国煤炭加工利用协会在银川市组织召开西北地区提高煤炭质量新技术推广座谈会。

6月29日至7月2日　全国煤矿环境保护会议在四川成都举行。会议讨论了煤炭环境保护政策和"十一五"煤炭工业清洁生产和环境保护规划，表彰了煤炭行业环境保护优秀单位、先进集体和突出贡献者。

7月　新汶矿业集团有限责任公司良庄煤矿研究成功的利用水煤浆技术处理造纸黑液技术，把水煤浆技术和黑液治理有机结合，是一项废水处理、资源综合利用的环保节能技术，为国内首创。

8月至12月　受国家发改委委托，中国煤炭加工利用协会与中国矿业大学共同编制完成《矿井水利用专项规划》。

8月25日　神华集团神华煤直接液化项目在内蒙古鄂尔多斯市举行开工典礼。

8月30日　中国煤炭加工利用协会在成都召开煤炭洗选加工新技术推广座谈会及新技术展示会。

9月1日　民政部批准中国煤炭加工利用协会煤质和煤炭检验分

会、环境保护工作委员会及中国资源综合利用协会煤矸石专业委员会三个分支机构。

9 月 14 日至 16 日 中国煤炭加工利用协会在内蒙古鄂尔多斯市召开“煤炭洗选加工业发展、改革、创新现场会”，讨论了《关于加快发展煤炭洗选加工的意见》等文件，出席会议代表 160 余人。

9 月 22 日至 23 日 中国煤炭加工利用协会在北京召开《煤矸石新型建材经验交流暨技术研讨会》，会议就今后如何充分利用国家的扶持政策等热点问题进行了研讨，参加座谈会代表 70 余人。

9 月 29 日 神华集团有限责任公司煤液化研究中心在上海建成煤直接液化中试装置，主要用于煤炭直接液化替代石油的技术开发和人员培训。装置每天处理 6 t 煤，是当时国际同类型试验装置中规模最大的直接液化试验装置。12 月 16 日煤炭直接液化试验装置在上海第一次投煤获得成功。

10 月 30 日至 31 日 由中国煤炭工业协会和中国石油和化学工业联合会共同主办的“2004’中国国际煤化工及煤转化高新技术研讨会”在上海召开，会议主题为煤化工技术研究及其产业化发展。来自相关领域的专家、学者、企业代表 300 余人参加会议。

12 月 14 日至 15 日 中国煤炭加工利用协会在云南保山召开第四届理事会第二次常务理事扩大会议，杨永仁理事长向大会报告协会一年来的工作，并提出 2005 年协会工作计划。出席会议的常务理事、理事 100 余人。

是年 宁夏煤业集团有限责任公司太西洗煤厂研制成功的两段等密度重介悬流器，分选精度 EP≤0. 015 g/m^3，突破了入选煤 ±0. 1 含量大于 90% 有效洗选的难题，为国内首创。

是年 山西潞安矿业（集团）公司以贫煤、贫瘦煤用于高炉喷吹煤技术，用 1 万 t 喷吹煤可代替 0. 85 万 t 焦煤，具有弱爆炸性、低灰、特低硫、燃烧率高、灰熔点高、置换比例高及可磨性好的特点，为国内首创。

是年　中国煤炭加工利用协会受国家发展改革委员会环资司委托开展了《矿井水利用专项规划》工作；完成了《我国焦煤产业情况问题及建议》、《煤炭企业清洁生产与环境保护战略研究》等课题研究；编印了《中国煤炭工业环境保护二十年》画册、《中国煤炭工业选煤行业基本情况》手册；出版了《选煤实用技术丛书》。

2005 年

2 月 16 日　世界银行碳基金（CDM）购买晋城无烟煤矿业集团减少的二氧化碳排放指标协议正式实施。“清洁发展机制”（CDM）在我国煤炭行业启动。

2 月中旬　枣庄矿业集团八一水煤浆热电厂正式建成发电，该项目采用国内最新制浆和燃烧技术。

3 月 1 日　中国神华能源股份有限公司控股的国华沧东发电有限公司成功投产 2 × 1 万 t/d 的低温多效海水淡化装置，日产淡水 2 万 t，生产规模居国内同行业之首。

3 月 7 日　中国煤炭加工利用协会在开滦集团公司召开波兰选煤技术座谈会。

本月　国内首台最大的多喷嘴对置式水煤浆气化炉在兖矿集团国泰化工有限公司建成。该新型气化炉单台炉日处理精煤 1000 t，是国家“863”重点攻关项目，拥有中国自主知识产权，具有世界先进煤气化水平。

4 月 21 日至 24 日　中国煤炭加工利用协会在成都召开煤炭工业能源统计年报审查汇总会议，来自 50 多家煤炭企业的 70 多位代表参加会议。

5 月 18 日至 21 日　中国煤炭加工利用协会在广西桂林召开全国高炉喷吹粉煤技术研讨会。

6 月 15 日　中国煤炭加工利用协会在浙江宁波召开煤质和煤炭检验分会成立大会。大会选举产生了分会第一届理事会及领导机构，叶大武当选为理事长。

6月22日 国家发展和改革委员会印发《煤矿瓦斯治理与利用总体方案》,从法律、政策、资源、科技、装备、人才、重点项目等方面提出具体政策和措施。

6月26日至28日 煤炭工业环境保护办公室在大连召开煤炭行业环境保护座谈会,出席会议代表60余人。

7月6日至8日 中国资源综合利用协会煤矸石专业委员会成立大会暨煤矸石综合利用技术研讨会在银川召开。中国煤炭工业协会副会长陶凤鸣、中国资源综合利用协会常务副理事长王建增、中国煤炭加工利用协会副理事长吕英、常务理事洪绍和等出席会议。吕英当选为煤矸石专业委员会主任委员。

7月19日至21日 中国煤炭加工利用协会在北京召开"无压给料三产品重介旋流选煤新技术及其配套设施推广座谈会",参会代表100余人。

本月 受国家发改委委托,由中国煤炭加工利用协会牵头组织对全国煤矿低热值燃料电厂粉煤灰的排放利用情况进行调研,在调研的基础上,提出了电厂粉煤灰高效循环利用的意见和政策建议。

9月6日至8日 中国煤炭环保工作会议暨中国煤炭加工利用协会环境保护工作委员会成立大会在内蒙古海拉尔宝日希勒煤业(集团)有限责任公司召开,出席会议代表80余人。王玖明当选为中国煤炭加工利用协会环境保护工作委员会理事长。

9月7日 国家环境保护总局、国土资源部、卫生部联合发出《矿山生态环境保护与污染防治技术政策》。

9月11日至15日 中国煤炭加工利用协会在新疆乌鲁木齐召开"全国优质高效选煤厂、厂长以及行业级质量标准化选煤厂、煤质管理工作标准化矿井、标准化局化验室先进单位表彰命名大会",对2003—2004年度全国煤炭行业优质高效选煤厂、优质高效选煤厂厂长、标准化选煤厂、优质管理标准化矿井、标准化局化验室进行了命名表彰。

10 月 26 日　国家安全生产监督管理总局、国家发展和改革委员会、科学技术部、国家煤矿安全监察局联合主办的首届中国国际煤矿瓦斯防治与利用技术大会在北京召开。这是中国首次举办以煤矿瓦斯治理和利用为主题的大型国际会议。来自国内外政府机构、科研院所和煤炭企业近 600 名代表参加会议。

10 月 27 日　国家发展和改革委员会、国家环境保护总局、科学技术部、财政部、商务部、国家统计局等 6 部委联合发出《关于组织开展循环经济试点（第一批）工作的通知》。煤炭系统淮南矿业集团有限责任公司、河南平顶山煤业集团有限公司、新汶矿业集团公司、抚顺矿业集团、山西焦煤西山煤矿总公司 5 家煤矿企业被列为第一批试点单位。

10 月 28 日　国家安全生产监督管理总局、国家煤矿安全监察局联合印发《煤矿矸石山灾害防治与治理工作指导意见》。

11 月 9 日至 12 日　中国煤炭加工利用协会在广西桂林召开 2004 年度全国煤炭工业综合利用与多种经营先进企业及优秀厂长表彰大会，对评选出的全国煤炭工业 2004 年度综合利用与多种经营先进企业和优秀厂长（经理）进行了命名表彰。

11 月 27 日至 30 日　中国煤炭加工利用协会在江西南昌召开煤矸石煤泥循环流化床锅炉节能高效燃烧技术研讨会。

12 月 2 日　国务院发布《促进产业结构调整暂行规定》(经 2005 年 11 月 9 日国务院第 112 次常务会议通过)，明确产业结构调整的方向和重点，要求坚持节约优先、立足国内、煤为基础、多元发展，建设大型煤炭基地，调整改造中小煤矿，加快实施煤矸石、煤层气等资源的综合利用，鼓励煤电联营；大力发展循环经济，积极开发推广资源节约、替代和循环利用技术和产品，重点推进煤炭等行业节能降耗技术改造工作。

同日　国家发展改革委发布《能源产业结构调整指导目录》，其中煤炭行业鼓励类项目14项，限制类4项，淘汰类12项。鼓励类项目中，包括矿井瓦斯利用，低热值燃料（含煤矸石）及煤矿伴生资源开发利用，地面塌陷区治理，矿井水资源保护及利用，煤电、煤焦化一体化建设，提高资源回收率的采煤方法等。

12月25日 经国家发展和改革委员会批准组建的煤矿瓦斯治理国家工程研究中心在安徽淮南矿业集团正式成立。这是中国煤矿安全领域第一个产学研相结合的国家级工程研究中心，由淮南矿业集团和中国矿业大学联合组建。

是年 中国神华能源股份有限公司神东煤炭分公司开发成功的“分层开拓、无盘区划分与立交巷道平交化”的无岩巷布置技术，从源头上减少了矸石产出量，并开发出废巷充填、贮矸硐室充填等井下处理技术，辅以地面矸石回填及矸石发电技术，取消了地面矸石山，实现亿吨级矿区矸石零堆放，为国内首创。

是年 中国煤炭加工利用协会承担了煤炭工业“十一五”规划中煤炭加工转化、资源综合利用、煤炭环境保护专项规划以及《煤炭开采工程环境影响评价技术导则》编制工作。

是年 用于选煤厂设计的第一部国家标准《煤炭洗选工程设计规范》(GB 50359—2005）发布。

2006年

1月8日 兖矿集团和华东理工大学共同承担的国家“863”重大课题“新型水煤浆气化技术”通过科学技术部验收。

2月9日 国务院发布《国家中长期科学和技术发展规划纲要(2006—2020年)》，煤的清洁高效开发利用、液化及多联产技术被列为重点发展领域。

2月21日 中共中央宣传部、全国人大环境资源委员会等组织的“绿色东方—2005年中华环境奖”颁奖典礼在人民大会堂举行。神华集团神东煤炭分公司获此殊荣。

2 月 22 日　山西潞安煤基合成油示范厂在山西长治举行奠基仪式。该厂以中国科学院山西煤炭化学研究所自主研发的“煤基液体燃料合成浆态床工业化技术”为核心技术，是国家“863”高新技术项目和中国科学院知识创新工程重大项目的延续项目。

3 月　中国神华能源股份有限公司控股的三河发电有限责任公司实施了烟塔合一工程，取消了电厂传统的烟囱，采用直通式无旁路的烟气排放系统排放脱硫后的烟气，为国内首创。

5 月 11 日　内蒙古伊泰煤制油工厂一期工程开工建设，设计能力年产煤基合成油 48 万 t。

5 月 12 日至 13 日　中国煤炭加工利用协会煤质和煤炭检验分会在北京召开煤质技术交流座谈会，35 家分会会员单位的 74 名代表参加会议。

5 月 25 日　神华集团朔黄铁路工程荣获首届“国家环境友好工程”称号。

6 月 6 日　经国家环保总局科技标准司批准，煤炭工业清洁生产中心正式成立。

6 月 12 日　国家发展和改革委员会印发《煤层气（煤矿瓦斯）开发利用“十一五”规划》。

6 月 14 日至 17 日　中国煤炭加工利用协会在山东省济南市召开“细粒煤脱水技术推广研讨会”，参加会议代表 150 多人。

6 月 21 日至 22 日　国家发展和改革委员会、国家安全生产监督管理总局、国家煤矿安全监察局、科学技术部在山西晋城联合召开全国煤矿瓦斯治理和利用工作现场会。

6 月 27 日至 30 日　中国煤炭加工利用协会组织相关企业参加在上海举办的“第二届中国国际环保、能源与资源综合利用博览会”。

7 月 25 日　国家发展和改革委员会、科学技术部、财政部等部门联合发出《关于印发“十一五”十大重点节能工程实施意见的通知》。要求煤炭行业推广瓦斯抽采利用技术，逐步建立煤层气和煤矿瓦斯开发利用产业体系，推广煤炭液化生产石油产品等。

8月9日 中国煤炭加工利用协会在北京召开煤炭质量用户信得过产品评审会。

8月15日至20日 中国煤炭加工利用协会在河北省承德市召开编制煤炭工业节能指标体系与评估体系研讨会。

8月31日至9月1日 国家发展和改革委员会、中国煤炭工业协会联合在西山煤电公司召开煤炭行业发展循环经济现场交流会。国家发展和改革委员会副主任姜伟新参加会议并讲话。中国煤炭工业协会第一副会长濮洪九作主题报告。

9月1日 国家环境保护总局、国家质量监督检验检疫总局联合发布《煤炭工业污染物排放标准》(GB 20426—2006)，同年10月1日起实施。

9月21日至24日 中国煤炭加工利用协会在湖北省宜昌市召开“全国选煤‘十一五’发展大会”。

10月17日至20日 由中国煤炭工业协会选煤分会主办的第十五届国际选煤大会暨展览会在北京召开，来自世界各地的600多位代表和展商参加会议。

10月23日至29日 中国煤炭加工利用协会与国家清洁生产中心在成都联合举办首期煤炭行业“国家清洁生产审核师”培训班。

10月24日 中国煤炭加工利用协会在北京组织召开“煤炭行业促进节能工作会议”。会议的主题是：贯彻落实《国务院关于加强节能工作的决定》(国发〔2006〕28号）精神，进一步加强和推进煤炭行业的节能工作。国家节能领导小组、国家发展和改革委员会等有关部门、研究机构和煤炭企业的200多名代表参加会议。会议提出了《煤炭行业促进节能工作的指导意见》和《煤炭行业能源指标体系和评估体系》(讨论稿)。

11月6日 国家环境保护总局办公厅发出《关于加强煤炭矿区总体规划和煤矿建设项目环境影响评价工作的通知》，要求强化煤炭矿区总体规划环境影响评价；规范煤矿建设项目环境影响评价审批，严格准入条件；强化监督管理，落实各项生态保护措施。

11月15日　中国煤炭加工利用协会煤质和煤炭检验分会在南昌召开了一届二次理事会议，参会代表141人。

12月5日　中国煤炭加工利用协会在贵州省贵阳市组织召开四届三次理事扩大会议暨全国煤炭工业综合利用与多种经营先进企业和优秀厂长表彰大会。大会对2005年度全国煤炭工业综合利用与多种经营先进企业41家，优秀厂长（经理）54人进行了命名表彰。

12月16日　山东兖州矿业集团200万t焦炭暨20万t甲醇项目建成投产。项目包括2座国内单体规模最大的利用焦炉煤气制甲醇装置。

12月19日至23日　中国煤炭加工利用协会在海南召开“粉煤灰综合利用成果交流会”。

12月22日　中国煤炭加工利用协会在广西南宁市召开煤炭行业节能统计培训和节能监测标准宣贯会议，来自全国煤炭行业负责节能工作的60余名代表参加会议。

本年　山东新汶矿业泰山水泥余热发电项目建成投产，采用余热闪蒸复合发电技术，将烟气中的余热进行回收发电，装机13.2 MW，为国内第一家全部采用国产设备建设的纯低温余热发电项目和第一个成功运作的水泥余热CDM项目。

本年　中国煤炭加工利用协会先后完成了煤炭洗选加工、资源综合利用和矿区环境保护三个专项规划以及《中国煤炭工业发展十年规划（环保部分）》等政府委托课题以及《煤矿矿井水排放和利用情况》《煤炭工业环境保护战略研究》《煤炭工业清洁生产评价指标体系》《低热值燃料电厂粉煤灰排放和利用情况调研》《我国稀缺煤种及其控制措施》《煤炭开采工程环境影响评价技术导则》《煤炭工业污染物排放标准》《中国能源效率分析与国际能耗比较（煤炭行业）》《煤炭开发与生态环境保护研究》等多项政策性课题研究任务；与煤炭行业节能中心共同组织制订了煤矿风机、水泵、提升机三项能耗监测标准草案（2006 年 12 月 1 日正式颁布实施）。

2007 年

1 月 17 日 国家发展和改革委员会与建设部联合发布《热电联产和煤矸石综合利用发电项目建设管理暂行规定》，要求煤矸石综合利用发电项目应优先在大型煤炭矿区内或紧邻大型煤炭洗选设施进行规划建设，并对项目的规划、核准、支持与保障措施、监督检查等方面作出规定。

2 月 煤炭科学研究总院研发的中小型高效煤粉工业锅炉系统技术,适用于中小型煤粉锅炉的煤粉输送系统,解决了实现高效稳定燃烧的技术关键;开发的工业锅炉专用燃烧器,在小容量锅炉高效燃烧低 NO_x 排放技术方面取得突破,系统热效率≥86%，烟尘排放≤50 mg/m^3，SO_2 排放≤500 mg/m^3，NO_x 排放≤500 mg/m^3，创国内燃煤工业锅炉领域技术新纪录。

3 月 17 日至 18 日 中国煤炭加工利用协会分别在西安和泰安召开“煤炭行业产排污系数核算环境监测工作会议”。

4 月 2 日 国家发展和改革委员会发出《关于利用煤层气（煤矿瓦斯）发电工作的实施意见》，鼓励各类企业开发利用煤矿瓦斯。

4 月 10 日 中国煤炭加工利用协会在北京召开选煤设备出口座谈会，来自全国 14 家选煤设备生产厂家的 20 余位代表参加会议。

4 月 10 日至 15 日 国家清洁生产中心与煤炭工业清洁生产中心在昆明联合开办第二期“国家清洁生产审核师培训班（煤炭工业）”。

4 月 11 日至 14 日 中共中央总书记、国家主席胡锦涛视察神华宁煤集团公司甲醇项目并作重要指示。

本月 哈尔乌素露天煤矿配套建设的选煤厂开工建设，年洗选原煤能力为 2000 万 t，为当时亚洲最大选煤厂。

本月 内蒙古自治区乌兰察布市弓沟煤矿采用气化采煤进行发电

及甲醇甲烷联产，该工业性试验项目一期工程7个采煤钻孔陆续到达地下200 m作业煤层，为我国首个气化采煤技术工业性实验项目。

本月　中国煤炭加工利用协会与中华环保联合会联合开展首批“中华环境友好煤炭企业”评估活动。

6月8日　经民政部批准，中国煤炭加工利用协会分支机构煤系共伴生矿产资源综合利用分会变更为油母页岩分会。

6月12日　神华集团、陕西省人民政府和榆林市人民政府联合在北京举行神华陶氏（DOW）煤化工项目合作协议书签署仪式。项目一期投资90亿元，是当时全球最大的煤、盐资源循环综合利用节水转化的化工项目。

6月21日　国家发展和改革委员会在安徽淮南矿业集团召开《国务院关于促进煤炭工业健康发展的若干意见》实施两周年暨建设和谐矿区座谈会，推广淮南矿业集团实施的市矿统筹、建设和谐矿区的经验。

7月3日　国家发展和改革委员会与国家环境保护总局发出《关于印发煤炭工业节能减排工作意见的通知》(发改能源〔2007〕1456号)，明确提出了煤炭工业“十一五”节能减排工作目标任务。

7月5日至6日　国家发展改革委、中国煤炭工业协会、中国煤炭加工利用协会在山东泰安联合召开全国煤炭工业节能减排现场经验交流会，来自全国主要产煤省煤炭管理部门、大型煤炭企业分管节能减排工作负责人及部分科研、设计单位代表198人参加会议。

8月30日至9月2日　中国煤炭加工利用协会在四川省攀枝花市召开全国煤矸石煤泥综合利用电厂节能减排工作座谈会，出席会议代表140多人。

9月19日至21日　中国煤炭加工利用协会在江苏省苏州市召开全国选煤及煤质技术交流会，出席会议代表155人。

9月24日至25日　受国家发改委委托，中国煤炭加工利用协会在黑龙江省鹤岗市召开全国矿井水专项规划宣贯暨现场经验交流会，来自全国煤炭、冶金、有色行业代表100多人参加会议。

9月28日 内蒙古庆华集团20万t/年焦炉煤气制甲醇项目建成投产，该项目利用庆华集团100万t/年焦化装置产生的焦炉煤气生产甲醇，为当时国内同类项目中规模最大，工艺技术处于国际领先水平。

本月 国家发展和改革委员会印发《关于2007—2010年煤矸石综合利用电厂项目建设有关事项的通知》，确定2007—2010年全国将新建煤矸石综合利用电厂50座，总装机容量为2000万千瓦。

11月5日至6日 中国煤炭加工利用协会四届四次理事扩大会议及煤炭工业节能减排高层论坛暨技术交流展示会在北京二十一世纪饭店举行。经理事扩大会议审议，一致同意选举吕英同志为中国煤炭加工利用协会理事长。此前，协会原理事长杨永仁同志因年龄原因，自2005年底不再担任理事长，由副理事长吕英同志主持协会全面工作。同期还召开了中国煤炭工业协会选煤分会第五次会员代表大会，张绍强当选理事长；召开了中国煤炭加工利用协会煤质和煤炭检验分会一届三次理事扩大会议。

11月15日 中国煤炭加工利用协会油母页岩分会成立大会在广西南宁市召开。

11月17日 中共中央总书记、国家主席、中央军委主席胡锦涛视察神华集团煤直接液化项目一期工程。

11月24日 中国煤炭加工利用协会在北京召开“煤炭采选业产排污系数核算成果专家论证会”，原则通过了课题组的研究成果。“煤炭采选业产排污系数核算”课题组通过选择58个不同地区、不同煤种、不同开采条件、不同规模的煤炭生产、洗选加工和煤矸石制砖企业，进行大量的现场实测，获取了15310个实测数据，研究编制了煤炭采选业产排污系数使用手册，圆满完成了国家第一次污染源普查“煤炭开采和洗选业产排污系数核算”任务，为第一次全国污染源普查工作提供了有力的技术支持。

12 月 26 日　“中华环境友好煤炭企业”授牌仪式暨新闻发布会在人民大会堂举行。淮南矿业集团有限责任公司、兖州煤业股份有限公司、神华宝日希勒能源有限公司获得“中华环境友好煤炭企业”称号；淮南矿业集团新庄孜煤矿、张集煤矿、顾桥煤矿，兖州煤业股份有限公司南屯煤矿、济宁三号煤矿、鲍店煤矿，河北金能邯郸矿业集团有限公司云驾岭煤矿，河北金牛能源股份有限公司邢台煤矿、东庞煤矿获得“中华环境友好煤炭单位”称号。

12 月 28 日　年产 50 万 t 煤制甲醇装置在山东兖州矿业集团建成投产。

本月　国家启动了第二批循环经济试点，山西潞安矿业集团、内蒙古伊东煤炭集团、内蒙古庆华集团、辽宁铁法煤业集团、黑龙江鸡西公司和安徽皖北煤电集团公司共 6 家煤炭企业为第二批试点单位。

是年　国家统计局正式发布《国家统计局关于同意增补煤炭工业能源消费统计报表的函》(国统制〔2007〕23 号)，将《煤炭工业能源消费统计报表》纳入《煤炭工业统计制度》。

2008 年

1 月 5 日　山东兖矿国泰化工有限公司年产 20 万 t 醋酸和日处理能力 1000 t 煤炭的新型气化炉及配套工程项目获国家优质工程金奖。

2 月　安徽淮南矿业集团潘三矿瓦斯利用的减排指标获联合国清洁发展机制执行理事会批准。自 2006 年 7 月 1 日—2007 年 3 月 31 日期间潘三矿瓦斯利用所产生的碳减排指标为 75998 t。

3 月 17 日 3 月 17 日　中国煤炭加工利用协会煤转化分会在北京举行成立大会。会议选举徐振刚为理事长。

3 月 26 日至 27 日　中国煤炭加工利用协会在深圳组织召开“煤炭工业环境保护工作会议”，参加会议代表 100 余人。

本月　山东新汶矿业集团有限责任公司开发的“矸石置换煤关

键技术”，采用综采、普采和巷采等三种充填开采方法、工艺和机械设备，实现以煤矸石为原料，井下煤矸分离并处置、开采沉陷控制和村庄下安全高回收率开采相结合的矿区协调发展新生产模式。实现了以煤矸石为原料，大规模充填采煤。

4月15日至21日 中国煤炭加工利用协会煤质和煤炭检验分会与煤科总院北京煤化工分院在北京联合举办“第一期煤炭行业煤炭质量管理人员培训班”。

4月17日至19日 中国煤炭加工利用协会在南京组织召开2007年度煤炭工业能源消费统计年报会审暨企业能效对标研讨会。

本月 山西晋城煤业集团公司寺河瓦斯发电厂一个单元机组并网调试。6月底，总装机容量120兆瓦的所有机组全部调试完毕，正式并网发电。设计年发电能力约8.4亿kW·h，年利用煤矿瓦斯能力1.8亿m^3，时为世界上总装机容量最大的煤矿瓦斯发电厂。

5月20日 中国煤炭加工利用协会在海口市召开重介质选煤技术研讨会暨展览会，来自国内外有关设备和工程公司、煤炭企业、选煤厂、科研、设计单位代表150多人参加会议。

本月 国家发展和改革委员会发布公告，公布《国家重点节能技术推广目录（第一批）》。目录涉及煤炭、电力、石油化工、化工、建材、机械、纺织、建筑、交通11个行业，共40项高效节能技术，其中煤炭行业3项。

6月2日至4日 中国煤炭加工利用协会在山东济南举办煤炭行业节能减排高层培训班。聘请国家发改委、发改委能源研究所、国务院发展研究中心、浙江大学、中国矿业大学等单位的专家为学员授课。

本月 新汶矿业集团“以矸换煤绿色开采节能技术”被评为2007年度山东省重大节能成果，并获100万元人民币奖励。该技术主要是将井下和井上矸石用于充填采空区，以置换呆滞煤炭，从而有效减少煤矸石排放、污染和占地，提高煤炭资源回收率。2005—2007

年，新汶矿业集团应用该技术共充填矸石 349 万 t，实现置换煤炭 338 万 t，折标煤 241.4 万 t。

7 月 28 日　国务院副总理李克强到大同煤矿集团视察，听取塔山循环经济工业园区建设等有关情况汇报。8 月初同煤集团大唐塔山 2×600 MW 坑口电厂 1 号机组并网发电。

8 月 15 日　国务院总理温家宝视察神华宁煤集团煤基甲醇和烯烃项目建设情况。

8 月 28 日　中国煤炭加工利用协会在兰州组织召开煤炭工业节能监测中心（站）资格复审暨节能监测工作交流研讨会。

8 月 29 日　国务院副总理李克强视察神华煤直接液化项目。

8 月 30 日　内蒙古呼伦贝尔 3600 MW 煤电基地项目正式开工，设计年发电 216 亿 kW·h。这是在一个地市一次开工规模最大的煤电项目群。

9 月 1 日　山西兰花科创股份有限公司投资 6.5 亿元建设的 150 万 t 甲醇—100 万 t 二甲醚项目一期工程建成投产。该项目采用世界上最先进的两步法合成工艺，是国内建成的最大的煤基二甲醚项目。

9 月 5 日　国家发展和改革委员会印发《关于加强煤制油项目管理有关问题的通知》，要求加强煤制油项目管理，明确除神华集团煤炭直接液化项目和神华宁夏煤业集团与南非萨索尔公司合作的宁东煤炭间接液化项目这两个示范项目外，一律停止实施其他煤制油项目。

11 月 4 日　中国煤炭加工利用协会第五次会员代表大会在北京京西宾馆召开。会议听取了第四届理事会五年来的工作，研究了协会今后五年的工作思路和重点工作；修改了《中国煤炭加工利用协会章程》；选举产生中国煤炭加工利用协会第五届理事会理事 326 人，常务理事 136 人。吕英当选为理事长，张绍强等 14 人为副理事长，张绍强兼任秘书长。同日，中国煤炭工业协会选煤分会会员代表大会也在北京举行，选举产生新一届选煤分会理事 205 人，常务理事 69 人，张绍强当选为理事长，符东旭等 12 人为副理事长，马剑为秘书长。大会对评选出的2007年度煤炭工业十佳选煤厂、十佳选煤厂厂长、十佳选煤设备制造厂及2005—2006年度优质高效选煤厂、优质高效选煤厂厂长和行业级质量标准化选煤厂进行了表彰，并颁发了奖牌及证书。

11月5日至7日 中国煤炭工业协会、中国国际贸易促进委员会煤炭行业分会主办的2008'中国国际煤炭展览会暨第四届中国国际煤化工及煤转化高新技术研讨会在北京举行。

12月5日 国家发展和改革委员会、国家能源局在安徽淮南矿业集团顾桥煤矿举行亿吨级煤电基地竣工投产仪式。这是国家规划建设的13个大型煤炭基地中首个建成投产的基地。

12月9日 中国煤炭工业协会印发《关于命名表彰全国煤炭工业综合利用与多种经营先进企业和先进个人的决定》，授予神华准格尔能源有限责任公司矸石发电公司等41家企业为全国煤炭工业综合利用与多种经营先进企业，张开新等48人为全国煤炭工业综合利用与多种经营先进个人荣誉称号。

12月15日 “宁东大型煤电化基地”开工仪式在宁夏银川举行，总投资近400亿元的8个能源化工项目建设在该基地启动。

12月16日 陕西煤化集团黄陵矿业集团2×300 MW煤矸石电厂开工奠基仪式在陕西黄陵县双龙镇举行。总投资30亿元，建设期2年。

12月20日 中国煤炭加工利用协会在北京召开煤炭工业节能处长座谈会。

12月31日 神华集团煤直接液化百万吨级示范工程成功生产出柴油和石脑油。我国成为世界上首个掌握百万吨级煤直接液化工程关键技术的国家。

是年 我国采用重介质选煤工艺入选的原料煤量首次超过跳汰工艺，以占选煤总量43%的份额而位居首位。

2009 年

1 月 6 日　神华煤直接液化百万吨级示范工程打通全流程，连续稳定运行 168 小时，生产出合格产品。

1 月 8 日　“中华环境友好煤炭企业”授牌及新闻发布会在人民大会堂举行。神华集团神东分公司等 4 家公司被授予“中华环境友好煤炭企业”荣誉称号，兖矿集团济宁二号煤矿等 5 家煤矿被授予“中华环境友好煤炭单位”荣誉称号。

1 月 9 日　由浙江大学和淮南矿业集团联合研究开发的“循环流化床热电气焦油联产技术”开发项目在淮南通过验收，该项目是国家“863”计划科技攻关项目，用于延长煤的产业链。

1 月 29 日　温家宝总理与德国总理默克尔出席在德国总理府举行的“江苏省与德国北威州政府联合共建中德徐州生态区示范项目”签字仪式。中国矿业大学中德能源与矿区环境研究中心被纳入中德共建徐州生态示范区建设。

2 月 10 日　由中国煤炭加工利用协会出资成立《煤炭加工与综合利用》杂志社有限公司。

2 月 19 日　国务院常务会议提出要控制总量，淘汰落后产能，停止审批单纯扩大产能的焦炭、电石等煤化工项目，坚决遏制煤化工盲目发展势头；要完善能源产品价格形成机制；推广资源综合利用和废弃物资源化技术，发展循环经济。

3 月 3 日　中国煤炭加工利用协会在北京组织召开煤炭行业节能专家座谈会。

3 月 5 日　国土资源部印发《矿山地质环境保护规定》，自 2009 年 5 月 1 日起施行。

3 月 26 日　中国煤炭工业协会组织的全国首批煤炭企业信用等级评价结果发布会在北京举行。兖矿集团等 8 家企业被评为煤炭行业 AAA 级信用企业；平庄煤业（集团）有限公司等 3 家企业被评为煤炭行业 AA 级信用企业。

3 月 26 日 中国煤炭工业协会选煤分会在北京召开会长扩大会议。会议就 2009 年分会重点工作、选煤设备的国产化和大型化、参加第 16 届国际选煤大会组团参展等事宜进行了讨论。

本月 环境保护部网站发布公告，批准《环境影响评价技术导则—煤炭工业矿区总体规划》为国家环境保护标准。该标准规定了煤炭工业总体规划环境影响评价原则、内容、方法和要求，自 2009 年 7 月 1 日起正式实施。

4 月 8 日 神华鄂尔多斯年产 20 亿立方米煤制天然气项目正式开工建设，主要供应京津唐地区。

4 月 9 日至 10 日 《煤炭开采工程环境影响评价技术导则》专家论证会在北京昌平召开。

4 月 16 日 中国煤炭加工利用协会官方网站正式开通。共申请注册了三个域名：ccpua. org，ccpua. net，煤炭加工利用 . com，并上报工信部申请了网站 ICP 证书。

4 月 20 日至 27 日 中国煤炭加工利用协会在成都举办第三期“国家清洁生产审核师培训班”。参加学员共 49 人，全部通过了考试。

4 月 25 日至 30 日 中国煤炭加工利用协会张绍强副理事长等三人代表中国选煤界出席了在美国肯塔基州莱克辛顿召开的国际选煤大会执委会会议和第 16 届国际选煤大会组委会会议。会议讨论确定了第 16 届国际选煤大会将于 2010 年 4 月 25—30 日在莱克辛顿会议中心举行。确定今后每届大会的时间间隔由 4 年改为 3 年举行一次，第 17 届国际选煤大会将于 2013 年在土耳其的伊斯坦布尔市举行。

6 月 3 日至 6 日 中国煤炭加工利用协会在南京召开“全国细粒煤分选技术交流研讨会议”，参会代表 200 多人。

6 月 5 日 中国煤炭加工利用协会在安徽淮南组织召开 2CWKS4275 新型超静定组合梁系大型直线振动筛样机出厂评议会。

8月5日　国家能源局在兖矿集团组织召开煤炭行业培育节能示范企业试点启动会议。会议部署了试点实施方案，选定兖矿集团的南屯、济三煤矿，新汶矿业集团的翟镇、协庄煤矿4家节能工作比较突出的煤矿作为示范试点企业。

8月8日至10日　中国煤炭加工利用协会与中国石油和石化工程研究会共同在大连组织召开“煤层气、油母页岩、油砂矿综合利用技术研讨会”。

8月19日至23日　“煤矸石低热值燃料发电政策研讨会暨低热值燃料发电分会四届理事会二次会议”在山东威海召开。

8月21日　由中国煤炭工业协会和日本煤炭能源中心联合主办的中日煤矿瓦斯利用研讨会在安徽淮南召开。来自中、日煤矿瓦斯利用企业的负责人和研究机构的代表60余人出席研讨会，就煤矿瓦斯抽采利用技术和设备进行探讨，并参观了应台孜瓦斯液化站和谢桥煤矿瓦斯发电站。

8月24日　国家副主席习近平视察神华煤制油化工公司鄂尔多斯煤直接液化工程。

同日　中国煤炭加工利用协会在广西桂林组织召开煤矸石、粉煤灰资源综合利用技术交流研讨会。

8月30日　大同煤矿集团建企60周年庆祝大会在山西大同召开。中国煤炭工业协会会长王显政等领导出席大会并参加同日举行的同煤集团塔山工业园区建成投运仪式。塔山工业园区是中国煤炭行业首个循环经济园区。

9月3日至5日　中国煤炭加工利用协会在吉林白山组织召开煤炭行业节能技术服务中心（站）资质复审会。

9月6日　全国政协主席贾庆林视察宁东能源化工基地煤化工项目建设情况。

9月6日至13日　中国煤炭加工利用协会吕英理事长率团赴南非参加第三届国际选煤技术会议。

9月23日 河北开滦国家矿山公园举行开园仪式。国家有关部委、河北省、唐山市有关部门负责人，全国首批28家国家矿山公园代表，全国矿山地质环境保护与治理经验交流会代表，有关院校、博物馆代表参加仪式。

9月26日 国务院批转国家发展和改革委员会等10部门联合印发的《关于抑制部分行业产能过剩和重复建设引导产业健康发展的若干意见》。要求煤炭行业要严格执行煤化工产业政策，遏制传统煤化工盲目发展，之后三年停止审批单纯扩大产能的焦炭项目，原则上不再安排新的现代煤化工试点项目。

9月30日 国家煤及煤化工产品质量监督检验中心（淮南）在安徽淮南开工建设。

本月 山西晋城无烟煤矿业集团寺河煤矿、安徽国投新集股份公司刘庄煤矿、宁夏羊场湾煤矿、山东兖州矿业集团国泰公司年产20万t醋酸和日处理1000 t新型气化炉及其配套工程等4项工程入选新中国成立60周年“百项经典建设工程”。

10月12日 由神华集团绅宝公司、神华国贸公司共同出资建设的国内首家褐煤提质工业示范项目一次性带负荷试车成功，产出型煤7 t，成球率达80%以上，高出设计10%。

10月14日 中国煤炭加工利用协会在西安召开五届二次理事扩大会议。会议命名表彰了2007—2008年度煤炭行业优质高效选煤厂、厂长，行业级质量标准化选煤厂、行业级煤质管理标准化矿井、行业级质量标准化局化验室等先进集体和优秀厂长，并颁发了证书及标牌。大会还为煤炭加工利用科学发展60年征集的160多篇优秀论文颁发了获奖证书。中国煤炭工业协会选煤分会理事扩大会议同期举行。

10月14日至16日 “2009’中国国际煤炭加工利用展览会”在西安举行，来自北京、宁夏、山东、辽宁、河北及南非的19个厂家或公司参展。展会期间，举办了“煤炭工业节能减排与循环经济发展论坛”“第三届选煤企业管理论坛”。

10 月 17 日至 19 日　全国政协主席贾庆林等领导到神华鄂尔多斯煤制油分公司等企业视察煤炭资源清洁化利用及新能源产业。

本月　中国煤炭加工利用协会组织编辑出版《中国煤炭加工利用辉煌 60 年》大型画册。

11 月 5 日　中国煤炭加工利用协会在北京组织召开大型循环流化床锅炉大比例掺烧洗煤泥技术研讨会。

12 月 7 日　中国科学院福建物质结构研究所联合江苏丹化集团和上海金煤化工公司开展技术攻关的 20 万 t 煤制乙二醇工业示范项目试车，生产出乙二醇合格产品，实现煤制乙二醇成套技术产业化。

12 月 19 日　中国“煤层气产业技术创新战略联盟”在北京成立，旨在以产学研结合方式提升中国煤层气开发开采能力。

12 月 22 日至 23 日　中国煤炭加工利用协会在广西桂林召开煤炭工业 2009 年能源消费统计年报布置暨指标修订会议。

12 月 31 日　国家发展和改革委员会发布公告，公布《国家重点节能技术推广目录（第二批）》。目录涉及煤炭、电力、石油化工、化工、建材、机械、纺织、建筑、交通等 11 个行业，共 35 项高效节能技术，其中煤炭行业 1 项。

是年　全国节能千家企业参与考评的煤炭企业有 61 家，考核结果显示，61 家煤炭企业在“十一五”前四年共完成节能量 1168 万 t 标准煤，其中 47 家超额完成了年度节能目标，占 77%；12 家完成了年度节能目标，占 20%。

是年　中国煤炭加工利用协会开展并完成了《我国原煤硫分分布及其流向》《煤炭工业污染减排实施方案》《煤炭行业节能技术支撑体系》《低热值煤炭综合利用发电前景研究》等 11 项课题研究。

2010 年

3 月 9 日至 10 日　中国煤炭加工利用协会在河北廊坊组织召开

“矿山环境治理和生态恢复保证金管理座谈会”及“煤炭行业节能环保处长座谈会”。

3月26日 中国煤炭加工利用协会与中华环保联合会共同在人民大会堂举办“中华环境友好企业(单位)”授牌仪式，其中煤炭行业冀中能源股份有限公司等3家企业被授予“中华环境友好企业”，兖州煤业股份有限公司东滩煤矿等13个煤矿被授予“中华环境友好单位”。

同日 中国煤炭加工利用协会在湖南长沙召开2009年度煤炭工业能源消费统计汇总暨统计报表工作研讨会。会议传达了国家及行业节能减排工作情况，讲解演示了能源管理系统软件。

3月30日 由神华集团开发的“煤基浆态床费托合成催化剂及工艺”通过中国煤炭工业协会在北京组织的科技成果鉴定。神华集团掌握了煤炭间接液化的核心技术。

4月2日 国务院办公厅转发国家发展和改革委员会、财政部、人民银行、国家税务总局等部门联合印发的《关于加快推进合同能源管理促进节能服务产业发展的意见》，要求相关部门认真贯彻执行。

4月2日至4日 中国煤炭加工利用协会在龙煤集团双鸭山分公司举办“煤炭工业节能环保培训班”。

4月9日 第一次全国污染源普查总结表彰电视电话会在北京召开，中共中央政治局常委、国务院副总理、国务院第一次全国污染源普查领导小组组长李克强致信充分肯定了普查工作取得的成绩，强调要开发应用好普查成果，进一步加强环境保护和污染治理。农业部副部长张桃林宣读了国务院第一次全国污染源普查领导小组办公室、环境保护部、国家统计局、农业部《关于表彰第一次全国污染源普查先进集体、先进个人的决定》，中国煤炭加工利用协会荣获“先进集体”称号。

4月12日 国内单套最大规模煤焦油轻质化装置——陕西煤业

化工集团神木天元化工有限公司 50 万 t/年中温煤焦油轻质化项目开车成功并产出合格产品。该项目一期（25 万 t/年）于 2008 年 4 月建成投产，二期总投资 17 亿元，时为国内煤焦油深加工行业规模最大的能量高效转化项目。

4 月 26 日至 30 日　中国煤炭加工利用协会组织中国代表团出席在美国肯塔基州莱克辛顿市展览中心召开的第十六届国际选煤大会和设备展览会。代表团成员由来自国内煤炭洗选、设备制造企业，科研设计单位、高等院校等单位的 80 多名代表组成。中国代表团在大会宣读论文 17 篇，主办了 2 个公益展位，有 9 家选煤设备制造企业租用了 25 个展位，展示了中国先进的选煤技术工艺和设备。中国煤炭加工利用协会副理事长、选煤分会会长张绍强当选为国际选煤大会中方委员（简称 IOC）。

5 月 12 日　中国煤炭加工利用协会理事长吕英出席了由中国煤炭工业协会和澳大利亚维多利亚州政府共同举办的“中澳褐煤开发利用研讨会”。

5 月 31 日　世界首套最大煤制烯烃项目——神华包头煤制烯烃项目在内蒙古包头建成。神华包头煤制烯烃项目是国家确定的煤制油、煤制烯烃、煤制二甲醚、煤制甲烷气和煤制乙二醇 5 个现代煤化工示范工程之一。该项目 2006 年 12 月获国家发展和改革委员会核准，2007 年设计建设，2010 年 5 月 28 日烯烃分离、聚丙烯两套生产装置提前移交，项目所有装置和设施全部建成。同年 8 月 8 日，煤制烯烃示范工程核心装置甲醇制烯烃投料试车，生产出乙烯和丙烯，打通工艺流程，示范工程投料试车成功。

本月　中国煤炭加工利用协会在湖南长沙举办“油母页岩、油砂与页岩气等非常规油气资源综合利用”技术研讨会。

本月　全国煤炭工业和谐矿区建设现场会在安徽省淮南市召开。

6 月 1 日　中国第一个二氧化碳捕集与封存（CCS）工业化示范项目在位于内蒙古自治区鄂尔多斯市伊金霍洛旗的神华集团煤直接液

化项目现场开工。神华集团 CCS 示范项目设计年捕集、封存二氧化碳 10 万 t，概算投资约 2.1 亿元。12 月 30 日，项目的液化与净化装置在鄂尔多斯煤制油厂打通全流程，生产出纯度为 99.2%、适应地下封存的二氧化碳液体。

6 月 2 日 国家发展和改革委员会发出《关于规范煤制天然气产业发展有关事项的通知》，提出煤制天然气产业发展思路，强调在国家出台明确的产业政策之前，煤制天然气及配套项目由国家发展和改革委员会统一核准。各级地方政府应加强项目管理，不得擅自核准或备案煤制天然气项目。对于本通知下发前已经备案和核准的项目，各地发展和改革委员会应进行认真筛选和清理，对不具备资源、技术、资金等条件的项目严禁开工建设，符合上述发展思路的项目上报国家发展和改革委员会审核。

6 月 2 日至 4 日 中国煤炭加工利用协会煤质和煤炭检验分会在浙江嘉兴组织召开第二届会员代表大会。会议选举产生第二届煤质和煤炭检验分会理事会，推选出以马剑为理事长的新一届分会领导机构。会议讨论修订了“2009 年煤炭质量信得过产品的申报条件与考核办法”。来自煤炭企业、检测中心、科研院所及设备厂家的近 90 余名代表参加了会议。

6 月 8 日 由山东新巨龙能源有限公司委托，中国煤炭加工利用协会承担完成的《现代化矿区循环经济机理与发展途径研究》课题通过了中国煤炭工业协会组织的专家评审。

同日 华能新疆准东能源开发有限公司揭牌暨华能准东年产 40 亿 m^3 煤制天然气（天然气发电机组）项目奠基仪式在新疆奇台县大井矿区举行。华能集团公司投资 260 亿元开发的煤制天然气项目是中央新疆工作座谈会后新疆启动的最大投资项目。

本月 中国煤炭加工利用协会与国家发改委环资司签订《2010 年资源综合利用电厂认定工作及相关机制研究》合同。由中国煤炭加工利用协会协助国家发改委环资司组织开展 2010 年度资源综合利用电厂的认定工作。

7 月 1 日　国家发展和改革委员会、科学技术部、工业和信息化部、国土资源部、住房和城乡建设部、商务部联合发布《中国资源综合利用技术政策大纲》，于发布之日起施行。

7 月 7 日至 9 日　由中国煤炭工业协会和中国煤炭加工利用协会组织的煤炭工业节能减排暨循环经济现场会在山西省大同煤矿集团公司举行。国家发展改革委、环境保护部、国家能源局、山西省政府有关领导以及煤炭企事业单位负责人共计 500 多人出席会议。会议期间，与会代表参观了同煤集团塔山循环经济工业园区，同煤、神华、淮南、兖矿、新汶、冀中能源、潞安等 10 家大型煤炭企业进行了经验交流。中国煤炭加工利用协会起草的《推进煤炭工业发展循环经济、促进节能减排的指导意见》(征求意见稿) 提交大会讨论。

7 月 26 日　山东兖矿集团鲁南化肥厂 10 万 t 醋酸装置产出合格产品。该项目总投资 11 亿元，其装置时为国内生产醋酐工艺最先进、单套规模最大的装置。

本月　中国煤炭加工利用协会与石化工程研究会、煤科总院煤化工分院联合在新疆伊犁举办“现代煤化工最新发展高层论坛”。

本月　国家发展和改革委员会正式批复设立煤矿生态环境保护国家工程实验室。9 月 26 日，中国首个煤矿生态环境保护国家工程实验室在安徽淮南揭牌。

9 月 7 日　由中国煤炭加工利用协会组织的“煤炭工业技术委员会资源综合利用、节能与新能源专家委员会年会暨节能减排技术推广交流会”在兰州召开。

9 月 13 日　中国煤炭加工利用协会在上海组织召开煤炭工业环境保护工作会议。来自煤炭企业环保部门的代表 110 余人参加会议。大会对获得“中华环境友好煤炭示范矿区”的兖矿集团公司、冀中能源股份有限公司举行了授牌仪式，并对原获得“中华环境友好煤炭企业”的 16 家企业举行了更名（中华环境友好企业）授牌仪式。

9月17日至19日 中国煤炭工业协会选煤分会在沈阳组织召开了全国筛分技术交流会。

10月4日 神华集团煤化工分公司煤制烯烃项目MTP装置投料试车，成功产出纯度为99.69%的丙烯产品。全球首套甲醇制丙烯工业化核心技术在中国成功应用。

11月2日 “煤炭企业创建绿色矿山低碳运行模式研究——梧桐庄矿集成环保节能科技之实践”审核会在冀中能源峰峰集团梧桐庄矿召开。

11月4日 中国煤炭加工利用协会在北京组织召开煤炭行业节能示范企业试点工作研讨会。研讨会就煤炭行业培育节能示范企业试点工作的前期情况进行了总结和评价，并研究部署了后期相关任务。

11月5日 中国煤炭加工利用协会在北京组织召开了煤炭行业“绿色开采”财税政策研讨会。财政部财政科学研究所、山东省煤炭工业局、山东科技大学、冀中能源股份有限公司等单位的有关领导和专家出席了会议。

11月11日 中国煤炭工业协会、中国煤炭加工利用协会联合印发《关于表彰2009年度煤炭工业节能减排先进企业和先进个人的决定》，授予神华神东煤炭集团有限责任公司等58家企业为2009年度煤炭工业节能减排先进企业，杨鹏等74名同志为2009年度煤炭工业节能减排先进个人荣誉称号。

11月23日 中国煤炭加工利用协会与中国石油和石化工程研究会等单位在北京联合举办“低碳排放与新型煤化工论坛”。

11月24日 中国煤炭加工利用协会在北京召开五届三次理事扩大会议暨表彰大会，出席会议代表320余人。会议审议并表决通过关于第五届理事会届中增选和调整副理事长及秘书长人选等事宜；命名表彰了全国煤炭行业节能减排先进单位和先进个人、十佳选煤厂、十佳选煤厂厂长、先进选煤设备制造厂，并颁发证书及奖牌。中国煤炭工业协会选煤分会五届三次理事扩大会议同期举行。会议期间举办了第四届选煤厂现代化管理论坛和煤炭工业节能减排与循环经济发展论坛。

11月25日　由中国煤炭工业协会主办、中国煤炭加工利用协会承办的“2010年中国国际煤炭加工利用暨煤化工展览会”在北京中国国际展览中心开幕。共有来自国内外煤炭企业、煤炭洗选设备制造企业、煤化工企业及相关科研院所的132家单位参展，展示面积近万平方米。

11月29日　国家发展和改革委员会公布《国家重点节能技术推广目录（第三批）》。目录涉及煤炭、电力、石油化工、化工、建材、机械、纺织、建筑、交通等11个行业，共30项高效节能技术，其中煤炭行业2项。

12月　全国煤炭行业规模最大的水源热泵项目在开滦集团东欢坨煤矿投入试运行。该项目共有10台热泵机组，总制热量29362 kW，总制热功率为7000 kW，每年可节约标准煤7000多t，减排二氧化硫364 t。

2011年

1月6日　中国煤炭加工利用协会和中华环保联合会共同组织的“中华环境友好企业”授牌仪式在北京人民大会堂举行，煤炭行业有2家企业荣获“中华环境友好煤炭示范矿区”称号、18家煤炭企业和单位荣获“中华环境友好企业（单位）”称号。

1月12日　由中国煤炭加工利用协会承担完成的《煤炭洗选加工规划研究》项目通过了中国煤炭工业协会组织的评审验收。同日，《我国煤矸石发电现状及发展政策研究》课题通过结题评审。

1月20日　中国煤炭加工利用协会在北京召开协会2011年工作会议。

2月25日至3月10日　中国煤炭加工利用协会与财政部财政科学研究所共同组织人员分别到山东新汶、兖矿、淄博，河北开滦、冀中能源等单位进行“煤矸石综合利用财税政策研究”调研。

3月20日至28日 中国煤炭加工利用协会与国家环保部、国家能源局、国家林业局等部门组成的山西省煤炭工业可持续发展政策措施试点工作总结评价调研环境组，对山西省环境综合整治和煤矿生态恢复治理工作进行调研，并向能源局、环保部分别提交了《山西省煤炭工业可持续发展政策措施试点》报告。

4月8日 中国煤炭加工利用协会在厦门组织召开“节能环保处长座谈会”。

4月13日至14日 中国煤炭加工利用协会在重庆召开2010年度煤炭工业能源消费暨综合利用统计年报会审会。

4月20日 中国煤炭加工利用协会理事长吕英、副理事长张绍强陪同中国煤炭工业协会会长王显政等领导，到河北唐山对我国选煤技术和主要装备的发展情况进行调研。主要考察了中煤科工集团唐山研究院及产业基地、唐山市神州机械集团公司等单位。

5月23日 中国煤炭加工利用协会在北京召开《煤炭行业节能标准制修订研究》研讨会。该研究课题包括《煤炭行业节能示范企业评估办法》《煤炭行业能效对标指南研究》《煤炭行业能源管理体系建设研究》三个子课题，是国家能源局委托中国煤炭加工利用协会承担的重点课题，也是煤炭行业培育节能示范企业的成果之一。

5月24日 中国煤炭加工利用协会在北京召开煤炭行业能源管理师培训教材编制研讨会。

6月10日至13日 中国煤炭加工利用协会与中国煤炭学会煤化工专业委员会等单位联合在呼伦贝尔举办“全国低阶煤加工利用技术及产业化发展论坛”。

7月18日至19日 中国煤炭加工利用协会在北京组织召开“煤炭行业贯彻实施《环境影响评价技术导则　地下水环境》研讨会”。

8月5日至6日 中国煤炭加工利用协会低热值燃料发电分会在北京召开“煤矸石综合利用电厂认定及燃料监控工作座谈会”。

8 月 15 日至 19 日　中国煤炭工业协会选煤分会在内蒙古锡林浩特市召开中国煤炭工业协会选煤分会理事长会议暨选煤专家会议。

8 月 18 日　由中国煤炭加工利用协会承担完成的《煤炭循环经济“十二五”发展规划研究》课题，通过了中国煤炭工业协会在北京组织的结题评审。

9 月 1 日　受工信部产业司和中国煤炭工业协会委托，由中国煤炭加工利用协会完成的《煤炭开采对环境影响评价体系研究》课题，通过了工信部产业司在北京组织的结题评审。

9 月 16 日　由中国煤炭加工利用协会与国家能源局煤炭司共同完成的《“十二五”期间煤炭工业环境保护与洗选加工和资源综合利用发展规划战略研究》课题，荣获国家能源局 2010 年度软科学研究优秀成果二等奖；中国煤炭加工利用协会与冀中能源峰峰集团有限公司共同完成的《煤炭企业推进绿色矿山建设、推行低碳运行模式研究》课题，荣获国家能源局 2011 年度软科学研究优秀成果三等奖、煤炭工业协会科技进步二等奖两个奖项。

9 月 18 日　由中国煤炭加工利用协会与财政部财政科学研究所、冀中能源股份有限公司共同承担的《鼓励充填开采、以矸换煤的财税政策研究》课题，通过了由中国煤炭工业协会在北京组织的鉴定评审。

9 月 28 日　由中国煤炭工业协会主办的全国煤炭工业绿色开采生态矿山建设现场会在冀中能源集团召开。

本月　民政部全国性社会组织评估专家组对中国煤炭加工利用协会进行了现场检查验收和评估。专家组通过现场检查验收，认为协会内部管理扎实，认真遵守各项规章制度、财务管理规范，对协会在推动行业共同进步、行业自律、信息交流、国际交流与合作等方面给予了高度评价。

10 月 12 日至 13 日　中国煤炭工业协会与中国煤炭加工利用协会在银川共同组织召开全国大型现代化选煤厂建设现场会。中国煤炭工业协会王显政会长出席会议并作重要讲话；国资委行业协会办公室、国家能源局、国家煤矿安全监察局、神华集团等单位的领导出席大会，来自全国选煤厂、选煤设计及制造企业的代表360多人出席了会议。会议对“关于加快推进大型现代化选煤厂建设的指导意见”做了说明；介绍了《煤炭工业选煤“十二五”规划》编制情况；对优质高效选煤厂、厂长和行业级质量标准化选煤厂进行了表彰并颁发奖牌；有关集团公司、选煤设计单位或生产企业在会上交流了经验。

10月17日至20日 中国煤炭加工利用协会在峰峰集团梧桐庄矿举办煤炭行业节能减排技术培训班。来自峰峰集团、冀中能源股份公司、邯郸矿业集团、开滦集团、兖矿集团等单位从事节能环保的技术管理人员共计70多人参加了培训。

11月11日 中国生态文明研究与促进会成立大会在人民大会堂隆重召开。国务院原副总理、中国生态文明研究与促进会总顾问姜春云，十一届全国政协副主席、中国生态文明研究与促进会会长陈宗兴，常务副会长祝光耀等领导出席会议。中国煤炭加工利用协会理事长吕英出席会议。

11月15日 中国煤炭加工利用协会与冀中能源峰峰集团有限公司共同完成的《煤炭企业推进绿色矿山建设、推行低碳运行模式研究》课题，荣获2011年度中国煤炭工业协会科学技术奖二等奖。

11月19日至20日 中国煤炭加工利用协会与中国石油和石化工程研究会等单位联合在海口市召开“第六届中国煤化工产业发展论坛暨十二五煤化工产业优化升级及技术发展研讨会”。

11月22日 受国家发改委环资司委托，由中国煤炭加工利用协会承担完成的《“十二五”矿井水利用发展规划》课题，通过了发改委环资司在北京组织的课题评议。

12月2日 中国煤炭加工利用协会油母页岩分会在海口市召开年会，来自国内外55家会员单位的120多位代表参加了会议。会议选举产生了新的分会秘书长，新增会员单位15家。

12月6日至9日　中国煤炭加工利用协会低热值燃料发电分会在海口市召开“资源综合利用电厂认定申报材料编写规范培训暨低热值燃料发电分会四届三次年会”。

12月8日　“中国煤炭加工利用协会煤质和煤炭检验分会二届二次理事扩大会议暨煤质管理、煤炭检测新技术交流会”在广西壮族自治区南宁市召开。会议命名表彰了2009—2010年度煤炭行业质量标准化矿井89个、局化验室21个。

12月14日　“中国煤炭加工利用协会五届四次理事扩大会议暨煤炭工业节能减排高新技术交流推广会”在云南省昆明市召开。会议期间，举办了煤炭工业节能减排高新技术推广交流会。同期召开了“煤炭工业2011能源消费与综合利用统计年报培训暨布置会”，表彰了2011年度能源统计先进单位。

12月22日至23日和12月25日至28日　中国煤炭加工利用协会、中华环保联合会组织专家组，对同煤集团塔山选煤厂、开滦集团唐山矿选煤厂、范各庄矿选煤厂、林西矿选煤厂、吕家坨矿选煤厂、钱家营矿选煤厂、赵各庄矿选煤厂进行了环境友好选煤厂技术咨询。

本月　国家科学技术部批复依托中国矿业大学建设国家煤加工与洁净化工程技术研究中心，2016年正式通过科技部验收。

是年　由环境保护部科技标准司委托，中国煤炭加工利用协会组织编制的《环境影响评价技术导则　煤炭采选工程》由国家环保部以HJ 619—2011颁布实施。

2012年

2月16日　中国煤炭加工利用协会和中华环保联合会在北京全国人大会议中心共同组织召开“中华环境友好企业技术交流暨成果推广会”。会议期间，隆重举行了“中华环境友好企业（单位）”授牌仪式，煤炭行业有15家企业和单位获此殊荣。

3月21日至22日　煤炭工业节约能源办公室在北京组织召开了

煤炭节能监测服务中心（站）资格复审会。

4 月 10 日至 13 日 中国煤炭加工利用理事长吕英陪同全国政协常委、中国煤炭工业协会会长王显政一行赴广东省和深圳市考察水煤浆技术及应用情况。

4 月 12 日至 13 日 中国煤炭加工利用协会在湖北襄阳召开“2011 年度煤炭工业能源消费暨综合利用统计年报会审会”。

4 月 22 日 国土资源部在北京召开矿产资源节约与综合利用经验交流会。会议表彰了矿产资源节约与综合利用专项优秀矿山企业 98 家，其中煤炭企业 23 家；发布了矿产资源节约与综合利用技术（第一批）68 项，其中煤炭行业 18 项。

4 月 26 日至 27 日 国家能源局在山东泰安市组织召开“全国煤矿充填开采现场会”。

5 月 9 日至 10 日 中国煤炭工业协会在安徽省淮南市淮南矿业集团组织召开煤炭工业和谐矿区建设现场会。会议印发了《关于推进煤炭工业和谐矿区建设的指导意见》，提出了和谐矿区建设的科学内涵、发展思路和重点任务。

6 月 18 日至 20 日 由中国煤炭加工利用协会承办的“2012’中国国际煤炭加工利用及煤化工展览会”在北京全国农业展览馆隆重开幕。本届展会共有国内外 216 家企业参展，其中国外企业 13 家；展览总面积达到 15380 m^2。6 月 18 日，中国煤炭加工利用协会五届五次理事扩大会议在北京二十一世纪饭店召开。展会期间，举办了“2012’中国选煤发展论坛”“2012’中国煤化工及石化产品市场发展论坛”“2012’煤炭工业节能减排与循环经济发展论坛”。展会期间，组织印度和乌克兰选煤协会代表团到陕西煤化集团红柳林选煤厂和东梁煤矿选煤厂调研，分别参观考察大型动力煤湿法重介分选和复合干法分选情况。

6 月 19 日 民政部发布第 250 号公告，经民政部全国性社会组织评估委员会评定，中国煤炭加工利用协会获评 2011 年度 4A 级全国行业协会组织。

8月22日至24日　受国家发改委资源节约和环境保护司的委托，中国煤炭加工利用协会在北京组织召开“2012年全国资源综合利用电厂（机组）认定评审会”。

9月19日　国家能源局能源节约和科技装备司在北京组织召开科技成果鉴定会，由中国煤炭加工利用协会、北京全动力能源技术有限公司共同完成的“煤矸石综合利用电厂入炉燃料远程在线监测系统”科技成果通过鉴定。

9月19日至20日　中国煤炭加工利用协会会刊及网站工作座谈会在青海省西宁市召开。会议重点研讨了在煤炭工业发展面临的新形势下，如何更好地依靠企业办好刊物和网站，充分利用这两个平台为企业和会员服务。会议表彰了2012年全国节能宣传周征文获奖作者并颁发证书。

9月24日至26日　中国煤炭加工利用协会低热值燃料发电分会第五次会员代表大会在安徽省黄山市召开。大会完成了第五届分会领导机构换届选举工作，选举中国煤炭加工利用协会副理事长张绍强为新一届理事会理事长。

10月20日至24日　中国煤炭加工利用协会、中国煤炭学会煤化工专业委员会、中国石油和石化工程研究会、煤炭科学研究总院北京煤化工研究分院在云南腾冲联合举办“2012全国低阶煤提质加工转化技术与产业发展论坛”。

11月13日　中国煤炭加工利用协会在开滦集团组织召开节能环保处长座谈会。

本月　为庆祝中国煤炭加工利用协会成立30周年，协会组织编印了《中国煤炭加工利用协会辉煌历程30年》大型画册，回眸协会历史，梳理工作，展现风采。

12月21日至22日　中国煤炭加工利用协会在上海市召开了“2012年度煤炭工业能源消费暨综合利用统计年报布置会”。

是年 由中国煤炭加工利用协会承担编制的《煤炭企业能源计量器具配备和管理要求》(GB/T 29453—2012) 标准，由国家标准委正式印发。

是年 由中国煤炭加工利用协会起草，中国工煤炭工业协会发布《关于推进煤炭行业发展循环经济，促进节能减排的指导意见》《关于推进煤炭工业“十二五”洗选加工发展的指导意见》《关于推进大型现代化选煤厂建设的指导意见》三个行业性指导文件，确定了今后一个时期我国煤炭节能减排、循环经济、大型选煤厂建设的发展方向、主要目标和重点工作任务。

是年 准格尔哈尔乌素选煤厂建成投产,设计生产能力 20. 00 Mt/a (原煤)，22. 25 Mt/a (毛煤)。该厂由两套单体模块组成，单体模块设计处理原煤能力 10 Mt/a，为同期全国最大单体模块化选煤厂。

是年 淮北矿业集团涡北选煤厂建成投产，成为同期亚洲最大的一次建成的集中型炼焦煤选煤厂，该厂设计年入选原煤 1200 万 t，最大入选量 1500 万 t，分两期建设。

2013 年

1 月 9 日 国家能源局会同国家财政部、国土资源部、国家环保部联合印发《煤矿充填开采工作指导意见》。

1 月 27 日 国家发改委、能源局正式印发《矿井水利用发展规划》(发改环资〔2013〕118 号)。该规划由中国煤炭加工利用协会负责起草。

2 月 26 日 中国煤炭工业协会印发《关于成立洁净煤与综合利用部和技术管理部的通知》(中煤协会人事〔2013〕28 号)，经第三届理事会第 62 次会长办公会研究，决定成立洁净煤与综合利用部和技术管理部。通知中明确了洁净煤与综合利用部的职能、处室设置(设洗选加工处、节能环保处和综合利用处) 及定员。洁净煤与综合利用部下设洗选加工处、节能环保处、综合利用处三个处室。“洁净煤与综合利用部”设立后，与中国煤炭加工利用协会实行一个机构两块牌子。

3 月 22 日　中国煤炭加工利用协会理事长吕英、副理事长张绍强陪同中国煤炭工业协会会长王显政、副会长梁嘉琨到北京神雾环境能源科技集团调研考察褐煤提质技术。

3 月 29 日　中国煤炭加工利用协会理事长吕英陪同中国煤炭工业协会会长王显政到神东煤炭集团大柳塔煤矿调研分布式地下水库情况。

4 月 17 日至 18 日　中国煤炭加工利用协会在深圳市组织召开“2012 年度煤炭工业能源消费暨综合利用统计年报会审会”。

4 月 19 日至 21 日　中国煤炭加工利用协会在山东泰安举办“2013 中国煤炭深加工产业发展论坛”。来自政府部门、企事业单位、科研院所和高等院校的代表 100 余人出席了论坛。

4 月 26 日　受唐山市神州机械有限公司委托，中国煤炭加工利用协会邀请行业内外在干燥、机械和煤炭洗选方面的专家召开专家评议会，对神州公司的“振动混流干燥器”发明技术的先进性、创新性、实用性等进行了深入分析研究和评议。

5 月 9 日　中国煤炭加工利用协会在湖南长沙组织召开“煤矿生态建设分会成立大会暨节能环保处长座谈会”，来自有关政府部门、企业、科研及设计院所的代表 77 人参加了会议。会议对协会聘任的 36 名节能环保专家颁发了证书，还对 2010—2011 年度获得煤炭行业节能减排先进企业（单位）和个人进行了表彰。

5 月 23 日至 24 日　煤炭行业节能服务中心（站）复审会议在太原召开，对已到期的 25 家节能技术服务中心（站）进行了资格复审。会议还总结交流了煤矿企业节能减排经验，座谈讨论了今后如何进一步做好煤炭行业节能减排工作。

5 月 30 日　中国煤炭加工利用协会理事长吕英、副理事长张绍强及特邀专家国务院发展研究中心周宏春博士、西安地质研究中心侯光才研究员等一行 6 人到神华新街能源公司进行生态文明矿区规划调研。

6 月 18 日至 21 日 中国煤炭加工利用协会、中国煤炭工业协会选煤分会在湖北襄阳市组织召开“全国选煤厂节能降耗、挖潜提效技术研讨会”。

6 月 27 日 中国煤炭工业协会与中国煤炭加工利用协会在河南省平顶山市平煤神马集团召开“全国煤矿煤焦化产业绿色发展现场会”。会前组织代表分别在平煤、开封、义马参观煤焦化现场。会议印发了“关于促进煤炭工业现代煤化工健康发展的指导意见（征求意见稿）”。

7 月 国家发改委印发《国家发展改革委办公厅关于煤炭、电力、建筑、建材行业低碳技术创新及产业化示范工程项目的复函》（发改办高技〔2013〕1819 号），同意煤炭行业山东新巨龙能源有限公司、冀中能源峰峰集团等 11 家单位申报的低碳技术创新及产业化项目被列入首批示范工程，国家共补助资金 2.4 亿元。

8 月 3 日至 4 日 受理事长吕英委托，中国煤炭加工利用协会朱建荣主任参加了在内蒙古鄂尔多斯市伊泰集团有限公司召开的“中国煤炭经济 30 人论坛（CCEF－30）暨煤炭蓝皮书（2013）书稿讨论会”。

8 月 3 日至 6 日 中国煤炭加工利用协会和锡林浩特市煤炭工业协会在锡林浩特市联合举办第三届全国低阶煤提质加工转化技术发展论坛，中国煤炭加工利用协会理事长吕英出席论坛并致开幕词。

8 月 10 日 在第八届少数民族传统体育运动会暨第三届吉祥草原·锡林郭勒那达慕活动——投资环境说明会暨项目签约仪式上，中国煤炭加工利用协会理事长吕英与锡林郭勒盟行政公署乌力吉副盟长签署了共同推进该区褐煤高效提质加工产业发展的“长期战略合作框架协议”。这是本次大会 7 个重点签约项目之一。

8 月 22 日至 25 日 2013 年全国矿井及选煤厂煤质管理技术交流

会暨煤质和煤炭检验分会二届三次理事扩大会议在哈尔滨市召开。

9月12日　根据《国家发展改革委办公厅关于煤炭、电力、建筑、建材行业低碳技术创新及产业化示范工程项目的复函》（发改办高技〔2013〕1819号）要求，为组织落实好煤炭行业国家低碳创新及产业化示范工程项目的实施协调工作，中国煤炭加工利用协会组织在北京召开“中国煤炭工业协会关于召开首批煤炭行业低碳技术创新及产业化示范工程项目整体实施协调会”。会议讨论并通过了“煤炭行业低碳技术创新及产业化示范工程项目实施协调管理暂行办法（征求意见稿）”，成立了煤炭行业低碳技术创新示范项目协调领导小组。

10月1日至6日　第十七届国际选煤大会在土耳其伊斯坦布尔召开，中国煤炭加工利用协会组织神州公司、唐山国华、鞍山重机等企业赴会参展，并向大会组委会提交论文22篇。中国煤炭加工利用协会副理事长张绍强出席会议。

10月13日至15日　中国煤炭加工利用协会组织专家赴山西三元煤业股份有限公司、山西长治王庄煤业有限责任公司开展创建“生态文明煤矿试点”咨询评定活动。经专家现场踏勘、材料审查、标准对照，这两家单位达到了“生态文明煤矿评价标准”考核办法的要求，符合“生态文明煤矿”创建条件。

10月20日　中国煤炭加工利用协会第六次会员代表大会在北京召开。大会选举产生第六届理事会理事138人，常务理事55人，吕英当选为理事长，张绍强、马剑、蔡明华等14人当选为副理事长，马剑为秘书长（兼）。此外，经中国煤炭工业协会研究同意，聘任周少雷等5人为中国煤炭加工利用协会第六届理事会特邀副理事长。同期召开中国煤炭工业协会选煤分会会员代表大会，选举产生了新一届选煤分会领导机构，张绍强为新一届理事会理事长。会议期间，还举行了“优秀会员单位”颁奖仪式，对近年来关心支持协会工作、认真履行会员义务、积极参加协会活动的75家优秀会员单位进行了表彰。

10 月 20 日至 21 日　由中国煤炭加工利用协会主办的“中国煤炭清洁高效转化发展高峰论坛”在北京召开。

10 月 31 日　受陕煤化集团公司委托，由中国煤炭加工利用协会完成的“陕西煤业化工集团产品结构优化方案研究”在陕西省西安市通过课题验收。课题组在课题编制过程中先后多次对陕煤化集团下属的 9 个矿区 47 座煤矿和 14 家选煤厂进行了现场调研，收集现场一手资料，并进行整理汇总和分析研究，提出了 3 个层次的优化战略、25 个产品结构调整方案和 10 个中长期调整改进方案，圆满完成了课题任务，受到陕煤化集团公司有关领导的高度肯定。

11 月 8 日至 10 日　应锡林郭勒盟行政公署邀请，中国煤炭加工利用协会副理事长张绍强带领专家团队对内蒙古锡林郭勒盟地区褐煤提质项目和相关企业进行实地调研考察。

2014 年

2 月 27 日　中国煤炭加工利用协会在北京召开煤化工煤炭消费总量控制方案和政策研究项目启动会，该项目是自然资源保护协会（NRDC）组织的“煤炭消费总量控制方案和政策研究”的子课题。

3 月 14 日　中国煤炭加工利用协会理事长吕英陪同中国煤炭工业协会会长王显政等领导拜会了中国生态文明研究与促进会会长祝光耀，双方就合作推动煤炭行业生态文明矿井和矿区共建工作进行了探讨。

3 月 28 日　由中国煤炭工业协会主办，中国神华神东集团和煤科总院承办的《粉煤型工业锅炉清洁高效利用现场会》在神东集团召开。

4 月 11 日　中国煤炭加工利用协会在扬州组织召开“2013 年度煤炭工业能源消费暨综合利用统计年报会审会”。

4 月 15 日　中国煤炭加工利用协会在洛阳召开“全国煤炭干燥

成型技术发展与应用专题研讨会”。

5月6日至8日　由中国煤炭工业协会主办、中国煤炭加工利用协会承办的“2014第三届中国国际煤炭加工利用及煤化工展览会”在全国农业展览馆隆重开幕，160余家国内外厂商参展。据统计，参观展会的专业观众达1.1万余人，共签订意向成交额3.6亿元人民币。同期举办了“中国选煤发展论坛”“节能减排与生态文明矿山建设论坛”和“中国煤炭深加工产业发展论坛”。

6月5日至7日　由中国石化联合会组织召开的“2014中国国际煤化工展览会暨中国国际煤化工发展论坛”在北京举行。

6月9日至10日　中国煤炭加工利用协会组织专家前往山东新巨龙能源有限责任公司开展创建“生态文明煤矿”咨询评定工作。经专家组评定，该公司达到了“生态文明煤矿评价标准”考核指标要求。

6月20日　中国煤炭加工利用协会在北京组织召开“三高”（高硫、高灰、高灰熔点）煤气化工艺适应性专题技术研讨会。

6月22日至25日　中国煤炭加工利用协会和中国生态文明研究与促进会组织有关专家前往大同煤矿集团有限责任公司晋华宫矿、同煤国电同忻煤矿有限公司及中煤平朔集团有限公司安太堡露天矿开展创建“生态文明煤矿试点”咨询评定活动。经专家组评定，这三家公司达到了“生态文明煤矿评价标准”考核指标要求。

7月16日至17日　中国煤炭加工利用协会低热值燃料发电分会五届二次年会暨大比例煤泥掺烧技术交流会在贵阳市召开。

7月24日至25日　煤矿防尘技术推广会暨节能环保处长座谈会在河北秦皇岛市召开。

8月9日至12日　中国煤炭加工利用协会在内蒙古呼和浩特市召开新型煤气化技术与煤质专题技术研讨会。

10月9日　财政部、国家税务总局印发《关于实施煤炭资源税改革的通知》(财税〔2014〕72号)，明确从2014年12月1日起，在全国范围内实施煤炭资源税从价计征改革，《通知》中规定："对充填开采置换出来的煤炭，资源税减征 50%"税收优惠政策。

11 月 17 日至 18 日 中国煤炭加工利用协会张绍强副理事长出席在北京举办的"煤炭消费总量控制与能源结构转型国际研讨会"，并做了《中国煤化工面临的机遇与挑战》专题演讲。

本月 为满足煤炭企业各级领导和能源管理工作者系统学习能源管理知识，加强能源管理工作，由中国煤炭加工利用协会组织编写的《煤炭企业能源管理丛书》，由煤炭工业出版社出版。该套丛书包括《能源管理体系》《能源管理方法》《节能技术》，共三册。

12 月 12 日至 15 日 中国煤炭加工利用协会在昆明组织召开"全国低品质煤提质及深加工技术交流与研讨会"。

12 月 17 日至 19 日 中国煤炭加工利用协会在广州组织召开"全国煤炭质量管理研讨会暨煤质和煤炭检验分会二届四次理事扩大会议"。

是年 受煤炭工业协会委托，中国煤炭加工利用协会完成了《生态文明煤矿评价标准研究》课题，并通过了中国煤炭工业协会组织的专家评议。

是年 中国煤炭工业协会、中国煤炭加工利用协会联合印发"关于公布首批生态文明煤矿的通知"，授予山西三元煤业股份有限公司、山西长治王庄煤业有限责任公司"生态文明煤矿"称号。

是年 经多次沟通联系，中国煤炭加工利用协会与中国生态文明研究与促进会建立了合作关系，联合在煤炭行业开展生态文明创建推进工作。成立了中国生态文明研究与促进会煤炭行业工作委员会作为具体工作机构，明确了工作机制与业务范围。

2015 年

2 月 9 日 煤炭工业技术委员会资源综合利用专家委员会（以下简称专委会）在广州召开年会，会议提出专委会工作计划与中国煤炭加工利用协会工作结合的调整意见。

3 月 4 日至 6 日　中国煤炭加工利用协会理事长吕英率领协会有关人员到冀中能源股份有限公司进行生态文明矿区建设情况调研，并就生态文明矿区建设合作事宜与该公司领导进行了洽谈。

4 月 10 日　在中国煤炭工业协会第四届理事会第三次会议上，对开滦（集团）有限责任公司等 65 家“2012—2013 年度煤炭工业节能减排先进企业（单位）”，王莉娜等 74 名“2012—2013 年度煤炭工业节能减排先进个人”，冀中能源股份有限公司邢台矿选煤厂等 10 家“2012—2013 年度煤炭工业十佳选煤厂”，开滦集团唐山矿业分公司选煤厂柳建文等 10 名“2012—2013 年度煤炭工业十佳选煤厂厂长”，石家庄工业泵厂有限公司等 10 家“2012—2013 年度煤炭工业十佳选煤设备制造厂”进行了表彰，并颁发奖牌和证书。

4 月 14 日　由中国煤炭加工利用协会和山东新巨龙能源有限公司合作完成的《生态文明煤矿建设标准化研究》课题通过了中国煤炭工业协会组织的鉴定。

4 月 16 日　中国煤炭加工利用协会在山东省青岛市组织召开 2014 年度煤炭工业能源消费暨综合利用统计年报会审会。

4 月 23 日至 25 日　中国煤炭加工利用协会在江苏南京市组织召开“全国煤化工水处理技术发展与应用创新研讨会”。

4 月 28 日　中国煤炭加工利用协会在北京组织召开“煤炭行业低碳技术创新及产业化示范工程项目实施进度交流会”。会上，煤炭行业 11 个低碳技术创新及产业化示范工程项目承担单位分别就项目建设主要内容、实施进度、项目投资及完成、取得效益等情况进行了汇报，并根据项目的后续实施情况、存在的问题等开展了座谈交流。

5 月　煤炭工业节约能源办公室在北京组织召开煤炭行业节能监测中心（站）资格复审会。

7 月 7 日至 8 日　中国煤炭工业协会和中国煤炭加工利用协会在浙江省舟山市联合召开全国煤炭行业煤电一体化发展暨燃煤超低排放

现场会。

7 月 18 日至 20 日 中国煤炭加工利用协会在宁夏银川组织召开“首届中国煤炭清洁高效转化利用产业大会”。

7 月 27 日 中国煤炭工业协会、中国煤炭加工利用协会联合印发“关于公布第二批生态文明煤矿的通知”（中煤协会综合〔2015〕128 号)，授予山东新巨龙能源有限责任公司、大同煤矿集团有限责任公司晋华宫矿、同煤国电同忻煤矿有限公司及中煤平朔集团有限公司安太堡露天矿“生态文明煤矿”称号。

8 月 19 日 中国煤炭加工利用协会在陕西麟游县徐州矿业集团陕西郭家河煤矿组织召开“生态文明煤矿”评审会。经专家评审，该公司达到了“生态文明煤矿评价标准”考核指标要求。

8 月 12 日 黄陵矿业公司低热值资源综合利用电厂三期 2×300 MW 2 号机组，顺利通过 168 h 满负荷试运行，正式进入商业运营阶段。至此，该厂三期建设工程全部完成，总装机容量达 730 MW，是西北地区最大的煤矸石电厂。该电厂投产标志着延安南部地区没有大型电源支撑点的历史宣告结束。

8 月 31 日 中国煤炭加工利用协会副理事长张绍强率有关人员前往乌海市考察和调研焦化产业现状并与乌海市招商局签订了合作框架协议。

同日 我国煤炭行业首次进行行业工程勘察设计大师评选，其中，北京华宇公司的郭牛喜、陶能进，大地公司的周少雷，芬雷公司的尚爱民，西安院的郑均笛五位为选煤专业的首批煤炭行业勘察设计大师。

9 月 9 日至 10 日 中国煤炭加工利用协会与中国煤炭工业协会选煤分会联合在新疆乌鲁木齐召开选煤分会理事长扩大会议暨动力煤干法分选观摩研讨会。

9 月 16 日 中国煤炭加工利用协会副理事长张绍强陪同中国煤炭工业协会名誉会长濮洪九到河北曹妃甸考察调研河南龙成集团低阶

煤分级提质工业化项目。

9月18日至19日　中国煤炭加工利用协会在杭州组织召开“煤基精细化学品技术经济研讨会”。

10月21日　中国煤炭加工利用协会在北京组织召开2015年度煤炭行业节能环保处长座谈会。

10月30日　中国煤炭加工利用协会副理事长马剑等陪同印度煤炭部原副部长阿洛克和印度选煤协会会长萨奇戴维率领的印度代表团到河北唐山考察调研选煤技术设备，参观了神州机械公司生产基地、中煤科工集团唐山研究院研发基地以及FGX干法分选机在开滦集团林南仓煤矿的应用现场，开展了技术交流。

11月4日　中国煤炭加工利用协会副理事长张绍强出席由中国节能协会和中国煤炭消费总量控制和政策研究项目组共同主办的“建言‘十三五’——中国煤控规划研究国际研讨会”并在大会上发言。

11月12日至13日　中国煤炭加工利用协会在北京召开“第二届新型煤气化与煤质专题技术研讨会暨中国煤炭加工利用协会煤转化分会年会”。

11月27日　由中国煤炭工业协会煤炭工业技术委员会主办、神华煤制油化工有限公司承办的“煤炭直接液化技术交流会暨煤炭工业技术委员会煤化工专家委员会2015年会”在神华集团煤制油化工有限公司上海研究院召开。

12月11日　“中国煤炭加工利用协会低热值燃料发电分会五届三次年会”在太原市召开。

12月14日　中国煤炭工业协会、中国煤炭加工利用协会联合印发《关于公布第三批生态文明煤矿的通知》（中煤协会综合〔2015〕177号），授予徐矿集团陕西郭家河煤矿“生态文明煤矿”称号。至此，煤炭行业共有7家单位获得“生态文明煤矿”称号。

本月　中国煤炭加工利用协会参与完成的《“十三五”煤炭清洁

高效发展若干重大问题研究》课题，获得国家能源局授予的“2014年度能源软科学研究优秀成果二等奖”。

2016 年

1 月 18 日 中国煤炭加工利用协会在北京组织召开《煤炭加工与综合利用》办刊工作座谈会。

1 月 19 日 中国煤炭加工利用协会在北京召开六届四次理事扩大会议，对协会主要领导进行了届中调整。会议选举张绍强同志为协会理事长。因工作调整，吕英同志不再担任协会理事长。协会理事和会员单位代表 260 余人参加了大会。

1 月 19 日至 20 日 在召开中国煤炭加工利用六届四次理事扩大会议期间，组织召开了“第九届全国低阶煤热解提质及产品深加工技术发展研讨会”。

3 月 7 日至 9 日 中国煤炭加工利用协会理事长张绍强、副理事长马剑率领协会各部室主要负责人赴陕西煤业化工集团公司走访调研。双方就加强合作和服务，继续推动陕煤化集团产品结构调整、商品煤质量管控、推进陕北矿区优质长焰煤分质梯级利用、关中四局高硫煤高效利用、开展煤制油消费税研究、建设彬长煤田“瓦斯零排放”矿区、陕北矿区生态文明矿井建设等方面进行了深入交流和探讨。

3 月 29 日至 30 日 中国煤炭加工利用协会在北京组织召开了“第二届全国煤化工水处理技术发展与应用创新研讨会”。

4 月 16 日至 17 日 在内蒙古鄂尔多斯市举办的“第十一届鄂尔多斯国际煤炭及能源工业博览会”期间，中国煤炭加工利用协会与鄂尔多斯市政府共同组织召开了“2016’中国煤炭清洁高效利用（鄂尔多斯）高峰论坛”。

5 月 11 日至 12 日 中国煤炭工业协会会长王显政、副会长刘峰、副秘书长兼政策研究部主任张宏、洁净煤与综合利用部主任兼中国煤炭加工利用协会理事长张绍强等一行，专程到中化集团吉林长山化工公司，调研考察国内自主研发的首台1000 t/d级航天炉褐煤干煤粉气流床加压气化装置现场。

5月13日　中国煤炭加工利用协会在浙江萧山组织召开了2015年煤炭工业能源消费暨综合利用统计年报会审会。

5月16日至17日　由中国煤炭加工利用协会承办的“新型煤化工绿色发展研讨会暨‘十三五’规划绿色发展战略研究启动会”在北京召开。环保部环评司、国家能源局科技装备司、环保部环评中心、中国石油和化学工业联合会的有关领导以及中国煤炭加工利用协会理事长张绍强出席会议。

5月20日　中国煤炭加工利用协会在山东淄博召开“第三届甲醇及下游产业发展专题研讨会”。

6月19日　中国煤炭加工利用协会和中国煤炭工业协会选煤分会在秦皇岛组织召开中国选煤志（1949—2015）编纂工作启动会议。

6月21日至22日　由中国煤炭加工利用协会与内蒙古乌海市政府联合举办的“2016·乌海·全国煤炭深加工及焦化产业绿色发展研讨会”在乌海市召开。

6月28日至7月1日　第十八届国际选煤大会在俄罗斯圣彼得堡隆重举行。中国煤炭工业协会副会长刘峰出席大会并在开幕式上致辞，中国煤炭加工利用协会理事长张绍强出席组委会会议及本次大会。我国有11位专家学者在大会上作了演讲，34篇论文入选大会论文集。

7月7日　由国际环保机构NRDC（自然资源保护协会）资助，中国煤炭加工利用协会承担并完成的中国煤控项目（2014—2015）《煤化工产业煤炭消费量控制及其政策研究执行报告》发布会暨“现代煤化工行业发展规划和加强生态保护研讨会”在北京召开。

7月26日　由中国煤炭加工利用协会主办的TDS智能干选机现场观摩与技术交流会在山西晋城召开。

8月24日至25日 中国煤炭加工利用协会低热值燃料发电分会主办、淮南矿业集团电力分公司协办的“煤电联营转型发展经验技术交流会”在安徽省淮南市召开。

8月31日 由中国循环经济协会主办，中国煤炭加工利用协会与中国循环经济协会可再生能源专业委员会协办的“2016年中国散煤清洁高效利用和治理大会”在北京召开。

本月 修订后的《煤炭洗选工程设计规范》(GB 50359—2016)、新制定的《煤炭洗选工程节能设计规范》(GB 51181—2016)发布。

9月12日至13日 煤炭工业节约能源办公室在北京组织召开煤炭行业节能技术服务中心（站）资格复审会议，对18家技术服务中心（站）提出的申请进行资格复审。

9月19日 中国煤炭工业协会发布《关于印发煤炭工业“十三五”相关领域发展指导意见的通知》，公布了包括《煤炭工业“十三五”洗选加工和煤化工发展的指导意见》、《煤炭工业“十三五”节能环保与资源综合利用的指导意见》等14个煤炭行业相关领域“十三五”发展指导意见。

9月24日 由中国煤炭加工利用协会主办的“第三届全国煤化工水处理技术发展与应用创新高层论坛”暨“高难废水处理及全厂水平衡整体解决方案专题研讨会”在杭州萧山召开。

本月 国土资源部发布《关于国家级绿色矿山试点评估结果的公告》(2016年第21号)，根据《国土资源部关于贯彻落实全国矿产资源规划发展绿色矿业建设绿色矿山工作的指导意见》(国土资发〔2010〕119号)，对第一批、第二批国家级绿色矿山试点单位建设进展情况进行了评估，全国共有187家试点单位完成绿色矿山建设规划确定的目标任务，达到国家级绿色矿山基本条件。其中，同煤大唐塔山煤矿等59座煤矿通过试点评估。

10月26日至28日 中国煤炭加工利用协会六届五次理事扩大会议暨“2016第四届中国国际煤炭清洁能源产业博览会”在北京隆

重召开。此次博览会是在原“中国国际煤炭加工利用及煤化工展览会”的基础上，为顺应煤炭清洁高效利用的发展趋势和煤炭行业转型发展需要而更名。展会期间，举办了“2016 中国煤炭洗选加工论坛”“第五届中国煤炭清洁高效利用技术及产业发展国际论坛”“2016 中国煤炭工业生态文明建设论坛”。同期还召开了煤炭企业“节能环保处长座谈会”。

11 月 1 日　“2016 中国煤炭消费总量控制和能源转型国际研讨会”在北京召开。中国煤炭加工利用协会理事长张绍强出席研讨会并作了“中国现代煤化工十三五发展定位与管控”的专题演讲。

本月　根据中国煤炭加工利用协会六届五次理事扩大会议审议通过的决议，中国煤炭加工利用协会印发三份关于机构设置的文件：《关于设立“中国煤炭加工利用协会散煤治理分会”的通知》（中煤加协〔2016〕32 号）；《关于设立“中国煤炭加工利用协会煤化工环保专业委员会”的通知》（中煤加协〔2016〕33 号）；《关于变更低热值燃料发电分会的通知》（中煤加协〔2016〕34 号）。经协会六届五次理事扩大会议审议通过，批准“低热值燃料发电分会”变更为“中国煤炭加工利用协会发电分会”。

12 月 8 日至 9 日　中国煤炭加工利用协会联合华南理工大学在广州组织召开“煤气化煤焦化高污染废水处理技术发展与应用专题研讨会”。

12 月 28 日　神华宁煤集团年产 400 万 t 煤炭间接液化示范项目举行首批产品装车发运仪式，标志着该项目取得阶段性成果。中共中央总书记习近平做出重要指示：这一重大项目建成投产，对我国增强能源自主保障能力、推动煤炭清洁高效利用、促进民族地区发展具有重大意义，是对能源安全高效清洁低碳发展方式的有益探索，是实施创新驱动发展战略的重要成果。

12 月 29 日　中国煤炭加工利用协会承担的国家能源局煤炭司“十三五”重大专项《褐煤、煤矸石及矿井水等低品质资源综合利用方式研究》课题验收评审会在北京通过专家评审。

是年 中国煤炭加工利用协会完成了国家有关部门委托的课题研究，包括国家能源局《褐煤、煤矸石及矿井水等低品质资源综合利用方式研究》、发改委环资司《大宗固体废弃物“十三五”资源化利用专题研究》《节水型社会“十三五”规划》中煤炭行业相关内容的修改完善工作；中国煤炭工业协会委托的《煤炭清洁高效利用“十三五”规划研究》《煤炭工业节能环保与资源综合利用“十三五”发展规划研究》课题。

2017 年

2 月 28 日 为推动选煤志编制工作，中国煤炭加工利用协会在唐山召开《中国选煤志》初稿编写探讨会。会上对选煤志编委会提出的编制大纲和分工进行了讨论，为下一步加快推进选煤志编纂打下了的基础。

2 月 28 日至 3 月 1 日 由中国煤炭加工利用协会、中国煤炭工业协会选煤分会主办，北京国华科技集团有限公司协办的选煤新技术研讨会在河北唐山召开。

3 月 24 日至 27 日 由中国煤炭加工利用协会主办、江苏科行环保科技有限公司和国家环境保护工业炉窑烟气脱硝工程技术中心共同承办的“2017 年煤炭深加工领域脱硫脱硝技术及环保投资金融服务创新模式研讨会”在江苏省盐城市召开。

3 月 29 日 中国煤炭加工利用协会理事长张绍强率队到中国生态文明研究与促进会，与该会执行副会长李庆瑞、副会长兼秘书长朱广庆等就煤矿生态文明建设的相关工作进行了座谈交流。

4 月 6 日 中国煤炭加工利用协会理事长张绍强、副理事长兼秘书长马剑、副理事长符东旭及有关部门负责同志出席在邯郸洗选厂举行的冀中能源选煤技术交流会。

4 月 26 日 由国务院研究室和中国煤炭工业协会联合组织、中国煤炭加工利用协会负责承办的煤炭清洁高效利用座谈会在北京召开。国务院研究室唐元司长会同农业部、科技部、国家能源局、中国工经联、环科院相关领导组成的调研组出席会议；中国煤炭工业协会副会长刘峰、副秘书长张宏，中国煤炭加工利用协会理事长张绍强、副理事长兼秘书长马剑、副理事长符东旭及有关同志出席了会议。唐元司长主持会议并认真听取了各煤炭企业在煤炭清洁化利用方面的基本情况、做法、效果、存在问题和进一步加强煤炭清洁化利用的政策建议，并针对提出的建议做出了评价。

5月9日至10日　由中国煤炭加工利用协会、中国新型煤化工绿色发展联盟（筹）、鄂尔多斯市环保局联合主办，内蒙古久科康瑞环保科技有限公司协办的“第四届全国煤化工水处理技术发展与煤化工副产结晶盐标准研讨会”在鄂尔多斯市召开。

5月10日　中国煤炭加工利用协会在湖北宜昌组织召开2016年度煤炭工业能源消费暨综合利用统计年报会审会。

6月15日　“首届环保炭产业创新高峰论坛”在内蒙古鄂尔多斯市召开。中国煤炭加工利用协会理事长张绍强应邀出席论坛并做了“煤炭清洁高效利用及兰炭的未来发展趋势”主题演讲。

6月16日至17日　由中国煤炭加工利用协会和中国煤炭工业协会选煤分会主办、河南威猛振动设备股份有限公司承办的高幅概率组合筛干法筛分技术研讨会在河南新乡召开。

6月22日至23日　由中国煤炭加工利用协会、神木县人民政府及煤炭清洁高效利用产业协会创新共同体共同主办的“中国散煤清洁利用与雾霾防治大会暨技术装备展示会”在陕西神木召开。

8月18日　煤炭清洁高效利用产业协同创新共同体举行第一次联络员会议。中国煤炭加工利用协会为该共同体首批正式成员单位。

8月19日　中国煤炭加工利用协会和中国陶瓷工业协会组织专家在北京召开《兰炭固定床低压连续气化炉制备清洁燃料气工业化示范项目》标定暨评审会。

8月31日 由中国节能协会主办，中国煤炭加工利用协会协办，世界自然基金会和自然资源保护协会共同支持的第二届中国散煤综合治理大会在北京召开。

9月7日至9日 由中国煤炭加工利用协会主办，神木县兰炭产业服务中心和国际中国环境基金会协办的全国燃煤工业锅炉超低排放及燃料清洁化利用研讨会在山东烟台市召开。

9月12日 中国煤炭加工利用协会与环保部环境工程评估中心在京签订了战略合作协议。环境保护部环境工程评估中心主任谭民强、副主任任洪岩，中国煤炭加工利用协会理事长张绍强、副理事长兼秘书长马剑等出席签字仪式。

9月21日 在天津召开的“中国参与APEC能源合作伙伴网络”中方对口单位会议上，国家能源局国际合作司综合处处长魏晓威宣布了“中国参与APEC能源合作伙伴网络”首批成员单位名单，中国煤炭加工利用协会名列其中。

9月26日至27日 由中国煤炭加工利用协会发电分会主办、青岛松灵电力环保设备有限公司和青岛特利尔环保股份有限公司协办的CFB锅炉技术改造经验交流会在山东青岛召开。

10月12日至14日 由吕梁市政府与中国煤炭加工利用协会共同主办的“第四届全国煤炭深加工及焦化产业绿色发展交流会暨吕梁市招商引资推介会”在山西省孝义市举行。

11月4日至9日 中国煤炭加工利用协会副理事长兼秘书长马剑应邀出席了在印度新德里召开的印度第五届国际煤炭洗选交流展览会和第19届国际选煤大会组织委员会会议。

11月17日至20日 由中国煤炭加工利用协会、中国煤炭工业协会选煤分会主办，唐山市神州机械工程集团公司和五六选煤协办的全国动力煤分选工艺技术研讨会在安徽合肥召开。

11月19日 由中国煤炭工业协会、中国煤炭学会主办，中煤科工集团煤炭科学研究总院和中国煤炭加工利用协会承办的“散煤清洁燃烧技术现状与发展座谈会”在北京召开。

11月20日至21日　由中国煤炭加工利用协会、中国新型煤化工绿色产业发展联盟和内蒙古鄂尔多斯市伊金霍洛旗人民政府主办的“全国煤化工高盐废水及矿井水资源化利用技术研讨会”在鄂尔多斯市召开。

12月1日　中国煤炭加工利用协会理事长张绍强拜访了亚太经合组织可持续能源中心（APSEC）。这是协会被确定为“中国参与APEC能源合作伙伴网络”成员单位以来对APSEC的首次拜访。

12月7日至9日　中国煤炭加工利用协会在杭州组织召开煤炭质量管理、煤炭检测研讨会暨煤质和煤炭检验分会理事扩大会议。

12月14日　中国煤炭工业协会印发“关于公布煤炭行业工程研究中心认定名单的通知”（中煤协会科技〔2017〕45号），认定了由中国煤炭加工利用协会与唐山市神州机械有限公司共同组建的“煤炭行业干法选煤工程研究中心”等5个煤炭行业工程研究中心。

是年　由中国煤炭加工利用协会、陕西煤业化工集团有限责任公司安全生产环保部、北京全动力能源技术有限公司联合编制的《陕西煤业化工集团煤炭产品标准及质量管控体系建设研究》课题获得2017年度中国煤炭工业协会科学技术奖二等奖。

2018年

1月18日至20日　由中国煤炭加工利用协会主办的“煤炭深加工示范项目研讨与环保提标改造技术交流会”在福建厦门召开。

3月7日　中国煤炭加工利用协会理事长张绍强在北京煤炭大厦会见巴西COPELMI MINERACAO LTDA董事长Roberto R. M. De. Faria一行。双方就进一步加强煤炭清洁高效利用及煤化工方面的合作进行了深入交流。

3月19日　中国煤炭加工利用协会理事长张绍强出席了国家发改委组织的燃煤自备电厂规范建设及运行座谈会。

4月1日 中国矿业大学（北京）化环学院召开了怀念王祖讷教授座谈会。中国煤炭加工利用协会副理事长兼秘书长马剑出席会议并致辞。王祖讷教授是我国选煤界知名专家，曾任中国煤炭加工利用协会副秘书长。

4月12日至14日 由中国煤炭加工利用协会主办的“第六届全国煤化工水处理技术发展与应用创新专题研讨暨煤化工废水处理技术工程案例专场分享会”在浙江省杭州市召开。

4月19日至20日 由中国煤炭加工利用协会和生态环境部环境工程评估中心共同举办的中国煤炭加工利用协会煤矿生态建设分会第二届会员大会暨煤炭工业生态文明建设研讨会在江苏省南京市召开。会议期间，召开了“2018年煤炭工业节能环保处长座谈会”。

4月26日 由中国煤炭加工利用协会组织，神木县煤化工产业办承办的“中国煤炭加工利用协会兰炭分会筹备工作会议”在陕西神木召开。

5月10日 中国煤炭加工利用协会与沈阳环境科学研究院在辽宁省沈阳市签署战略合作协议。根据协议，双方将在煤化工行业环境问题系统解决方案、煤化工领域的政策和标准研究、固体废物资源化处置利用、废水治理、大气污染综合防治等方面深化合作。

5月25日 中国煤炭加工利用副理事长兼秘书长马剑出席淮南矿业集团潘集选煤厂智能化建设研讨会，与有关领导和专家就智能化选煤厂的建设问题进行了深入的沟通交流。

6月14日 中国煤炭加工利用协会理事长张绍强会见了到访协会的日本煤炭能源中心（Japan Coal Energy Center）副理事长兼秘书长桥口昌道一行。

6月21日 中国煤炭加工利用协会理事长张绍强率队拜访生态环境部环境工程评估中心，并与该中心党委书记凌江等进行了座谈。

6月26日 中国煤炭加工利用协会兰炭分会在陕西神木成立并召开第一次会员代表大会，选举产生了第一届兰炭分会领导机构，张绍强理事长出席会议。会议选举神木县五洲煤化工有限公司董事长周茂林担任会长，陕西昊田集团公司董事长王爱田等13人担任副会长，陕西煤业化工集团神木能源发展有限公司联众分公司总经理任培骞为秘书长。分会聘请中国工程院院士、清华大学教授金涌和倪维斗，国家发改委能源研究所研究员戴彦德以及陕西镁业集团有限公司董事长石磊为高级顾问。分会目前已发展会员单位139个，涵盖兰炭行业主要的生产企业、科研单位、高校、服务商等，涉及的兰炭产能占全国总产能的95%左右。

6月27日至28日　由中国煤炭加工利用协会、神木县人民政府主办的“2018第二届中国兰炭产业绿色升级与应用创新大会”在陕西神木召开。中国煤炭工业协会副会长、世界煤炭协会技术委员会副主席、中国煤炭学会理事长刘峰，中国煤炭加工利用协会理事长张绍强等领导出席大会。

7月12日至13日　中国煤炭加工利用协会在河北省葫芦岛市组织召开“2018年度煤炭工业重点用能单位能耗在线监测与能源消费统计会议”。

7月13日　由中国煤炭加工利用协会主办的“首届中国煤炭绿色生态发展论坛”在上海万达瑞华酒店举行。

7月27日　由中国煤炭加工利用协会和山西省河津市人民政府共同主办的“第五届全国煤焦化产业绿色升级发展研讨会”在山西省河津市召开。研讨会期间，张绍强理事长主持召开了第五届全国煤焦化产业绿色升级发展专家座谈会。

8月8日至10日　由中国煤炭加工利用协会和鄂尔多斯市环境保护局共同主办的“第七届全国煤化工高盐废水处理及资源化利用技术研讨会”在鄂尔多斯召开。

8月22日至24日　由中国煤炭加工利用协会和中国煤炭工业协会选煤分会主办的“全国选煤厂废弃物资源化利用和智能化建设技术研讨会”在河北省秦皇岛市召开。

9月16日至18日 由中国煤炭加工利用协会和中国煤炭工业协会选煤分会主办的“细粒煤高效脱水及《中国选煤志》编审交流会”在山东省德州市召开。

9月19日至20日 由中国煤炭加工利用协会主办，中煤（北京）环保工程有限公司、陕西榆林未来能源金鸡滩煤矿、北京泛地能源咨询中心协办的“全国煤炭矿井水净化和综合利用技术研讨会”在陕西省榆林市召开。

9月20日 由APSEC（亚太经合组织可持续能源中心）主办的“第四届亚太能源可持续发展高端论坛”召开。来自11个国家和地区（10个APEC经济体和西班牙）的一百多位代表参加论坛。作为该论坛“亚太地区清洁能源技术高端培训会”的共同组织方，中国煤炭加工利用协会理事长张绍强发表了题为“发展清洁高效燃煤发电，推动煤炭清洁高效利用”的英文致辞。

本月 由中国煤炭加工利用协会作为牵头单位，与中国矿业大学(北京)、科邦检测集团有限公司组成的投标联合体，在中国环境科学研究院组织的招标活动中，中标“煤炭开采和洗选业第二次全国污染源普查产排污系数核算”课题，并签订了课题任务书。

10月15日至17日 中国煤炭加工利用协会节能环保部有关人员到山西焦煤集团进行第二次全国污染源普查调研。

10月18日 受国家发改委委托，由中国煤炭加工利用协会和中国环境科学研究院承担编制的《煤炭采选业清洁生产评价指标体系(送审稿)》审议会在北京召开并通过专家组评审。

11月20日 中国煤炭加工利用协会第七次会员代表大会在西安曲江国际会议中心召开。大会选举张绍强为中国煤炭加工利用协会第七届理事会理事长，马剑等十四人当选为副理事长，马剑兼任秘书长。大会期间，表彰了“2016—2017年度会员单位节能减排先进企业、先进个人”“首届煤炭洗选加工‘五小创新’优秀成果”，并举行了授牌仪式。20日下午，召开“2018’中国煤炭清洁高效利用院士论坛”，中国工程院谢克昌、刘中民、金涌、王双明、刘科以及中国科学院郭烈锦六位院士发表了精彩演讲。

11 月 21 日至 23 日　经国家商务部批准，由中国煤炭工业协会主办，中国煤炭加工利用协会、国家能源集团、陕西煤业化工集团、兖矿集团联合承办的“第五届中国国际煤炭清洁高效利用展览会”在西安曲江国际会展中心举行。共有来自国内外煤炭企业、煤炭洗选设备制造企业、煤化工企业及相关科研院所、国际机构 235 家参展，展示面积 22000 余平方米，上万人次参观了展览。此次展会恰逢我国改革开放四十周年，展会辟出专区，举办了“绿色低碳发展，引领行业未来”——纪念改革开放四十周年煤炭行业洗选加工、综合利用主题展览。展会首次设置煤炭院校大学生煤炭清洁高效利用创新成果展台，共有 23 项大学生科技创新成果参展，并评选出金质奖一项、银质奖两项、铜质奖五项。展会期间还组织召开了“2018 中国煤炭洗选加工论坛”“2018’煤矿生态文明建设论坛”“2018’中国煤炭深加工发展及清洁能源高端论坛”“第 11 届低阶煤分质高效利用技术及兰炭（半焦）综合利用发展论坛”“煤炭清洁高效利用和转化投融资暨项目路演论坛”，上百位相关领域的专家分别发表了演讲。

12 月 12 日　唐山市神州机械有限公司研发的“煤炭高效干法分选关键技术及应用”项目荣获国务院颁发的国家科学技术进步奖二等奖，唐山市神州机械有限公司董事长李功民同时获颁国家科学技术进步奖二等奖证书。这是我国干法选煤领域迄今为止获得的国家科技进步最高奖项。

12 月 21 日　由中国煤炭加工利用协会作为牵头单位完成的“煤炭开采和洗选业第二次全国污染源普查产排污系数核算”课题，通过了由中国环境科学研究院组织的课题验收。

2019 年

1 月 16 日至 18 日　由中国煤炭加工利用协会和中国石油和石化

工程研究会主办的“全国石油化工、煤化工企业用水智能化管理及污水处理提标改造、资源化利用技术研讨会”在苏州召开。

2月28日 受山东能源集团有限公司委托，由中国煤炭加工利用协会编制的《山东能源集团有限公司环保三年规划（2019—2021年）》课题验收会在济南召开。

3月26日至27日 受生态环境部科技发展中心邀请，张绍强理事长赴河北省承德市参加由兖矿集团有限公司、中科院过程工程研究所、兖矿科技有限公司、兖煤蓝天清洁能源有限公司共同合作开发的“民用燃煤清洁取暖关键技术”评估会。

4月17日 中国生态文明研究与促进会有关领导到访中国煤炭加工利用协会，双方围绕研促会煤炭工作委员会的工作进展、下一步工作思路等相关内容展开讨论，并举行了“中国生态文明研究与促进会煤炭工作委员会”挂牌仪式，执行副会长李庆瑞代表研促会向张绍强颁发了“煤炭工作专委会主任”聘书。

4月20日 中国煤炭加工利用协会在北京组织召开《煤化工副产氯化钠》、《煤化工副产硫酸钠》两项团体标准（送审稿）审查会。

5月8日至10日 中国煤炭加工利用协会在山东威海召开“全国煤炭精细分选分级技术研讨会”。

5月9日至10日 由中国煤炭加工利用协会和鄂尔多斯生态环境局主办的第八届现代煤化工高盐废水处理技术研讨会暨《煤化工副产氯化钠》和《煤化工副产硫酸钠》2项团体标准发布和宣贯会在鄂尔多斯召开。

5月27日至29日 由中国煤炭加工利用协会和神木县人民政府共同主办的“2019中国煤炭分质利用暨第三届中国兰炭产业绿色发展与应用创新大会”在陕西神木召开。同期召开了“中国煤炭加工利用协会兰炭分会一届二次会员代表大会”。

6月12日至14日 中国煤炭加工利用协会在山西太原召开“煤炭工业环境保护项目管理专题培训会”。

7 月 8 日　中国煤炭加工利用协会理事长张绍强在北京会见了湖北省荆州市招商促进中心党委书记、主任胡成宏一行四人。双方就荆州市借助 2019 年 10 月蒙华铁路开通与长江黄金水道十字交叉形成的煤炭资源铁水联运优势，规划建设大型煤炭交易中心和大型煤化工项目等进行座谈交流。

7 月 25 日至 28 日　由中国煤炭加工利用协会与中国五环工程有限公司联合主办的“全国煤矿矿井水及煤化工废水处理与资源化利用技术研讨会”在宁夏银川召开。

7 月 25 日至 26 日　中国煤炭加工利用协会在烟台召开“煤炭工业节能减排技术交流会暨 2019 年度煤炭工业能源消费及综合利用统计年报会审会”。

8 月 22 日至 23 日　由中国煤炭加工利用协会、中国石油和石化工程研究会联合主办的“2019 中国制氢路径与氢能源产业发展大会”在北京召开。

9 月 1 日　亚洲单体最大的炼焦煤选煤厂、安徽省“861”重点工程——淮南矿业集团潘集选煤厂建成并顺利进入联合试运转阶段。该项目于 2015 年 8 月 31 日开工建设，设计年入选原煤 1200 万 t，采用直径 1500 mm 大型无压三产品重介旋流器 + 煤泥重介 + 煤泥浮选的联合分选工艺，洗水实现闭路循环，设备全部实现自动化操作，选煤工艺、设备国内一流、国际领先。

9 月 12 日　中国煤炭加工利用协会在辽宁省丹东市召开“全国选煤煤质智能检测分析技术会议”。

10 月 24 日至 25 日　由中国煤炭工业协会和中国煤炭加工利用协会联合举办的“全国干法选煤现场会”在宁夏银川市召开。中国煤炭工业协会名誉会长王显政，中国煤炭工业协会副会长刘峰出席会议并作重要讲话。会议期间，对“2017—2018 年度先进会员单位和先进个人（行业级煤质管理标准化矿井、标准化局化验室和优秀煤质管理工作者）”进行了表彰奖励。

10 月 30 日至 31 日　由中国煤炭加工利用协会联合乌海市人民政府与内蒙古自治区科技厅、兰州大学共同主办的“2019 中国西部煤化工高端论坛暨氢能产业发展大会”在内蒙古乌海市召开。

11 月 13 日至 15 日　第 19 届国际选煤大会（ICPC）在印度首都新德里召开。中国煤炭加工利用协会张绍强理事长率领由山东兖矿集团、山西焦煤集团、晋城矿业集团、淮南矿业集团、开滦集团、宁夏煤业集团等单位的相关领导、专家组成的代表团参加了会议。大会收录了中方论文 17 篇，宣讲 11 篇，共有 8 家国内企业参展。

11 月 27 日至 28 日　中国煤炭加工利用协会第七届第二次会员大会在湖北省荆州市召开。大会根据协会脱钩后面临的新形势和一年来会员单位机构调整、人员岗位变动等情况，增选和调整了理事会理事 19 名，常务理事 11 名，不驻会副理事长 6 名，选举产生了 3 名监事会监事。审议并通过了《中国煤炭加工利用协会章程（修订案）》、《中国煤炭加工利用协会监事会工作规则》。同期举办了“十四五”煤炭洗选与智能化发展、矿区节能环保和生态文明建设、煤炭清洁高效转化和绿色发展等专项规划论坛；召开了中国煤炭工业协会选煤分会第五次会员大会，完成选煤分会换届工作，选举产生了以张绍强同志为会长的第五届选煤分会理事会理事、常务理事和领导机构。

参考文献

［1］《当代中国》丛书编辑委员会：当代中国的煤炭工业．北京：中国社会科学出版社，2008.

［2］煤炭企业能源管理丛书编委会：煤炭企业能源管理丛书．节能技术．北京：煤炭工业出版社，2014.

［3］《中国煤炭工业志》编纂委员会：中国煤炭工业大事记（1949—2010），北京：煤炭工业出版社，2018.

［4］中国煤炭加工利用协会：中国煤炭加工利用辉煌60年．北京：煤炭工业出版社，2009.

［5］中国煤炭加工利用协会：中国煤炭加工利用协会辉煌历程30年文集．北京：煤炭工业出版社，2012.

后　　记

2018 年 11 月 21—23 日，为纪念我国改革开放四十周年，中国煤炭加工利用协会在西安曲江国际会展中心举办的“第五届中国国际煤炭清洁高效利用博览会”，组织人员多方搜集和整理编辑历史资料照片，举办了《绿色低碳发展　引领行业未来——纪念改革开放四十周年煤炭行业洗选加工、综合利用》主题展览。展览获得广泛好评，但仍有遗憾，只展示了煤炭加工利用领域改革开放 40 年来的巨大变化，未能全面展示新中国成立 70 年以来的发展历程。借中国煤炭工业协会组织编写《煤炭工业壮丽七十年（1949—2019）》系列丛书的机会，中国煤炭加工利用协会负责编写了其中的两篇：煤炭生态文明建设（煤炭清洁利用）篇、现代煤化工发展篇，从而弥补了展览留下的遗憾。

为了忠实记录新中国成立 70 年来煤炭生态文明建设、煤炭清洁高效利用不平凡的发展历程，全面总结取得的成绩、经验和不足，协会组织了包括亲身经历了一些历史事件的老同志参加撰写工作。通过查阅大量文献、档案、资料，悉心编写完成了本册《中国煤炭工业壮丽七十年（1949—2019）：煤炭生态文明建设（煤炭清洁利用）篇》，并将“中国煤炭加工利用大事记（1978—2019）”作为本书附录出版。

本书编写过程中得到煤炭工业文献工作委员会陈昌副主任、煤炭学会白希军主任的大力支持，在此一并表示衷心的感谢！

中国煤炭加工利用协会

2019 年 12 月

图书在版编目（CIP）数据

中国煤炭工业壮丽七十年．煤炭生态文明建设(煤炭清洁利用)篇：1949－2019/中国煤炭工业协会编．－－北京：应急管理出版社，2021

ISBN 978－7－5020－8641－1

Ⅰ．①中…　Ⅱ．①中…　Ⅲ．①煤炭工业—无污染技术—成就—中国—1949—2019　Ⅳ．①F426.21　②X752

中国版本图书馆 CIP 数据核字(2020)第 270163 号

中国煤炭工业壮丽七十年:煤炭生态文明建设(煤炭清洁利用)篇(1949—2019)

编　　者	中国煤炭工业协会
责任编辑	李景辉
编　　辑	杜　秋
责任校对	赵　盼
封面设计	罗针盘
出版发行	应急管理出版社（北京市朝阳区芍药居 35 号　100029）
电　　话	010－84657898（总编室）　010－84657880（读者服务部）
网　　址	www. cciph. com. cn
印　　刷	北京建宏印刷有限公司
经　　销	全国新华书店
开　　本	710mm×1000mm $^{1}/_{16}$　**印张**　15 $^{1}/_{2}$　**字数**　207 千字
版　　次	2021 年 1 月第 1 版　2021 年 1 月第 1 次印刷
社内编号	20200384　　　　**定价**　108.00 元